Praxishandbuch Kommunikationsmanagement

Heike Schwab ist Inhaberin und Geschäftsführerin der Werbeagentur doppelpack marketing + kommunikation, die Unternehmen hinsichtlich Corporate Identity, Public Relations und Kommunikationsstrategien berät. Sie arbeitet in den Bereichen Management, Kontakt und Beratung.

Dr. Natascha Zowislo ist PR- und Marketingberaterin einer der führenden Wirtschaftsprüfungsgesellschaften. Zuvor war sie als Projektmanagerin im Bereich Kommunikation und Knowledge Management bei der Deutschen Bank tätig.

Heike Schwab, Natascha Zowislo

Praxishandbuch Kommunikationsmanagement

Grundlagen und Instrumente der internen und externen Unternehmenskommunikation

Campus Verlag
Frankfurt/New York

Die Deutsche Bibliothek – CIP-Einheitsaufnahme

Ein Titeldatensatz für diese Publikation ist bei
Der Deutschen Bibliothek erhältlich.
ISBN 3-593-37090-5

Copyright © 2002 Campus Verlag GmbH, Frankfurt/Main
Umschlaggestaltung: Init, Bielefeld
Satz: Fotosatz L. Huhn, Maintal-Bischofsheim
Abbildungen (außer 1, 2, 3, 30 und 31): doppelpack, Mannheim
Druck und Bindung: Druckhaus »Thomas Müntzer«, Bad Langensalza
Gedruckt auf säurefreiem und chlorfrei gebleichtem Papier.
Printed in Germany

Besuchen Sie uns im Internet: www.campus.de

Inhalt

Abbildungen und Infoboxen

Verzeichnis der Abbildungen

Verzeichnis der Infoboxen

Einleitung

You cannot not communicate.

Paul Watzlawick

Die Fähigkeit zur Kommunikation gehört zu den wichtigsten Eigenschaften des Menschen. Durch Kommunikation vermitteln wir, wer wir sind, können aber auch darstellen, was wir gern wären. Dies gilt für den Einzelnen, aber auch für größere Einheiten, die sich der Außenwelt präsentieren wollen.

Unternehmen sind Beispiele solcher größeren Einheiten oder auch Organisationen, bei denen Kommunikation zum ganz wesentlichen Faktor wird. Ohne Kommunikation kann die Organisation eines Unternehmens, können die Abläufe und Geschäfte nicht funktionieren. Die Mitarbeiter hätten keine klare Aufgabenzuordnung und wüssten nicht, wie sie sich in die Gesamtheit einfügen sollten; die Kunden wüssten nichts von den Produkten und Dienstleistungen, ja nicht einmal etwas vom Unternehmen selbst, wenn es ihnen nicht in aller Deutlichkeit und auf vielfältigste Weise kommuniziert werden würde.

Mit ebendiesen angesprochenen Teilbereichen der Kommunikation von Unternehmen, nämlich der internen und der externen Kommunikation, befasst sich dieses Buch. Es erläutert, wieso auf der einen Seite die Kommunikation mit den Mitarbeitern unerlässlich ist für eine funktionsfähige Kommunikation nach außen. In der Umkehr geht es auch darauf ein, warum ohne Kommunikation nach außen – mit dem Markt, mit den Kunden und Investoren und mit der breiten Öffentlichkeit – Unternehmen, und damit auch ihre Mitarbeiter, auf Dauer gar nicht existieren können.

Bei der Unternehmenskommunikation ist es wie beim Einzelnen:

Nicht nur das Sein zählt, sondern auch der Schein. Wird eine Botschaft oft genug wiederholt, wird diese über mehrere Kanäle an einen bewusst ausgewählten Zielgruppenkreis herangetragen, hat diese Botschaft die größten Chancen, zur Realität zu werden. In den folgenden Kapiteln soll deshalb auch darauf eingegangen werden, welche Medien und Methoden der internen wie auch der externen Kommunikation Unternehmen zur Verfügung stehen, um ihre Kernbotschaften zu publizieren und als wirksames Mittel zur Sicherung ihres Geschäfts zu nutzen.

Zum besseren Verständnis und zur besseren Verwendbarkeit ist dieses Buch modular aufgebaut. Die einzelnen Zielgruppen, die nutzbaren Medien und relevanten Methoden werden zunächst separat beschrieben und in ihrer Einsatzfähigkeit für ein Unternehmen durchleuchtet. Nicht für jedes Unternehmen gelten die gleichen Regeln, denn unterschiedliche Interessen, unterschiedliche Zielgruppen und verschiedene Unternehmenshistorien führen zur Verwendung verschiedener Medien und Methoden.

Dieses Buch eröffnet somit ein Spektrum, innerhalb dessen es sich lohnt, die verschiedenen Gesichtspunkte auszuwählen. Es gilt, jeweils zu entscheiden, welche der angebotenen Maßnahmen für das eigene Unternehmen sinnvoll und gewinnbringend sein können und wie diese dann am besten umzusetzen sind. Es ist auch eine Frage des Budgets, ob ein Unternehmen von Anfang an eine umfassende Lösung der internen und externen Kommunikation anstrebt oder zuerst die wichtigsten Bereiche besetzt, um dann nach und nach sinnvoll aufzustocken.

Für jedes Unternehmen – und das sollte der Leser und die Leserin dieses Buches stets im Auge behalten – gibt es einen spezifischen optimalen Medienmix, also eine Zusammenstellung von Medien und Methoden mit exakter Ausrichtung auf die Zielgruppen, der in dieser Art für kein zweites Unternehmen gilt. Es gehört viel Geduld dazu, dies über Jahre hinweg aufzubauen und immer wieder neu auszurichten, bis alle kommunikativen Möglichkeiten zufriedenstellend ausgeschöpft sind. Es bedarf auch des Willens zum Experiment, denn Veränderungen sind auch durch kleinste Verschiebungen innerhalb und außerhalb des Unternehmens immer wieder möglich.

Gelungene effektive Kommunikation zeichnet sich dadurch aus, dass das Selbstbild des Unternehmens, wie es nach innen und außen vermittelt wird, mit der Wahrnehmung des Marktes, der Kunden, der Investoren und der Mitarbeiter übereinstimmt. Die Botschaft ist dann angekommen, wenn der schöne Schein eines Unternehmens und das, was es gern wäre, nicht mehr vom Sein, der Berichterstattung und dem Image auf dem Markt unterscheidbar ist. Um hierfür den Anfang zu machen, lohnt sich der Versuch, die Ideen und Methoden dieses Buches auf Ihr eigenes Unternehmen anzuwenden.

Teil I:
Interne Kommunikation

Kommunikation im Unternehmen funktioniert ganz von allein, mag mancher meinen. Man trifft sich beim gemeinsamen Mittagessen, geht zwischendurch Kaffee trinken, sieht sich im Aufzug – kurzum: Überall da, wo Mitarbeiter zusammentreffen, wird geredet und firmeninterne Neuigkeiten werden ausgetauscht. All dies ist sicherlich wichtig für ein gutes Arbeitsklima und entspricht wohl ebenfalls dem natürlichen Verhalten von Menschen. Nur eines ist es nicht: strukturierter Austausch von Informationen, Informationsmanagement im Sinne des Geschäftes zur optimalen Verarbeitung und Vernetzung von Informationen. Kommunikation macht nur dann Sinn, wenn alle – und somit das Unternehmen als solches – davon profitieren.

Das kann auf vielerlei Art geschehen. Oftmals kann der Weg, sich miteinander auszutauschen, durchaus zur Verbesserung des Arbeitsklimas, zur Zusammenarbeit der Mitarbeiter mit der Geschäftsleitung beitragen. Ein gutes Sozialverhalten – und das gilt auch in Unternehmen – wird nun einmal durch gelungene erfolgreiche Kommunikation gefördert. Wer frei reden darf und im Gegenzug keine Informationen vorenthalten bekommt, fühlt sich wohl, die Arbeitsmoral wird dadurch positiv beeinflusst, was am Ende auch zum unternehmerischen Erfolg beiträgt. Ganz offensichtlich wird jedoch der Bedarf an Kommunikation in Unternehmen, wenn die Informationslage der Mitarbeiter und die Aktualität dieser Informationen einen wesentlichen Beitrag zum Geschäftserfolg liefern. Wer nicht weiß, was die Firma will und in welchem aktuellen Rahmen er oder sie sich selbst bewegt, kann auch nicht bewusst im Interesse der Firma handeln. Information ist hier bares Geld. Und das sollte jedes Unternehmen zu schätzen wissen.

Im Folgenden werden die Maßnahmen interner Kommunikation hinsichtlich dieser beiden Gesichtspunkte – Mitarbeiterzufriedenheit und geschäftsrelevanter Informationsfluss – beleuchtet und deren praktische Umsetzung beschrieben.

Zielgruppe Mitarbeiter

Wer ist nun aber diese Zielgruppe Mitarbeiter, der wir hier ein ganzes Kapitel widmen, und was stellt sie dar? Und vielleicht noch unklarer: Was macht diese Gruppe so wichtig, dass es sich lohnt, eigene Kommunikationskonzepte und -strategien für sie zu entwickeln?

Interne Kommunikation besitzt, wie auch die Kommunikation nach außen, sowohl eine Funktion als Sprachrohr als auch Steuerungsfunktion. Mitarbeiter und Mitarbeiterinnen werden persönlich angesprochen und mit Mitteln des internen Marketings »beworben«, um bestimmte Verhaltensweisen zu fördern und andere auszuschalten.

Doch die Gruppe der Mitarbeiter ist nicht so einheitlich, wie es zunächst den Anschein hat. Einzelne Personen werden zu Zielen der Kommunikationsstrategie; jeder hat im Endeffekt sein persönlich geschnürtes Paket an Informationen und Gruppenzugehörigkeiten innerhalb des Unternehmens und gewinnt damit sein eigenes Kommunikationsprofil. Es sind also sehr individuelle Lösungen für verschiedene Kommunikationsbedarfe, die hier angeboten werden, obwohl die Kommunikationsmaschinerie zentral vorgegeben und gesteuert wird. Führungskräfte erwarten eine andere Ansprache als der Arbeiter am Fließband oder etwa die Verwaltung; doch bei allen soll die gleiche Wahrnehmung erzielt werden, nämlich ein Gefühl der Zusammengehörigkeit trotz unterschiedlicher Tätigkeit, Ausbildung und Verantwortungsstufe. Denn nur ein gemeinsames Firmenverständnis beziehungsweise die Erkenntnis, dass nur gemeinsames Handeln die Firma

und damit den Einzelnen erfolgreicher macht, bewirkt hierarchieüber-
greifende Unterstützung. Es ist utopisch anzunehmen, dass man diesen
Idealzustand jemals erreichen könnte; doch eine gut strukturierte Kommunikation kann zumindest den Weg dorthin ebnen.

Unternehmenskultur vermitteln

Die Medien der internen Kommunikation dienen also neben der reinen Information vor allem der Schaffung einer gemeinsamen Identität.
Wenn es mir erlaubt ist oder ich sogar dazu angeregt werde, den akti-
ven Austausch an Informationen mit der Unternehmensleitung und
anderen Mitarbeitern zu pflegen, fühle ich mich gleich ganz anders:
aufgehoben, mit meinen Ideen und Vorschlägen angenommen, ernst
genommen und sicherlich nicht als eine unwichtige Zutat in einem
großen Topf, der sich Unternehmen XY nennt. Sich zugehörig zu fühlen, sich als Teil eines größeren Ganzen zu verstehen, verleiht dem einzelnen Mitarbeiter und darüber hinaus dem Unternehmen Identität.
Und Medien steuern die Richtung und die Intensität dieses Zugehörig-
keitsgefühls ganz entscheidend und bestimmen wesentlich mit, wie die
Kommunikations- und Unternehmenskultur sich entwickeln kann.

Was heißt eigentlich Unternehmenskultur?

Durch eine transparente Informationslage wird eine ganz eigene Unternehmenskultur kreiert, eine unternehmensinterne Lebensweise also, die den Austausch von Informationen und Wissen als etwas Na-
türliches betrachtet. In einer Kultur des gegenseitigen Vertrauens, wo
selbst Hierarchien aufgrund offener Kommunikationswege weniger
Einschränkungen beinhalten, kann letzten Endes auch das Geschäft
besser gedeihen, denn Informationen über geschäftsrelevante Ereignisse gelangen schneller von dem, der sie besitzt, zu dem, der sie
braucht – zumindest in der Theorie.

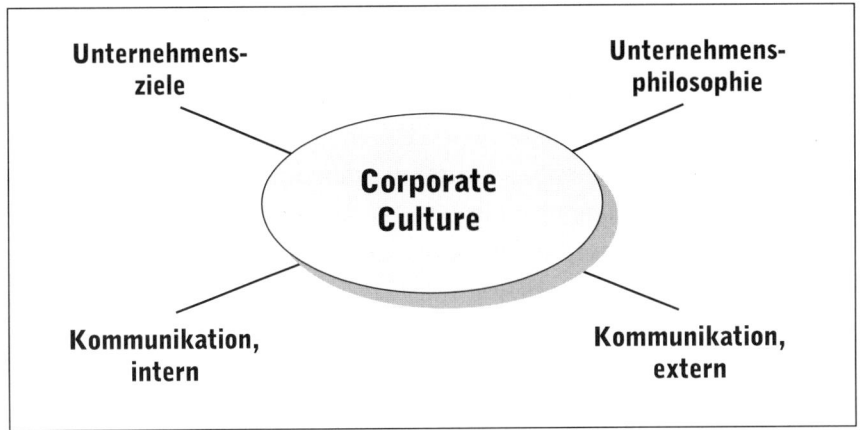

Abbildung 1: Die Unternehmenskultur (Corporate Culture)

Interne Kommunikation gewinnt deshalb in Unternehmen immer mehr an Bedeutung. Durch ihren Einsatz sollen sowohl Glaubwürdigkeit und Vertrauen als auch der Informationsfluss zwischen Unternehmensleitung und Mitarbeitern sowie den Mitarbeitern untereinander angeregt und bestärkt werden. Arbeitsmotivation und -effektivität, so der Grundgedanke, können durch solch ein Unternehmensklima, durch eine solche Kultur, gefördert und gesteigert werden, was sich sowohl auf das Geschäftsergebnis als auch auf das positive Klima als solches auswirkt.

Kultur oder besser: Kommunikationskultur eines Unternehmens bedeutet also, das Vertrauen in meine Vorgesetzten zu haben und offen sprechen zu können; von diesen rückhaltlos über alle wichtigen Angelegenheiten informiert zu werden; und auch bei meinen Kollegen und Kolleginnen auf reges Interesse an meinem Wissen zu stoßen.

Mittlerweile wird dieser Aspekt der kommunikativen Kultur eines Unternehmens als so wichtig erachtet, dass daran sogar Fusionen und Kooperationen scheitern können. Wer mit einem Unternehmen zusammenarbeiten soll, das nicht umfassend informiert, verliert schnell die Motivation, offen für neue Ideen zu sein; selbst der Griff zum Telefonhörer wird dann schon zur Last, wenn einen am anderen Ende Schweigen erwartet.

Was für eine Rolle spielt die interne Kommunikation wirklich?

Interne Kommunikation beinhaltet alle Kommunikationsabläufe innerhalb eines Unternehmens. Mitarbeiter, ihre Aufgaben und die dafür zur Verfügung stehenden Mittel werden dabei so verknüpft, dass die Unternehmensziele erreicht oder verbessert werden können. Interne Kommunikation, so der Rückschluss, wird damit notwendig und unabdingbar für den Erfolg eines Unternehmens. Auch wenn sich Großunternehmen erst seit relativ kurzer Zeit mit dem Potenzial der internen Kommunikation befassen, wird doch deutlich, dass die meisten diese nicht mehr nur als »nice to have« ansehen, sondern als ein »*must* to have« betrachten.

Die Medien der internen Kommunikation dienen somit nur der Unterstützung von Prozessen, die seit jeher ablaufen mussten, um geschäftlich erfolgreich sein zu können. Wer besser kommuniziert und Wissen austauscht, wird letztlich auch erfolgreicher sein – und zwar auf der Ebene des geschäftlichen Wissens, das im Unternehmen freier umherschwirren kann, als auch auf der Ebene der Mitarbeiterzufriedenheit und des Arbeitsklimas, unternehmenskulturellen Aspekten also.

Die Richtung der Kommunikation spielt dabei eine nicht unwesentliche Rolle. Kommunikationsprozesse sollten, um optimale Ergebnisse mithilfe der eingesetzten Medien zu erzielen, auf verschiedenen Ebenen ablaufen, in verschiedenste Richtungen gehen und den unterschiedlichsten Interessen gerecht werden.

Bei den Richtungen, in denen interne Kommunikation ablaufen kann und auf die der Gebrauch der Medien auszurichten ist, sind folgende denkbar: Zunächst ist da die Form der abwärts gerichteten Kommunikation, wobei der Absender seine Informationen an nachfolgende, auf der Hierarchie oder dem Wissensstand weiter unten stehende Stufen weitergeben möchte; diese Art der Information kann also sowohl vonseiten des Managements ausgehen als auch von den Mitarbeitern selbst; der werbende Aspekt von Kommunikation, also der Versuch zu beeinflussen und auf die eigene (inhaltliche) Seite zu ziehen, steht im Vordergrund. Als Zweites ist die umgekehrte Variante, nämlich aufwärts gerichtete Kommunikation denkbar; hier kommunizieren untere mit höheren Stufen. Und als Letztes ist die seitwärts gerichtete Kommunikation zu nennen, bei der Interaktion innerhalb einer hierarchisch und von der Informationslage her völlig gleichgestellten Gruppe stattfindet.

Mitarbeiterzufriedenheit und internes Marketing

Medien sind also dazu da, die Mitarbeiter eines Betriebs in allen diesen Formen der internen Kommunikation und des internen Wissensaustauschs zu unterstützen. Sie sollen möglichst schnell informieren, andererseits aber auch die persönliche Beziehung zwischen den Mitarbeitern nicht außer Acht lassen. Letzteres hat vermehrt an Bedeutung gewonnen. Mitarbeiter sollen sich in einem Betrieb wohl fühlen und sich mit ihm identifizieren können. »Wir sind alle eine große Familie« ist das hehre Ziel, das asiatische Unternehmenskulturen – allerdings mit völlig anderen Mitteln – bereits erreicht haben. Der Grund für diese Unternehmensstrategie hier wie dort liegt deutlich auf der Hand: Nur wer sich mit etwas identifizieren kann, ist auch dazu bereit, die volle Energie dafür aufzubringen und einzusetzen. Das Wohlbefinden der Mitarbeiter zieht ziemlich direkt auch positive Resultate im Gewinnverhalten der Firma nach sich.

Interne Kommunikation bleibt stets eine Gratwanderung zwischen direkter Information, unverfälschten Nachrichten an die Mitarbeiter, und marketingartigen Beschönigungen, die die eigene Firma attraktiv erscheinen lassen sollen. Beides – auch wenn sich Letzteres schlechter anhört – ist sinnvoll und wichtig, um Zufriedenheit aufkommen zu lassen und das Gefühl des Zusammenhalts zu stärken. Ganz deutlich wird hier, dass Kommunikation fast ausnahmslos eine beeinflussende Komponente besitzt.

Die interne Kommunikation oder das interne Marketing hegen ganz ähnliche Absichten wie die Imagevermarktung eines Unternehmens nach außen. Mitarbeiter und Mitarbeiterinnen werden als Zielgruppe einer auf die Schaffung positiver Unternehmenskultur hin ausgerichteten Kommunikations- oder Werbekampagne gesehen. Dass dies auch wahrhaftige Information beinhaltet, ist je nach Ausrichtung des Kommunikationskonzepts ein oft nur noch untergeordneter Aspekt.

Grundsätzlich geht es bei der Mitarbeiterzufriedenheit also darum, mithilfe interner Werbemaßnahmen die Motivation zu erhöhen und dadurch mehr Leistungsbereitschaft hervorzurufen. Zu möglichen Veranstaltungen, die diesen Zweck erfüllen, gehören die Firmenausflüge und -feiern, bei denen der Face-to-Face-Kontakt im Vordergrund steht. Denkbar sind firmeneigene Sporteinrichtungen oder Partnerschaften zwischen neuen Mitarbeitern und Mentoren mit längerer Firmenzugehörigkeit. Besondere Anreize bieten solche Unternehmen, die ihre Mitarbeiter und Mitarbeiterinnen am Gewinn beteiligen.

Geschäftsideen generieren und kommunizieren

Neben der Unternehmenskultur und deren Vermittlung gibt es aber auch handfeste wirtschaftliche Interessen, die interne Kommunikation wichtig werden lassen, was ja bereits angedeutet wurde. Dabei geht es um die Art und Weise, wie Geschäft und Geschäftsideen innerhalb einer Firma hervorgebracht werden. Im weitesten Sinne wirft das die Frage auf, wie ich die Ideen und Gedanken, das geistige Potenzial meiner Mitarbeiter nutzen kann, indem ich Kommunikation zulasse und bewusst zur Schöpfung neuer Ideen einsetze.

Denkbar sind folgende Formen von Mitarbeitermanagement: Als Erstes besteht die Möglichkeit, Unternehmensstrukturen von oben zu verfügen; Mitarbeiter sollen sich damit abfinden, was die Geschäftsleitung als Ziele vorgibt – oder kündigen. Eine weitere Alternative ist eine Unternehmensstruktur, die zwar von oben verfügt wird, die aber zugleich intensiv bei den Mitarbeitern darum wirbt, ihre Sinnhaftigkeit nachzuvollziehen; es soll ihnen erleichtert werden, Veränderungen mitzutragen; auch das ist eine Form des internen Marketings.

Drittens und letztens ist es denkbar, dass betriebliche Strategien mit den Mitarbeitern gemeinsam entwickelt werden; dieses Vorgehen fördert die Kreativität und die Eigenständigkeit der Mitarbeiter.

Wesentlich ist dabei aber vor allem auch, die Mitarbeiter mediengerecht zu schulen. Um das Potenzial der Medien ausnutzen zu können (das Intranet steht hierbei wohl im Mittelpunkt), müssen die Mitarbeiter immer wieder motiviert werden, sich damit auseinander zu setzen. Dazu gehört eine Online-Schulung ebenso wie Informationsveranstaltungen über die Redaktionsabläufe der internen Zeitschrift. Jedem einzelnen muss immer wieder klar gemacht werden, wie er oder sie sich persönlich einbringen kann und wie wichtig der eigene Beitrag ist. Teambildung per Intranet funktioniert eben erst, wenn alle, die zu dem jeweiligen Thema etwas beizutragen haben, auch aktiv beitragen können. Erst dann funktioniert Kommunikation.

Das kreative Potenzial der Mitarbeiter nutzen

Ganz klar ist, dass die oben aufgeführte dritte Form des Mitarbeitermanagements (Strategien gemeinsam entwickeln) das Potenzial der Mitarbeiter am ehesten nutzt. Natürlich kann nicht alles und ständig mit jedem einzelnen Mitarbeiter besprochen und ein persönliches Für und Wider erwogen werden. Aber je häufiger und je ernsthafter dies geschieht, umso eher begreift sich der oder die Einzelne als kleiner Unternehmer inmitten des großen Unternehmens und wird sich auch der eigenen Verantwortung und der möglichen Einflussnahme bewusst.

Wenn man sich mit leider teilweise immer noch nicht abgeschafften veralteten Unternehmensphilosophien beschäftigt, sieht man dort noch unhinterfragte hierarchische Strukturen und die damit verbundenen fest verankerten Denk- und Verhaltensweisen. Mitarbeiter hatten kein oder nur wenig Mitspracherecht, was zur Folge hatte, dass ein großes Potenzial, nämlich zahlreiche innovative Ideen, nicht zum Tragen kamen. Das Erscheinungsbild hat sich in der Zwischenzeit glücklicherweise sehr verändert und zum Positiven gewandelt.

Motivation, Arbeitseffektivität und vor allem Innovation stellen sich nicht per Zufall ein. Jedes Unternehmen muss diese gezielt fördern. Unerlässlich sind hierbei die permanente Kommunikation als ein wechselseitiger Prozess, der beide Seiten, sowohl Mitarbeiter als auch Geschäftsführung, mit Informationen und Feedback versorgt.

Interne Kommunikation als Anreizsystem

Das eigentliche Problem interner Kommunikation ist nicht, dass die Mitarbeiter sich nicht über neue Informationen freuen würden und diese gemeinhin auch lesen, wenn sie den eigenen Arbeitsbereich betreffen. Wirklich schwierig wird es erst, wenn die Mitarbeiter aufgefordert sind, aktiv teilzunehmen und die zahlreichen Feedback-Möglichkeiten – die Fragestunden bei Face-to-Face-Veranstaltungen, die Möglichkeit von Leserbriefen in der internen Zeitschrift – wirklich zu nutzen. Zum einen mangelt es oftmals an Zeit, weil Kommunikation noch viel zu wenig als geschäftsrelevanter Faktor angesehen wird und der Chef der Abteilung es im Zweifel nicht so gern sieht, wenn seine Mitarbeiter wertvolle Arbeitszeit dazu benutzen, sich in Chatrooms aufzuhalten oder mit einem Experten auf der anderen Seite der Erdkugel über mögliche Produktentwicklungen zu philosophieren. Zum anderen ist häufig die Angst oder zumindest das ungute Gefühl vorhanden, zu offene Kritik belaste oder verhindere nur die eigene Karriere.

Um dafür Sorge zu tragen, dass die Möglichkeiten und das breite Angebot der internen Medienlandschaft wirklich in beide Richtungen (vom Vorstand zum Mitarbeiter und wieder zurück) ausgenutzt werden, bedarf es einer Vielzahl an Anreizen und Motivationselementen, um den beiden oben genannten Faktoren entgegenzuwirken. Zunächst einmal ist es natürlich sehr wichtig, dass sich die Geschäftsleitung für eine solche Kommunikationslandschaft ausspricht und dies auch mittels der internen Medien mehrfach deutlich macht, sodass der eigene Abteilungsleiter dagegen faktisch nichts mehr vorbringen kann. Dann können aber auch konkrete »Belohnungen« für Teilnehmer beziehungsweise »Sanktionen« für Nicht-Teilnehmer festgelegt werden. Denkbar wäre es, dass für jede Führungskraft Teil der eigenen Zielplanung wird, die eigenen Mitarbeiter zur Teilnahme an den kommunikativen Instrumenten zu ermuntern. Dies könnte am Ende eines bestimmten Zeitraums bei den Mitarbeitern abgefragt beziehungsweise über sichtbare Beteiligungen (in Form von Anwesenheit in Chats, Beiträge in der Unternehmenszeitschrift) nachgewiesen werden. Auch die Pflege eigener Datenbanken im Intranet sollte überprüft und im Zweifel bei mangelnder Aktualität sanktioniert werden. Je größer die Durchsetzungskraft des Kommunikationsteams, diese »Pflichterfüllung« einfordern zu können, desto größer wird die Wahrscheinlichkeit, dass sich jeder und jede im Unternehmen traut, an der Kommunikation teilzunehmen, wann immer er oder sie möchte.

Für eine außergewöhnlich hohe Beteiligung können sogar Preise veranschlagt werden, die im Einvernehmen mit den Abteilungsleitern an diejenigen Mitarbeiter und Mitarbeiterinnen ausgegeben werden, die quantitativ und qualitativ wesentlich dazu beitragen, das Informationsnetzwerk des Unternehmens auszubauen.

Deutlich wird hier zweierlei: Einmal bedarf es der Motivation der oder des Einzelnen, persönlich beizutragen – sowohl durch das Lesen und Hören der Informationen, durch Teilnahme an Veranstaltungen und Seminaren als auch durch das Weitergeben eigener Informationen. Zum anderen geht aber auch hier nichts ohne Hierarchie: Wenn »von oben« nicht ganz klar der Auftrag kommt, Kommunikation und Wissensaustausch als integralen Bestandteil des Unternehmensalltags und eines jeden Arbeitsplatzes zu sehen, und dies nicht von der Führungsspitze vorgelebt wird, besteht wenig Aussicht, einen wirklich offenen Austausch etablieren zu können.

Mitarbeiter als Unternehmer: Expertise nutzen

Oftmals traut sich nur die Führungsspitze genug Weitblick zu, langfristig die Zukunft des Unternehmens planen zu können. Das mag in vielen Fällen in der Tat der Fall sein. Nur stellt sich die Frage, aufgrund welcher Basis Entscheidungen getroffen werden. Denn es sind ja gerade die Mitarbeiter »an der Front«, die Impulse aus dem Markt wahrnehmen und die wesentliche Anhaltspunkte dafür liefern könnten, wohin die Entwicklung geht. Im Grunde bedarf es eines automatischen Systems, das Erfahrungen der Mitarbeiter vor Ort aufnimmt und diese zur Festlegung der Geschäftsstrategie heranzieht. Das ist nichts anderes als Kommunikation, die so in den täglichen Ablauf integriert ist, dass der Informationsbedarf an der Spitze von der Basis aus mit gedeckt wird. Hier geht es ausschließlich um die Bottom-up-Planung einer Strategie, die sich aus den relativ isolierten Wahrnehmungen einzelner Fachbereiche oder sogar einzelner Mitarbeiter zusammensetzt. Wenn dieses System fachkundig angegangen wird, lässt sich die Top-down-Planung der schlussendlichen Geschäftsstrategie viel fundierter argumentieren. Vor allen Dingen fühlen sich alle Mitarbeiter gehört; ihre Ideen sind nicht wertlos, sondern Kern des eigenen Unternehmens.

Um ein solches System zu installieren, ist es vorstellbar, innerhalb jeder Abteilung eine Schlüsselperson zu benennen, die relevante Informationen vom Rest des Teams abgreift und diese einheitlich strukturiert (zum Beispiel mittels einer auszufüllenden Maske im Intranet ähnlich der einer Umfrage) nach oben weitergibt, wo diese ausgewertet werden. Wird dies ernsthaft angegangen, nimmt dieser Prozess verpflichtenden Charakter für die beauftragten Mitarbeiter an; der Einfluss der Qualität der eigenen Beobachtungen und deren Aufzeichnung wird als wesentlich für das gesamte Unternehmen und dessen Leistungsfähigkeit betrachtet. Inhalt dieser regelmäßigen verpflichtenden Kommunikation (im Unterschied zu spontaner, die Medien nach eigenen Vorgaben benutzender Kommunikation) können Störungsmeldungen, mögliche Krisen für das Geschäft, eine neu auftretende Nachfragestruktur, neue Kundengruppen, die Mitarbeiterzufriedenheit im Team und vieles mehr sein, was von allem »Normalen« abweicht und eine Schlüsselinformation für den zukünftigen Geschäftserfolg sein könnte.

Eigene Ideen in den internen Medien wiederfinden

Wie bei den redaktionellen Beiträgen ist es auch hier wichtig, dass immer ersichtlich ist, wer die Quelle der Information ist. Sei es die Datenbank, der Eintrag im Intranet-Chat, der Ansprechpartner für ein Produkt mit neuem Produktblatt oder der Verantwortliche für eine neue, in der Zeitschrift dargestellte Servicekomponente: Immer und überall sollte der Name des Experten vermerkt sein, von dem oder der die Information stammt und der im Zweifel direkt anzusprechen ist, wenn noch weiterreichender Informationsbedarf besteht.

Wir hatten diesen Aspekt bereits von der Seite der Information aus beleuchtet; was zurückverfolgbar ist, kann leichter aktualisiert und nochmals hinterfragt werden. Meistens sind Artikelbeiträge oder Einträge im Intranet ja auch nur ein Tropfen auf den heißen Stein, der weitreichenderes Interesse hervorrufen soll oder zumindest den Raum schafft, über größere Zusammenhänge im Hinblick auf die neue Information nachzudenken. Und bei einer Anfrage von außen erinnert man sich eher an einen Namen oder Ansprechpartner zu einem Thema, wenn bereits ein Artikel verfasst wurde.

Es gibt aber noch einen ganz anderen Gesichtspunkt: Selbst wenn es »nur« die Kollegen und Kolleginnen sind, die den Namen unter dem Beitrag lesen, hat sich der jeweilige Verfasser einen Namen als Experte gemacht, zumindest innerhalb des Unternehmens. Man sollte diesen Anreiz, das eigene Ego durch einen Beitrag bestärkt zu finden, niemals unterschätzen. Es motiviert ungemein, sich selbst in der internen »Presse« wiederzufinden und dann vielleicht noch einige Male zu einem Spezialaspekt angesprochen oder angerufen zu werden – im wahrsten Sinne des Cross-Sellings. Nur über solche persönlichen Motivationsaspekte gelingt es, den Einzelnen und die Einzelne bei der Stange zu halten. Und wer sieht, wie es beim Kollegen im Zimmer nebenan funktioniert und wie bekannt dieser durch seinen Beitrag wurde, überlegt das nächste Mal wahrscheinlich nicht so lange, selbst etwas Neues zum allgemeinen Informationsfluss beizusteuern.

Unternehmensidentität: Bindeglied zwischen interner und externer Kommunikation

Offenheit und Transparenz, so haben wir gesehen, sind Teile einer umfassenderen Kommunikationskultur, die das gesamte Unternehmen und jeden einzelnen Mitarbeiter entscheidend prägen hilft. Bestehende Abläufe, der Unternehmens- und Arbeitsalltag, geben einen Rahmen ab, innerhalb dessen sich die Mitarbeiter zu verhalten wissen. Was die Kultur des Unternehmens ist, spiegelt sich aber umgekehrt in jedem Einzelnen wider, der mit ihr in Berührung kommt. Je klarer das Bild dieser Kultur, sowohl nach innen als auch nach außen, desto verlässlicher und desto einheitlicher wird das gesamte Unternehmen wahrgenommen.

An dieser Stelle wird die Verbindung zwischen interner und externer Kommunikation, zwischen intern wahrgenommener Unternehmenskultur und extern sich spiegelnder Unternehmensidentität am deutlichsten. Mit einer angenehmen Kultur kann ich mich leicht identifizieren; als Mitarbeiter möchte ich Teil dieses Ganzen sein, das meinen Arbeitgeber ausmacht und somit positiv darstellt.

Was heißt Corporate Identity?

Diese Kultur spiegelt sich auch nach außen. Mit Mitarbeitern, die alle ähnlich »ticken«, also die Unternehmenskultur verinnerlicht haben und sich gegenüber Dritten, also Kunden, der Presse, der Öffentlichkeit oder Lieferanten, ähnlich verhalten, schafft es ein Unternehmen, ein deutliches und eindeutiges Bild nach außen zu vermitteln. Durch eine starke Kultur identifizieren sich die Mitarbeiter mit dem Unternehmen; und da sich alle ähnlich identifizieren – aufgrund eines gemeinsam durch die Medien vermittelten Wertesystems –, gibt das dem gesamten Unternehmen ein einheitliches Auftreten, eine Corporate Identity (CI). Durch die Außenwahrnehmung, die stark von der Präsenz in der Öffentlichkeit, einem Internetauftritt, einer starken Marke und vor allem von hervorragenden und motivierten Mitarbeitern

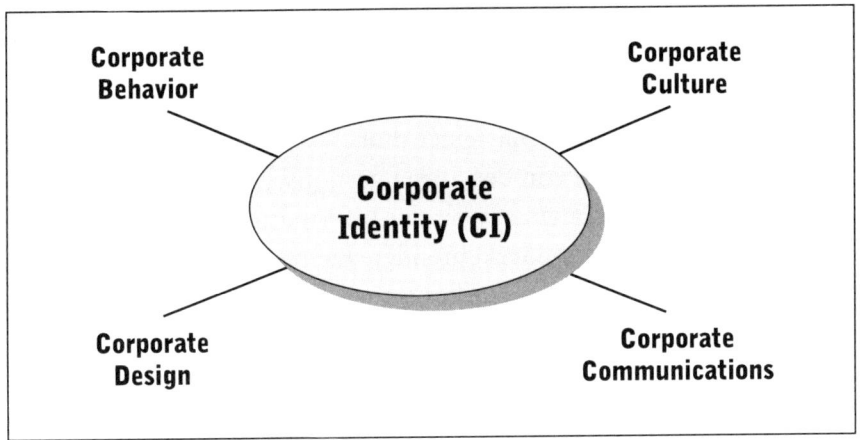

Abbildung 2: Corporate Identity

abhängig ist, wird wiederum die Selbstwahrnehmung des Unternehmens und jedes einzelnen Mitarbeiters geprägt.

Identität heißt also, sich selbst als Teil von etwas – in diesem Falle dem eigenen Unternehmen – wahrnehmen und auch von der Außenwelt, also allen, die in Kontakt mit dem Unternehmen als Ganzem und den einzelnen Mitarbeitern stehen, auf bestimmte Art und Weise wahrgenommen zu werden. Je stärker die eigene Wahrnehmung ist, desto größer ist auch der Impuls, der nach außen gehen kann; die Stärke hängt wiederum davon ab, wie sehr die Unternehmenskultur intern beworben und kommunikativ vermittelt wird; internes Marketing und interne Kommunikation müssen hier Hand in Hand wirken. Je klarer die äußere Wahrnehmung ist, desto größer ist die Präsenz der Marke, also des Unternehmens, auf dem Markt; dies hängt sehr stark von der PR, aber auch von den Mitarbeitern ab.

Die Rolle des Corporate Designs

Nicht zu unterschätzen sind dabei die visuellen Eindrücke, die als Symbole für das Unternehmen wahrgenommen werden. Es ist wichtig, wiederkehrende Stilelemente zu benutzen, damit ein Intranet

Orientierung bietet oder die Unternehmenszeitschrift durch die Farbgebung sofort als eigene erkannt wird. Farben, Formen und Schriftbild tragen also ganz entscheidend zu einem Wiedererkennungseffekt bei, der beim Mitarbeiter mit seiner morgendlichen Informationsmail beginnt und auf einem von der Firma gesponserten Sport-Event fortgesetzt wird. Gerade in einer Welt der Informationsüberflutung ist es wichtig, durch diese wiederkehrenden Elemente zu unterstreichen, welche Informationen Relevanz besitzen, da sie von der eigenen Firma kommen. Letzten Endes wird durch das ständige Wiederholen des Logos des Unternehmens im Intranet, in der Unternehmenszeitschrift, auf allen Printprodukten und in Form von Plakaten bei Veranstaltungen der Wiedererkennungseffekt in einen Effekt der eigenen Identitätsfindung verwandelt. Durch das ständige Wiederkehren des Logos fühlt sich der Einzelne nicht gelangweilt, sondern in einem Meer von Informationen zu Hause; er oder sie wird sicher zu den wesentlichen Aspekten geleitet. Sobald die Unternehmensfarben auftauchen und das Logo daneben zu sehen ist, wird das Problem reduziert, wieder etwas Neues einordnen zu müssen. »Mein Unternehmen hat dies schon längst für mich getan«, ist das erleichterte Aufatmen.

Zusätzlich verstärkend auf die Mitarbeiter wirkt die Identifikationsmöglichkeit mit dem Design natürlich dann, wenn es auch in externen Medien auftaucht, wenn also auch »Fremde« sofort ein Bild und ein Logo im Kopf haben, sobald der Name der Firma genannt wird. Identität entsteht nicht im luftleeren Raum, und natürlich hat sie viel mit Verhalten und Verstehen zu tun. Aber Symbole, also Farben, Formen, Stilelemente, vielleicht sogar das Konterfei des Vorstands oder die Abbildung des Firmenhauptsitzes, tragen wesentlich dazu bei, den Identitätsfaktor zu erhöhen. Und das Corporate Design (CD) ist nichts anderes als das Festlegen aller symbolischen Elemente, die im Zusammenhang mit dem eigenen Unternehmen auftauchen dürfen und auch erwartet werden können. Symbole und Corporate Design geben den Mitarbeitern und allen Außenstehenden ein visuelles Zuhause, das durch die ewige Wiederkehr wenig anstrengend ist und klar und präzise deutlich macht, von wem hier die Rede ist.

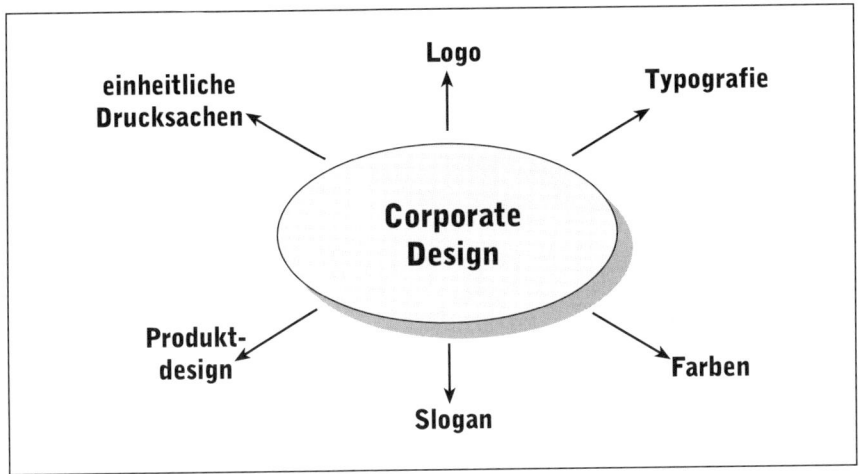

Abbildung 3: Corporate Design

Deswegen ist hier weniger mehr. Klare Linien, einige wenige Farben, die in Kombination oder auch allein verwendet werden können und sich auf allen internen und externen Medien wiederfinden lassen, sind ein absolutes Muss. Den Mitarbeitern kann die Verwendung dieser Vorgaben noch leichter gemacht werden, wenn im Intranet Präsentationsvorlagen zur Verfügung gestellt werden, wo eventuell auch schon Formen vorgegeben sind. Damit ist auch geregelt, wo das Logo auf der Seite auftaucht, wie Überschriften gestaltet werden und wo der persönliche Name stehen darf. Je einheitlicher die Aufmachung, desto besser die Wirkung. Denn Kunden, die bei mehreren Präsentationen ein jeweils eigens zusammengebasteltes Layout erleben, fühlen sich der vor ihnen präsentierenden und um einen Auftrag heischenden Firma weniger verbunden; sie können viel weniger leicht in die Welt des Unternehmens eindringen und weniger klar das Produktangebot abschätzen, da sie zu sehr von wechselnden Designs abgelenkt werden. Ähnlich ist das bei Anzeigen in Zeitungen, Recruitment-Aktivitäten oder Beiträgen in der Fachpresse. Die Inhalte können sich ändern; aber um den Betrachter wirklich aufgeschlossen für die Inhalte zu machen, sollte durch die Wiederkehr des Designs die Ablenkung von Äußerlichkeiten so gering wie möglich gehalten werden.

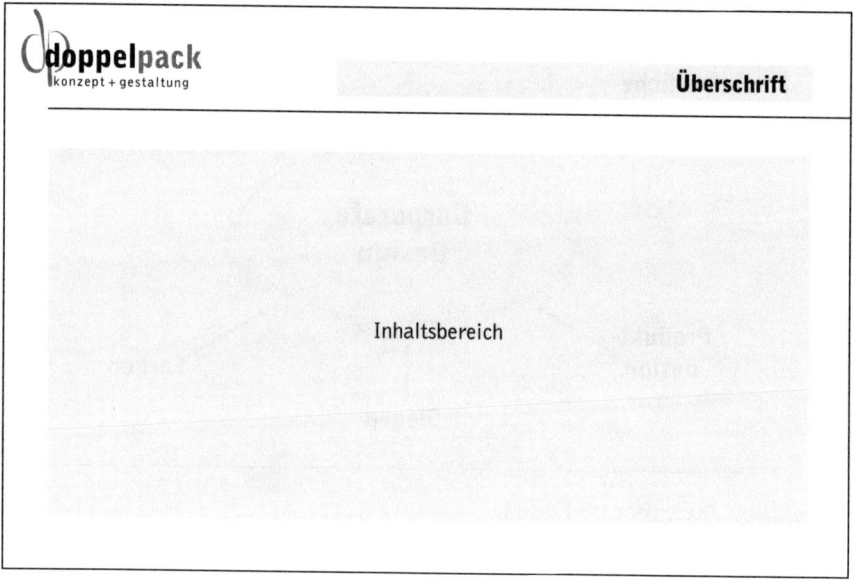

Abbildung 4: Präsentationslayout, zum Beispiel in PowerPoint

Die Rolle der Mitarbeiter: Das Unternehmen einheitlich nach innen und außen repräsentieren

So gestärkt durch die Präsenz des Corporate Design und eine täglich gelebte Unternehmenskultur gelingt es den Mitarbeitern und Mitarbeiterinnen viel leichter, für und als Teil dieses Unternehmens zu handeln. Wer in den internen Medien täglich eine Flut an Informationen verarbeiten kann, weil diese so hervorragend aufgearbeitet sind, dass es dem Einzelnen sogar Spaß macht, und wer sich in einer offenen Kommunikationskultur aufgehoben sieht, wo zu wirklich allem die eigenen Ansichten ausgedrückt werden und in den Medien wiedergefunden werden können, der fühlt sich in seiner persönlichen Identität und in seinem Verhältnis zum Unternehmen gestärkt. Und nur wer ganz klar bestimmen kann, wo und wie er dem Unternehmen gegenübersteht, der kann mit der gleichen Gewissheit nach außen auftreten. Die Mitarbeiter und Mitarbeiterinnen sind es, die den Kundenkontakt und den Kontakt zur Öffentlichkeit allgemein (auch in ihrem privatesten Umfeld) wesentlich gestalten. Wenn es ihnen möglich ist, eine positive Einstellung zu ihrem eigenen Unternehmen auch nach außen zu vermitteln, trägt dies in erheblichem Maße zur Stärkung des Markennamens bei. Motivierte Mitarbeiter sind die beste Visitenkarte für ein Unternehmen und seine Produkte.

Auch was das Gewinnen neuer Mitarbeiter betrifft, sollte dies nicht unterschätzt werden. Heutzutage suchen sich gute Mitarbeiter das Unternehmen aus, wo sie sich persönlich am wohlsten fühlen, das heißt eine Unternehmenskultur, die ihnen und ihren Ambitionen Rechnung trägt. Da Werte wie Offenheit und Transparenz immer wichtiger werden, sind solche Unternehmen im Vorteil, wo diese aktiv gelebt werden – und Medien tragen dazu entscheidend bei, wenn sie richtig eingesetzt und als Diskussions-, nicht als Indoktrinationsforum benutzt werden.

Instrumente und Methoden der internen Kommunikation

Damit die interne Kommunikation erfolgreich ablaufen kann, stehen verschiedene Instrumente zur Verfügung, die entweder unabhängig voneinander oder aber von einer gemeinsamen Kommunikationsstrategie unterlegt eingeführt werden. Je optimaler die Instrumente ineinander greifen, desto besser gestaltet sich natürlich die Informationslage der Mitarbeiter. Wichtige Informationen können über mehrere Medienkanäle zugespielt werden; eher weniger Relevantes kann nur für den Mitarbeiter mit konkretem Bedarf bereitgehalten werden, der weiß, wo er nach spezifischen Informationen suchen muss. Im Sinne einer klassischen Top-down-Informationskette von der Geschäftsführung zum Mitarbeiter ist solch eine integrierte Informationsstrategie die beste. Selbstverständlich ist es umso effektiver, wenn auch die Mitarbeiter mehrere Kanäle (Bottom-up-Strategie) nutzen können, um die von ihnen selbst als relevant erachteten Informationen den Kollegen und der Geschäftsführung zur Kenntnis zu bringen.

Bottom-up-Strategie

Diese Strategie stellt veraltete Denkweisen im wahrsten Sinne des Wortes »auf den Kopf«. Unternehmen haben erkannt, dass Entscheidungen, die ausschließlich in den oberen Führungsebenen getroffen werden, häufig die tatsächlichen Bedürfnissen von Mitarbeitern (intern) oder Kunden (extern) verfehlen, und handeln deshalb möglichst mitarbeiter- beziehungsweise kundenorientiert.

Davon profitieren beide Parteien: Der persönliche Kontakt wird gepflegt, das Unternehmen erhält Informationen über die Kunden beziehungsweise Mitarbeiter und weiß diese für Marketingmaßnahmen zu nutzen, kann flexibler reagieren. Umgekehrt identifiziert sich der Kunde/der Mitarbeiter durch eine offene Kommunikation verstärkt mit dem Unternehmen, und eine Bindung entsteht.

Face-to-Face-Veranstaltungen

Der Einsatz von Face-to-Face-Veranstaltungen

Face-to-Face bedeutet, dass sich diejenigen, die eine Information oder Neuigkeit an den Mann oder die Frau bringen wollen, in direktem Kontakt mit denjenigen wiederfinden, die sie mit ihrer Botschaft erreichen wollen. Dies können Veranstaltungen (Events) rein informativer Art sein wie etwa Vorträge, Workshops oder Seminare; es sind aber auch gemeinsame Aktivitäten als Veranstaltung denkbar, beispielsweise Feiern oder Simulationsspiele. Wichtig ist in jedem Fall, dass sich die Teilnehmer Auge in Auge gegenüberstehen beziehungsweise -sitzen, sich also in der ursprünglichsten Form der Kommunikation miteinander verständigen können. Die Person, also nicht nur ihre Stimme oder ein getippter Text, wird hierbei wahrgenommen. Dies birgt natürlich viele Chancen, aber auch Risiken; in Krisensituationen etwa, in denen die Stimmungslage unter den Mitarbeitern oder zwischen Mitarbeitern und Vorgesetzten nicht eben optimal ist, können unsicheres Auftreten, fahrige Gestik oder zögerndes Antworten drastische Auswirkungen haben. Man sieht dies eben. Sie sollten sich also immer der Tatsache bewusst sein, dass Face-to-Face wahrscheinlich die überzeugendste und emotional durchgreifendste Methode ist, etwas zu kommunizieren, aber eben genauso in die falsche Richtung losgehen und viel verderben kann.

Neue Mitarbeiter und Vorgesetzte

Ein klassischer Fall von Face-to-Face ist die Vorstellung neuer Mitarbeiter oder Vorgesetzter, die sich im Rahmen eines kleinen Empfangs den anderen präsentieren. Ob das nun der neue Abteilungsleiter ist, der für seine zehn Mitarbeiter einen Umtrunk veranstaltet, oder der neue Mitarbeiter, der bei der Morgenbesprechung den Kollegen vorgestellt wird – entscheidend ist der offizielle Charakter einer solchen Veranstaltung. Dies muss nicht gleich durch Einladungskarten geschehen, aber vielleicht mit einer kurzen E-Mail an den Rest des Teams, dass man sich gern vorstellen möchte. Ganz andere Dimensionen nimmt solch eine Vorstellung natürlich an, wenn es sich um den Vorstand oder Geschäftsführer eines großen Unternehmens handelt, der sich zunächst seinen direkten Mitarbeitern und in einem späteren Zug sogar der gesamten Belegschaft präsentiert. Selbst bei solch einem Anlass kann es schon geschehen, dass Fragen gestellt werden, die nicht immer günstig für den Befragten sind. Denkbar ist, dass der neue Abteilungsleiter seine Position nicht ganz unumstritten eingenommen hat, dass da vielleicht ein interner Kandidat war, der den Posten gern eingenommen hätte. Immer gilt: Wer sich irgendwo öffentlich darstellt, kann im gleichen Atemzug infrage gestellt werden. Genausogut kann es aber auch andersherum laufen: Der Auftritt des neuen Kollegen oder der neuen Kollegin ist so überzeugend und positiv, dass er oder sie viel schneller Teil des Teams wird als gedacht.

Unternehmensfeiern

Man sollte Feste feiern, wie sie fallen – das ist nicht nur ein privates Lebensmotto, sondern könnte auch Grundsatz eines Unternehmens sein. Feste und Feiern verbinden. Ob das nun der Jahrestag der Gründung bei relativ jungen Unternehmen ist, ob Weihnachten oder der Jahresabschluss, der gefeiert wird: Feiern verbindet ungemein mehr als eine trockene Mitteilung, dass man sich doch über das fünfjährige Bestehen des eigenen Unternehmens freuen solle. Auch diese Feiern kann es wieder auf ganz verschiedenen Ebenen geben, vom kleinen

Team bis hin zur Gesamtbelegschaft, für die Managerebene separat oder querbeet durch das Unternehmen nach ähnlichen Betätigungsfeldern organisiert, zum Beispiel ein reguläres Fest aller Marketingmanager. Richtiges Gemeinschaftsgefühl entsteht wohl aber erst dann, wenn sich anlässlich solch einer Veranstaltung alle auf eine Stufe stellen, also der Vorstand in der Schlacht am kalten Büfett von der gleichen Platte nimmt wie der Azubi aus der Buchhaltung. Sich mit der ganzen Person einzubringen, ist hier wieder das Motto und gehört wohl in die Kategorie, Kommunikation im Sinne des Arbeitsklimas zwischen allen Ebenen zu pflegen.

Veränderungsprozesse im Unternehmen

Ganz anders gestalten sich Face-to-Face-Events, wenn es um Veränderungen innerhalb des Unternehmens geht, da die Veranstaltung dann weniger sozialen als vielmehr lernenden Charakter hat. In diesem Zusammenhang sind ganz unterschiedliche Veranstaltungen denkbar. Stellen Sie sich beispielsweise vor, Ihr Unternehmen führt ein neues Vertriebssystem ein, stellt möglicherweise auf den Online-Vertrieb um, betreibt also neuerdings auch E-Business. Einmal gäbe es da den Grund, die Mitarbeiter zum offiziellen Startschuss zusammenzuholen und wiederum zu feiern. Gleichzeitig haben Mitarbeiter bei Veränderungsprozessen aber auch viele Fragen, denn nicht selten könnte die Gestaltung des Arbeitsplatzes erheblich davon betroffen sein, wenn nicht sogar der Arbeitsplatz selbst gefährdet ist. Sich den Fragen, Sorgen und Vorschlägen der Mitarbeiter persönlich zu stellen und auch Kritik zuzulassen, ist ein guter Weg, die Bereitschaft und Motivation, Veränderungsprozesse mitzutragen, zu erhöhen.

Dies kann in offener Feedback-Runde ablaufen, bei der sich Geschäftsführer und unternehmenseigene Experten für das Thema auf einem Podium einfinden und nach kurzer Erläuterung der neuen Situation ein Gespräch mit dem Publikum – den Mitarbeitern – beginnen. Ganz wichtig dabei ist, Kritik und Fragen positiv zu werten, denn sonst sind die Hemmungen zu groß, dass durch einen negativen Auftritt der eigene Arbeitsplatz aufs Spiel gesetzt wird.

Seminare und Workshops sind eine weitere Möglichkeit, mit Experten gemeinsam zu analysieren, was die neue Strategie für das eigene Team bedeutet, sowohl in Hinblick auf Produkte als auch auf Arbeitsabläufe oder Innovationen. Dies ist dann ein viel kleinerer Rahmen und lässt viel konkretere Fragen zu als eine offene Veranstaltung. Hier wird auch nicht mehr infrage gestellt, ob die Veränderung kommen wird, sondern nur noch debattiert, wie sie umzusetzen ist. Denkbar ist auch, dass die Mitarbeiter spielerisch aktiv die neue Strategie verstehen lernen und nicht alles in der Form von Vorträgen belassen wird. Je interaktiver der Workshop, desto mehr Arbeit; aber desto besser auch sicherlich die Ergebnisse in Form von Bereitschaft, sich zukünftig selbst einzubringen.

Bereiche stellen sich vor: Cross-Selling

Je größer ein Unternehmen wird, desto schwieriger wird es für den einzelnen Mitarbeiter, hier noch den Überblick zu behalten. Das gilt nicht nur bei plötzlichen Veränderungen, von denen wir bereits gesprochen haben, sondern auch bei allmählichen Produktveränderungen, bei sich neu bildenden Geschäftszweigen oder Ähnlichem. Der Austausch darüber, was in Unternehmen passiert, sollte sich nicht auf das Produktblatt in der Lobby beschränken. Erst wenn Neues vorgetragen und verständlich dargelegt wird, sind andere bereit, darüber nachzudenken, wie eigene Produkte und der Service eventuell sinnvoll damit verknüpfbar sein können. Cross-Selling heißt, dem Kunden möglichst umfassende Betreuung aus einer Hand anbieten zu können. Es heißt aber auch, den Umsatz durch eine logisch aufeinander aufbauende Produktpalette zu steigern. Und das geht nur, wenn sich jeder Einzelne von der Produktentwicklung bis hin zum Vertrieb darüber im Klaren ist, wo Schnittstellen liegen und wer die Ansprechpartner für diese anderen Unternehmensbereiche sind. Und die Scheu, jemanden anzusprechen, besonders wenn die eigene Idee vielleicht noch nicht so ausgereift ist, um sich über Möglichkeiten des Cross-Selling zu unterhalten, ist viel geringer, wenn man jemanden bereits zuvor kennen gelernt hat.

Das Event organisieren

Der reibungslose Ablauf einer Veranstaltung ist überaus wichtig. Damit sich alle wohl fühlen und die Inhalte im Vordergrund stehen können, darf es möglichst zu keinen Zwischenfällen oder Vergesslichkeiten kommen. »Habe ich gar nicht dran gedacht« hilft nicht viel, wenn der Referent eine zu leise Stimme hat, um ohne Mikrofon in einem voll besetzten Saal verständlich sprechen zu können, und kein Techniker da ist, der die Lautsprecheranlage bedienen könnte. Deswegen: Lieber zu viel als zu wenig bereitstellen, solange die Kosten den Rahmen nicht sprengen.

Termine und Räumlichkeiten festlegen

Eine perfekte Organisation fängt bei der Wahl des Veranstaltungsorts an. Für ein Betriebsfest ist sicherlich ein anderes Ambiente nötig als für ein Seminar. Ob Sie nun das nahe gelegene Vereinshaus des Ruderklubs mieten oder einen Saal im Hilton: Denken Sie rechtzeitig daran, dass auch andere zu ihrem Termin möglicherweise eine Veranstaltung genau dort geplant haben könnten. Setzen Sie frühzeitig Termine fest, die Sie sowohl intern abstimmen, damit alle wichtigen Personen teilnehmen können, aber auch allen Beteiligten – dem Veranstaltungsort, dem Catering, der Technik, der Dekoration, den Zulieferern, den Referenten – mitteilen, um eventuell über Ersatz nachdenken zu können. Es können nie alle Zeit haben, so viel vorweg; aber durch rechtzeitiges Planen vergrößern Sie die Wahrscheinlichkeit, nicht alle Details kurzfristig ändern und anpassen zu müssen.

Und was absolut unerlässlich ist: Lassen Sie die Organisation in zentraler Hand, damit von dort aus alle Verantwortlichkeiten in den Teilbereichen, Termine und Probleme in letzter Minute geklärt werden können.

Technische Ausstattung

Hervorgehoben werden soll im Zusammenhang mit der Eventorganisation die Technik. Gerade die kann es nämlich in sich haben, vor allem wenn man es mit Referenten von außerhalb und verschiedenen Personengruppen zu tun hat. Sie sollten sich vorher eingehend vergewissern, mit welchen Medien gearbeitet werden wird. Braucht der Saal ein Mikrofon, steht oder sitzt der Referent oder der Seminarleiter, werden es gar mehrere Leute gleichzeitig sein, die aktiv sind? Hinzu kommen die Verwendung von Laptops mit Beamer oder Overheadprojektoren und das Vorhandensein eines Internetanschlusses im Raum, das es zu klären gilt.

Die Inhalte organisieren

Das Zentrale bei einer fachlichen Veranstaltung sind schließlich die Inhalte. Sobald das Thema feststeht, sollten Sie sich daranmachen, alles bis ins Detail vorzubereiten, um wirklich sicher sein zu können, dass Sie allen Informationsbedarf in und um die Veranstaltung herum abdecken können.

Ablaufplanung

Legen Sie den Ablauf der Veranstaltung fest. Das heißt nicht, dass ein Programm ausreichend ist, um sagen zu können, was wann passiert. Oftmals ist es so, dass hinter den Kulissen die Fäden gezogen werden müssen, wovon die Teilnehmer meist gar nichts mitbekommen, denn die interessiert nur der Programmpunkt, der gerade dran ist. Dass parallel dazu bereits das Catering herangeschafft und vor dem Raum aufgebaut werden muss, dass Informationsmaterial ausliegt, wann wer den Teilnehmern der Veranstaltung das Mikrofon herumreicht und so weiter – das sind alles Dinge, die Sie für Ihren eigenen, internen Ablaufplan notwendig brauchen.

Sind es Veranstaltungen wie beispielsweise regelmäßige Teammeetings oder interne Vortragsreihen, die nach dem gleichen Schema immer wieder abgehalten werden sollen, empfiehlt es sich, einmal eine komplette Skizze zu entwerfen oder sich diese sogar in Zusammenarbeit mit einer Agentur in Topform bringen zu lassen, um danach immer wieder auf bereits vorliegende Dinge zurückgreifen zu können: das Layout der Informationsmaterialien, den Text der Begrüßung, die Bestandteile in Form eines Baukastensystems oder die Organisation als solche.

Referenten bestimmen und einladen

Um die Veranstaltung vom fachlichen Aspekt her optimal zu gestalten, müssen Sie unter Umständen Experten für ihre jeweilige Themenstellung hinzuziehen. Das können Leute, Mitarbeiter aus dem eigenen Unternehmen, aber auch externe Gäste sein, die frühzeitig gefragt werden müssen, ob sie zum gegebenen Zeitpunkt Zeit und Interesse haben. Sie sollten auch in der Lage sein, genau erklären zu können, was Sie sich inhaltlich unter dem Beitrag des Referenten oder der Referentin vorstellen, gerade wenn es sich um eine Veranstaltung in einer Größenordnung handelt, bei der viele einzelne Programmpunkte thematisch ineinander greifen. Scheuen Sie sich nicht, eine Kurzzusammenfassung vorab anzufordern, von was genau der Vortrag handeln wird. Umgekehrt sollten Sie dem oder der Vortragenden anbieten, mit ihm oder ihr gemeinsam Informationsmaterialien rund um den Vortrag im Vorfeld zusammenzustellen, um den teilnehmenden Mitarbeitern mehr Informationen an die Hand geben zu können.

Programmpunkte vorbereiten

Nachdem Referenten eingeladen worden und deren Zusagen eingegangen sind, müssen Sie den Rest der Programmpunkte, die als Organisator in Ihrer Hand liegen, vorbereiten. Das fängt damit an, dass jemand (im Zweifel der Organisator oder der anwesende »Ranghöchste« aus der Führungsriege) die Mitarbeiter begrüßt und ihnen sagt, was sie erwarten wird. Sollten Sie neben Referenten, die ihre Programmteile wohl eigenständig gestalten werden, noch selbst etwas planen wie zum

Beispiel Vorstellungsrunden, Brainstorming oder Ähnliches, sollten Sie sich dafür alle Utensilien und vor allem das zurechtlegen, was Sie sagen wollen.

Einladungsmanagement

Für größere Veranstaltungen ist der Begriff »Einladungsmanagement« durchaus nicht zu bombastisch gewählt; um die Fülle an Informationen richtig zu verarbeiten, bedarf es einer umsichtigen und geplanten Vorgehensweise. Gerade was größere Feiern wie zum Beispiel die Weihnachtsfeier betrifft, ist es nicht unerheblich, ob mit der kompletten Belegschaft einer Firma oder nur mit der Hälfte der insgesamt 100 dort arbeitenden Personen zu rechnen ist. Das betrifft die Größe des Raumes ebenso sehr wie Fragen der Verköstigung, die Menge an Arbeitsgruppen und wiederum deren Betreuer, was letzten Endes alles Auswirkungen auf das Gesamtbudget hat.

Per Intranet

Sobald der Termin festgesetzt ist, kann die Einladung der Teilnehmer erfolgen. Vier bis sechs Wochen vorher sollten Sie die verbindlichen Einladungen versenden, die Ankündigung des Termins selbst kann durchaus schon vorher geschehen. Bei weniger formellen Dingen (zum Beispiel Kurzpräsentationen) kann problemlos per E-Mail eingeladen werden, wobei auch hier klar sein sollte, wer (Geschäftsführung, Kommunikationsabteilung, Kollegen) einlädt und wer die Anmeldungen zurückerwartet. Setzen Sie eine Deadline für die Antwort, die Ihnen genug Zeitraum zum Disponieren lässt. Und geben Sie stets die E-Mail-Adresse und eine Telefonnummer für eventuelle Rückfragen an. Danach sollten Sie in einer Liste festhalten, wer wann zugesagt hat und ob die eingeladene Person (falls dies auf der Einladung als Option angegeben wurde) mit oder ohne Begleitung kommt.

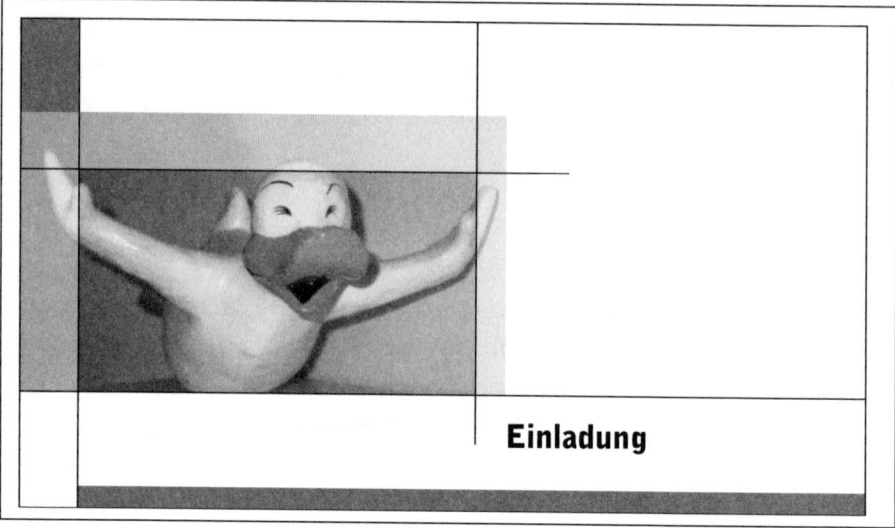

Einladung

Abbildung 5: Gestaltungsbeispiel einer Einladungskarte, Vorderseite

Per Flyer oder Einladungskarten

Im Prinzip ist der Prozess des Einladens auch mit Flyern oder gedruckten Karten nicht anders. Allerdings dauert die Gestaltung der Printversion länger als das Tippen einer E-Mail. Außerdem ist auch die Gestaltung der Einladung nicht unwichtig: Hat die Veranstaltung ein Logo, sollte dies wiederzufinden sein genauso wie das Logo des Unternehmens; die Karte sollte vom Stil des Layouts her wie die restlichen Unterlagen der Veranstaltung gestaltet sein; das Material gilt es je nach Art des Anlasses auszuwählen; und die Aufmachung der Einladung selbst ist auch abhängig davon, ob ein eher klassisch-traditioneller Einladungsanlass vorliegt oder ob Sie sich schon mit der Idee der Einladung selbst abheben wollen. Insgesamt gilt bei offiziellen Einladungen, dass das Image der Feier oder des Vortrags auch das Image des Hauses widerspiegelt; und das bedeutet natürlich im Gegenzug, dass auch die Einladungskarte (also das Material, das Wording, die Gestaltung als solche) dem Image des Hauses gerecht werden sollte und auch das Image der Veranstaltung zuerst und vor allem anderen kommuniziert.

Zusätzlich zu persönlichen Einladungen können natürlich auch noch Poster von einer Grafikagentur oder der Grafikabteilung im ei-

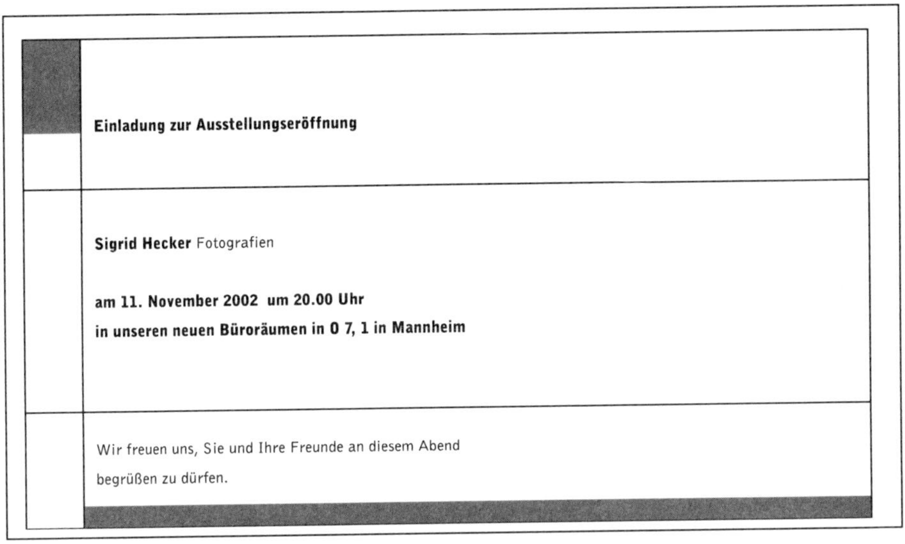

Einladung zur Ausstellungseröffnung

Sigrid Hecker Fotografien

am 11. November 2002 um 20.00 Uhr
in unseren neuen Büroräumen in O 7, 1 in Mannheim

Wir freuen uns, Sie und Ihre Freunde an diesem Abend
begrüßen zu dürfen.

Abbildung 6: Gestaltungsbeispiel einer Einladungskarte, Innenseite rechts

genen Haus gestaltet und aufgehängt werden, die die Mitarbeiter täglich auf den kommenden Termin hinweisen. Dies ist jedoch nur möglich, wenn eine genügend große Zahl an Mitarbeitern Zielpublikum der Veranstaltung ist. Mit einem öffentlichen Aushang auf das ge-

doppelpack
konzept + gestaltung

O 7, 1   68161 Mannheim   Telefon 06 21.12 00 10   www.doppelpack.de

Abbildung 7: Gestaltungsbeispiel einer Einladungskarte, Rückseite

meinsame Abendessen der 40 Vorstandsmitglieder hinzuweisen, wäre für das Aufkommen einer gemeinschaftlichen Unternehmenskultur wohl eher kontraproduktiv.

Printmedien

In der Zeit des Internets, wo Daten und Informationen in Hochgeschwindigkeit übermittelt werden können und das gedruckte Wort viel zu schwerfällig und meist schon überholt ist, wenn es aus der Druckerpresse kommt, haben Zeitschriften dennoch nicht ihr Potenzial verloren. Vielleicht liegt dies genau daran, dass Printmedien ein Gefühl der Dauerhaftigkeit vermitteln, als könne man sich auf ihre Aussagen verlassen. Deswegen sind sie auch als Medium der internen Kommunikation nicht zu vernachlässigen, gerade wenn es darum gehen soll, Mitarbeitern solide Informationen über das Unternehmen anzubieten, in dem sie tätig sind und auf das sie sich verlassen können sollten.

Interne Printmedien

Es ist vorstellbar, alle Gattungen der Printmedien auch für Mitarbeiter wirksam einzusetzen. Es scheitert jedoch meist nicht am Willen oder an der Erkenntnis, wie sinnvoll die Produktion eines Heftes sein könnte, sondern an Zeit und Geld. Deswegen ist es ratsam, sich auf die unbedingt erforderlichen Dinge zu konzentrieren und sich dem Aufwand des Druckens nur da zu unterziehen, wo er in jedem Fall Sinn macht. Dies kann wiederum von Unternehmen zu Unternehmen verschieden sein; die Arten von Veröffentlichungen, die fast immer zum Einsatz kommen – wenn auch mit verschiedenen Inhalten und in verschiedenster Form –, sind es sicher nicht.

Die interne Zeitschrift

Wie jede andere Zeitschrift auch, hat die interne Unternehmenszeitschrift ein klares Zielpublikum: die Mitarbeiter. Das heißt, dass in ihr

Belange erörtert werden, die die Mitarbeiter interessieren. Die Frage dabei ist immer: Wie viel Kritik am eigenen Unternehmen oder an dessen Führungsspitze ist erlaubt? Glaubwürdigkeit stellt sich – wie grundsätzlich im Bereich des Journalismus – erst ein, wenn ein gewisses Maß an Objektivität deutlich wird, die internen Redakteure also nicht als bloßes Sprachrohr der Führungsriege missbraucht werden. Allerdings sollte auch nicht zu viel des Guten getan werden; letzten Endes soll ja für die Tätigkeit beim eigenen Unternehmen geworben und das interne Marketing nicht durch die eigene Zeitschrift untergraben werden. Konkret heißt dies also: Kritisches Hinterfragen ist durchaus erlaubt, auch im Sinne einer offenen und Hierarchien überwindenden Unternehmenskultur; rüde Kritik am eigenen Unternehmen ist in höchstem Maß kontraproduktiv.

Die Bereiche in der internen Zeitschrift sind wie bei anderen Zeitschriften auch am Unternehmen auszurichten. Dennoch sollte man bei den einmal gewählten Ressorts und Rubriken bleiben. Wie man diese ursprünglich auswählt, muss daher gründlich durchdacht werden, um später »Springen« zwischen Gliederungsstrukturen zu verhindern und damit die Mitarbeiter zu verwirren.

Denkbar sind sicherlich folgende Kategorien: News und Artikel aus den einzelnen Bereichen des Unternehmens, eine Sparte für unternehmensübergreifende Dinge (zum Beispiel strategische Entwicklungen und Neuausrichtungen, die dort diskutiert werden können), persönliche Features über Führungskräfte, eine Auswertung der neuesten Presseberichterstattung mit Erläuterungen, Kleinanzeigen der Mitarbeiter und schließlich die Berichterstattung über kulturelles, kommunales oder anderweitiges gesellschaftliches Engagement des Unternehmens. Jeder dieser Bereiche muss für jede Ausgabe neu recherchiert werden, wobei die Materialien ausschließlich aus dem Unternehmen selbst kommen sollten. Da gerade zu Anfang der Aufwand hierfür nur schwer abzuschätzen sein dürfte, ist es ratsam, sich zunächst mit weniger ambitionierten Zeitplänen und einem kleineren Umfang der Zeitschrift abzufinden. In der Anfangszeit reicht es, alle zwei bis drei Monate solch eine Zeitschrift zu produzieren, später sind es dann vielleicht häufigere Ausgaben. Die Strategie könnte diejenige sein,

insider

interne Zeitschrift der Werbeagentur **doppelpack**

Ausschreibung Design-Award

Vernissage in der Kunsthalle

Anmeldung zur Buchmesse

Kinopolis zeigt Cannes-Rolle 2002

Neue Kollegen stellen sich vor

9/02

Abbildung 8: Gestaltungsbeispiel des Titelblatts einer internen Zeitschrift

einmal im Monat einen relativ kurz gefassten gedruckten Newsletter zu verteilen, um ein (trotz Printaufwand) möglichst aktuelles Medium zu produzieren; denkbar ist natürlich auch die umgekehrte Variante: umfassend recherchiertes Material und möglichst viele News in einem umfangreicheren Zeitschriftenformat alle zehn Wochen auf den Tisch legen zu können. Die Entscheidung in diesem Fall hängt in nicht zu geringem Maße davon ab, wie viel Personal Sie für die Zeitschrift einsetzen können oder wollen oder ob Sie alles an eine Agentur outsourcen, die sowohl die Recherche als auch das Schreiben des Heftes für Sie übernimmt. Das kann jedoch langfristig teurer werden, als sich einen eigenen Mitarbeiterstab im Bereich Kommunikation aufzubauen. Außerdem sollten Sie bedenken, dass es teilweise auch heikle Informationen sein können, die in Ihrer Zeitschrift diskutiert werden sollen; gerade deshalb tun sich Mitarbeiter und Führungskräfte wesentlich leichter damit, mit ihren eigenen Kolleginnen und Kollegen über Interna zu sprechen als mit von außen hinzukommenden Redakteuren, auch wenn diese exklusiv für das Unternehmen arbeiten.

Bereichsinformationen und Produktnews

Obwohl diese beiden Arten von Informationsbedarf auch über die Zeitschrift abgedeckt werden können, sollte es einen Stamm an Informationsmaterial auf der einen Seite über die Struktur des Unternehmens, auf der anderen Seite über die angebotenen Produkte geben. Gerade wenn Mitarbeiter zum Cross-Selling angeregt werden sollen, ist es wichtig, ihnen genaue Informationen an die Hand zu geben, mit was sich andere Bereiche eigentlich beschäftigen. Bei Neuentwicklungen kann sich das bereits darin erschöpfen, einen Beileger in die Unternehmenszeitschrift zu legen, der kurz die Veränderungen darlegt. Dies reicht aber nur, wenn klar ist, wie die Produktpalette oder das Organigramm einer Abteilung vorher aussahen. Deswegen sollte es einen zentralen Pool geben, wo man solche Informationen per Hauspost anfordern kann, oder wo man Einsicht in Bereichsbroschüren, Produktblätter oder angebotene Servicepakete nehmen kann. Ganz wichtig ist es auch, konkrete Ansprechpartner zu nennen, die bei wei-

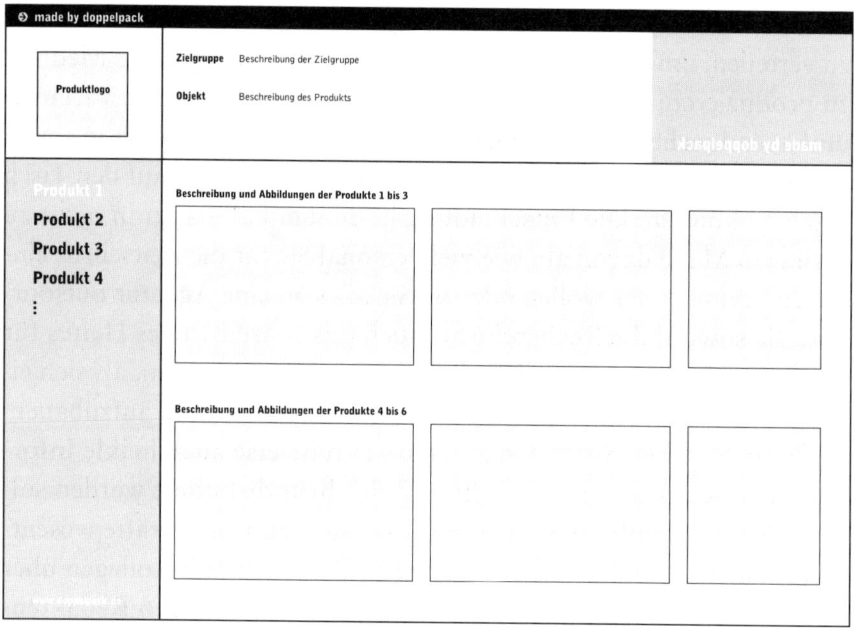

Abbildung 9: Gestaltungsbeispiel eines Produktblatts

teren Fragen zur Verfügung stehen. Letzten Endes können die dann von einem Kollegen oder einer Kollegin auch bei externen Anfragen weitergegeben werden, was wiederum die Wahrscheinlichkeit erhöht, Geschäfte machen zu können.

Flyer: Neuigkeiten und Veranstaltungshinweise

Wie in jeder anderen Organisation auch müssen Veranstaltungen oder Neuigkeiten beworben werden. Dies erreicht man, wenn man vom Intranet oder der langsameren Zeitschrift absieht, am besten nach dem Gesetz der großen Zahl: Wenn ich ständig mit einer Neuigkeit oder einem Termin konfrontiert werde, schaue ich mir die Sache eher an. Deswegen sollte es möglich sein, an Stellen, wo möglichst viele Mitarbeiter vorbeikommen, Plakate aufzuhängen oder gedruckte Flyer auszulegen, diese vielleicht sogar im Eingangsbereich oder vor der Kantine verteilen zu lassen.

welcome

1. doppelpack intern

- Ihre Kollegen/Ansprechpartner
- das dp-intranet
- unsere Hausordnung
- Arbeitszeiten/Urlaubsregelungen

2. come together

- regelmäßige interne Veranstaltungen

3. Stadt-Tipps

- Vergünstigungen
- Mitgliedschaften
- Freizeit
- Sport

4. FAQ

Abbildung 10: Beispiel für ein Inhaltsverzeichnis einer
»Willkommensmappe« für neue Mitarbeiter

Willkommensbroschüren für neue Mitarbeiter

Neue Mitarbeiter fühlen sich oftmals unsicher, da sie über die grundlegendsten Abläufe nicht Bescheid wissen. Sie brauchen einfach grundlegende Informationen, bevor sie mit ihrer eigentlichen Arbeit beginnen können. Außerdem ist es eine sehr mitarbeiterfreundliche Geste, eine Informationsbroschüre verteilen zu können, in der nützliche Tipps und grundlegende Dinge über das Unternehmen zu finden sind. In enger Zusammenarbeit mit der Personalabteilung und dem Betriebsrat sollten hier alle Aspekte festgehalten werden, die für einen Neuankömmling wichtig sind: Arbeitszeitregelungen, Urlaubsregelungen, individuelle Vergünstigungen durch die Firma (zum Beispiel Versicherungen, Mitgliedschaften in Vereinigungen, Sportangebot), Informationskanäle und Ähnliches. Wichtig ist es ebenfalls, auf die Funktionen des Intranets und die dort zu findenden Ansprechpartnerlisten hinzuweisen; wie der Mitarbeiterstamm organisiert ist, ist eines der zentralen Elemente, das den Neuen kommuniziert werden muss, um diesen die Orientierung und die Selbstständigkeit im Unternehmen frühzeitig zu sichern.

Gestaltung und Produktion organisieren

Es ist nicht damit getan, die Inhalte zu sammeln und in den Computer zu tippen. Soll die Unternehmenszeitschrift professionell erscheinen – was ja auch wieder eng mit der Glaubwürdigkeit ihres Inhalts zusammenhängt –, ist auch die Frage der Gestaltung und der Verteilung eine äußerst wichtige.

Die Standards festlegen: Das Corporate Design im Print

Corporate Design bestimmt grundlegend die Farben, Schrifttypen, den Satz einzelner Elemente, also das gesamte Layout. Der Begriff Corporate Design bezieht sich selbstverständlich nicht nur auf die Printmedien, sondern sollte grundsätzlich überall verwendet werden, ob bei Werbeanzeigen oder der Außenwerbung am Haus, aber auch bei Briefköpfen und Ähnlichem. Einheitliches Auftreten ist wichtig (dazu mehr weiter unten). Falls Sie ein solches Corporate Design bereits festgelegt haben, brauchen Sie im Grunde nur noch eine Agentur, die dieses auf Ihre Printmedien übertragen hilft und die Strukturen ein für alle Mal festlegt, damit Sie diese wirklich nur noch mit Inhalten füllen müssen.

Corporate Design und Corporate Identity

Das Corporate Design (CD) ist das visuelle Erscheinungsbild eines Unternehmens: Logo, Schriftzug, Hausfarben, Typografie, charakteristische grafische Gestaltungselemente, einheitliche Druckwerke und Produktdesign. Das Corporate Design stellt die Basis der Imagebildung und des Brandings, der Markenbildung, dar. Denn im wahrsten Sinne des Wortes ist das Corporate Design für »das Bild«, den ersten optischen Eindruck, den man von einem Unternehmen gewinnt, verantwortlich. Es muss also genau hinterfragt werden: Welches Image soll erzielt werden? Welche Unternehmensphilosophie soll transportiert werden? Welche Zielgruppe soll erreicht werden? Ist das bestehende Corporate Design noch zeitgemäß? Vielleicht hat sich das Unternehmen in eine andere Richtung entwickelt, und die Aussage des Corporate Designs stimmt nicht mehr mit den neuen Marketingzielen überein. Wie kann zum Beispiel das alte Signet verändert werden, damit die Identifikation mit den neuen Zielen übereinstimmt und dennoch der Wiedererkennungswert gewährleistet bleibt? Nicht immer macht es Sinn, ein komplett neues Corporate Design zu erstellen: Ein gutes Re-Design passt vorhandene Stilelemente behutsam aktuellen Trends an.

Das Corporate Design tritt nach innen und außen als Kommunikationsmittel in Erscheinung. Wichtig ist deshalb die einheitliche und konsequente Darstellung und Einhaltung von festgelegten (idealerweise im Styleguide) Schriften, Farben, Logovorlagen, Schriftgrößen und so weiter. Ein einheitliches Erscheinungsbild vermittelt Beständigkeit und einen unverwechselbaren Auftritt. Gerade diese Positionierung am Markt schafft Vertrauen – schließlich soll das eigene Produkt optisch unter Tausenden erkannt und sofort als »das Original« identifiziert werden.

Das Corporate Design ist ein Bestandteil der Corporate Identity, dem ganzheitlichen äußeren Erscheinungsbild eines Unternehmens.

Logo, Schriftzug und Signet

Das Logo (Firmenzeichen) eines Unternehmens oder eines Produkts kann aus verschiedenen Bestandteilen bestehen:

- Schriftzug,
- Signet,
- Schriftzug und Signet.

Die verwendete Typografie für den Schriftzug, das Signet sowie die ausgewählten Farben bilden die Basis für das Corporate Design und sollten einen hohen Wiedererkennungswert haben.

Aus der Praxis wissen wir, dass mancher Unternehmer gern die komplette Unternehmensgeschichte in dem Signet symbolisiert wissen möchte. Hier gilt: Weniger ist mehr. Fertigt das Unternehmen ein bestimmtes Produkt, dann ist es denkbar, dieses Produkt stilisiert darzustellen. Den umfangreichen Handlungsablauf einer Dienstleistungsorganisation zu illustrieren, ist häufig nicht sinnvoll, denn für den Kunden zählt vor allem der vermittelte Eindruck, das optische Erscheinungsbild, die klare Werbebotschaft und der positive persönliche Eindruck und nicht, ob er ein Bilderrätsel lösen kann.

Wenn Sie ein Logo erstellen lassen, achten Sie auf folgende produktionstechnische Kriterien:

1. Ist das Logo auch stark verkleinert erkennbar?
2. Ist das Logo auch in schwarz/weiß oder gerastert (zum Beispiel für Zeitungsanzeigen, Siebdruck auf Arbeitskleidung, Beschriftung des Fuhrparks, Leuchtschriften und so weiter) zu verarbeiten?

Abbildung 11: Beispiel für ein Logo beziehungsweise Schriftzug
einer Werbeagentur

Die Drucklegung vorbereiten: Druckereien, Dateiformate und Deadlines für Periodicals

Wenn die Redaktion alle Inhalte gesammelt hat und diese in das vorgegebene Layout passen, kommt alles zur Druckerei. Wichtig ist deswegen, dass eine grundlegende Übereinkunft seitens des Unternehmens mit der Druckerei besteht, in einem bestimmten Turnus die Zeitschrift oder auch kleinere Printmedien drucken zu lassen, die zu komplex oder zu hoch in der Stückzahl für einen Farbdrucker sind. Klarheit muss über die einzuhaltenden Deadlines bestehen, damit ein Druckauftrag seitens der Druckerei rechtzeitig fertiggestellt und in die Distribution gegeben werden kann. Wichtig ist auch abzuklären, welche Dateiformate gewünscht werden. Dies ist – genau wie beim Layout – eine einmalige Abklärungssache, die danach regelmäßig ablaufen wird.

Bedenken Sie auch stets: Was Sie als Unternehmen leicht outsourcen könnten, sollten Sie auch delegieren. Wenn ohnehin eine Agentur für die gestalterischen Komponenten hinzugezogen wurde, kümmert sich diese auch gern um die Kontakte zur Druckerei. Oftmals wird das Arbeiten für alle Beteiligten sogar dadurch erleichtert, weil die

Agentur genau weiß, worauf zu achten ist und wo Fehlerquellen versteckt sein könnten. Das heißt: Sie müssen nicht unbedingt überall dabei sein, solange die Abwicklung und die Organisation geklärt sind und die Ansprechpartner an alle Seiten klar kommuniziert sind.

Inhalte organisieren

Wenn Rubriken festgelegt und Termine für die Herausgabe von Zeitschriften oder Broschüren gesetzt sind, geht die Arbeit eigentlich erst richtig los. Gerade bei einer regelmäßig erscheinenden Zeitschrift kann es sehr schwierig werden, immer wertvolle Neuigkeiten im Unternehmen aufzutreiben.

Die Redaktion: Verantwortlichkeiten klären

Wenn das Team für die Zeitschrift nicht nur aus einer Person besteht, sollten Sie Verantwortlichkeiten von vornherein klären. Zu bestimmen ist, wie Inhalte generiert werden: Laufen zum Beispiel Themen an zentraler Stelle ein und werden dann an einzelne interne Journalisten zur Recherche vergeben? Oder obliegt es jeweils einem einzelnen Redakteur, sein Ressort zu füllen, indem er durchs Unternehmen geht und sich die News selbstständig verschafft? Wer entscheidet letztlich, welche Themen aufgenommen werden? Braucht es die endgültige Genehmigung des Vorstands, was gedruckt werden darf, gerade wenn die Zeitschrift einen gewissen Freiraum im Hinblick auf Kritik genießt?

Meistens läuft es am Ende auf eine Mischung aus all dem heraus, und das ist auch gut so, weil es die Chance erhöht, nichts Wichtiges zu verpassen. Wichtig ist auch, für das eigene Medium zu werben und den Mitarbeitern Ansprechpartner in der Redaktion zu nennen, damit sie selbst auch für sie relevante Themen verbalisieren und vorschlagen können.

Inhalte aktualisieren und kontrollieren

Bei allen gedruckten Medien sollte es eine letzte Kontrollinstanz (etwa einen »Chefredakteur«) geben, die ein neues Printmedium zum Druck freigibt. Diese Kontrollinstanz kann wiederum eng mit der Geschäftsführung zusammenarbeiten und zu große Verstimmungen vermeiden, denn letzten Endes bezahlen die unter Umständen kritisch thematisierten Damen und Herren das Blatt.

Regelmäßig sollte auch ein Check-up aller Medien stattfinden, die nicht periodisch erscheinen, sondern wie zum Beispiel Bereichsbroschüren eine längere Lebensdauer haben. Ansprechpartner und Organisationsformen, aber auch Produkt- und Servicepaletten können unter Umständen recht schnell wechseln, und dem sollte sofort Rechnung getragen werden, damit zumindest ab diesem Zeitpunkt keine veraltete Version mehr ausgegeben wird.

Die Distribution organisieren

Es ist durchaus möglich, die Verteilung der Unternehmenszeitschrift direkt aus der Druckerei heraus zu bewerkstelligen. Dabei ist zu entscheiden, ob man die Zeitschrift einfach nur auf jeden Arbeitsplatz legen, sie persönlich an den Arbeitsplatz adressieren oder sogar persönlich nach Hause schicken möchte. Letzteres hat den Vorteil, dass auch sich bereits im Ruhestand befindende oder Mutter- und Vaterschaftsurlaub genießende Mitarbeiter in den Genuss der Zeitschrift kommen und sich dem Unternehmen weiterhin verbunden fühlen. Dies alles ist natürlich ohne Zweifel auch eine Frage der Kosten. Wichtig ist in jedem Falle, Kontrolle darüber ausüben zu können, ob die Zeitschrift überhaupt beim Mitarbeiter ankommt. Das bedeutet auch eine enge Zusammenarbeit mit der Personalabteilung, um über den jeweiligen Einsatzort des Mitarbeiters (bei Zeitschriftenverteilung auf den Schreibtisch) oder über die aktuellen Adressen (bei Verteilung an die Privatadresse) verfügen zu können.

Intranet: Das schnellste Medium
der internen Kommunikation

Die Aufgaben des Intranets

Mitarbeiterkommunikation entwickelt sich parallel zu jeder anderen
Form der Kommunikation auf dem breiteren Markt; das heißt natürlich, dass auch Trends und neue Techniken aufgegriffen werden müssen, um die Kommunikation dem gängigen Schema anzupassen. Jetzt
kann man wohl nicht gerade behaupten, dass die Entwicklung des Internets eine solch neuartige Erfindung ist, dass sich die interne Kommunikation dem noch nicht anpassen konnte. Leider hat sie das in
vielen Fällen allerdings wirklich noch nicht oder zumindest nicht in
umfassendem Maße getan. Natürlich haben viele Firmen ein Intranet,
allein schon um E-Mails verschicken oder gemeinsam auf Datenbanken zugreifen zu können, die über Server miteinander verbunden
sind. Aber dass wirklich der Schritt getan wurde, so wie in der Welt
»draußen«, außerhalb des Unternehmens, alle Informationen online
zugänglich zu machen, ist in den seltensten Fällen erfolgt. Und noch
seltener ist es vorzufinden, dass Intra- und Internet so gut verzahnt
wurden, dass der Benutzer, in diesem Fall der Mitarbeiter, gar nicht
merkt, dass er die Oberflächen wechselt.

Der große Vorteil des Intranets ist die Möglichkeit, Zielgruppen je
nach Situation und Informationsbedarf spezifizieren zu können, sodass eine gesonderte Ansprache nach Bedarf möglich ist. Und diese
Spezifizierung kann noch dazu sehr schnell und unkompliziert vorgenommen werden, was den Wert dieses Mediums innerhalb eines Unternehmens zusätzlich erhöht.

Abbildung 12: Gestaltungsbeispiel eines Intranetportals

Informationen erstellen

Das Intranet dient – so wie das Internet auch – dazu, Informationen möglichst umfassend und schnell erreichbar jedem zur Verfügung zu stellen, der Zugang zu den jeweiligen Servern hat. Diese Informationen, die vom Intranetteam eines Unternehmens eingepflegt werden, müssen stets aktuell sein. Als schnellstes Medium wird hier der Anspruch aufrechterhalten, auf alles per Mausklick Zugriff zu haben. Die Struktur des Intranets entscheidet mit darüber, ob und wie leicht der einzelne Mitarbeiter an seine Informationen herankommt. Deswegen ist es eine grundlegende Entscheidung, ob ich mein Intranet in Form von Datenbanken gestalte oder gestalten lasse, in denen jeder recherchieren kann, oder ob ich Oberflächen ähnlich denen des Internets bastle, die sich unter Umständen sogar von jedem einzelnen Mitarbeiter personalisieren lassen, auf jeden Fall aber viel aufwendiger zu sortieren sind als eine Datenbank.

Server

Der Server ist innerhalb eines Netzwerks der zentrale Rechner. Teilnehmer des Netzwerks greifen auf den Server zu, um Betriebssysteme, Programme, Daten, Speicherplätze oder Internetprogramme nutzen zu können.

Kommunikation im Unternehmen erleichtern

Grundlegende Funktion eines Intranets ist es zunächst einmal, E-Mails verschicken zu können. Dass ich meine Kolleginnen und Kollegen ständig erreichen kann, dass ich mein Team mit den neuesten Informationen versorgen kann, dass es aber vor allem möglich sein muss, auch Mitarbeiter außerhalb des eigenen Standorts problemlos zu erreichen, sind alles Dinge, die uns heute selbstverständlich erscheinen. Doch gibt es häufig noch Unternehmen, die kein gemeinsames E-Mail-System haben, die keine Server zur Verfügung stellen, über die sich die online stattfindende Kommunikation abwickeln lässt.

Hier sei auch darauf hingewiesen, was für eine Rolle die E-Mail-Adresse gerade in der Außenwirkung spielt. Wenn eine Firma zulässt, dass jeder Mitarbeiter geschäftliche Dinge über private E-Mail-Konten abwickelt, gefährdet sie nicht nur die Datensicherheit, sondern unterschätzt vor allen Dingen auch gewaltig den fehlenden einheitlichen Außenauftritt, der dadurch demonstriert wird. Einheitliche E-Mail-Adressen, die den Firmennamen beinhalten, symbolisieren die Identität des Unternehmens. Unabhängig davon, welcher Mitarbeiter dem Geschäftspartner oder Kunden die E-Mail am Ende schickt – es ist ganz klar, aus welcher Hand sie kommt, um was es geht und dass der Schreiber vor allem autorisiert ist, im Namen der Firma zu korrespondieren.

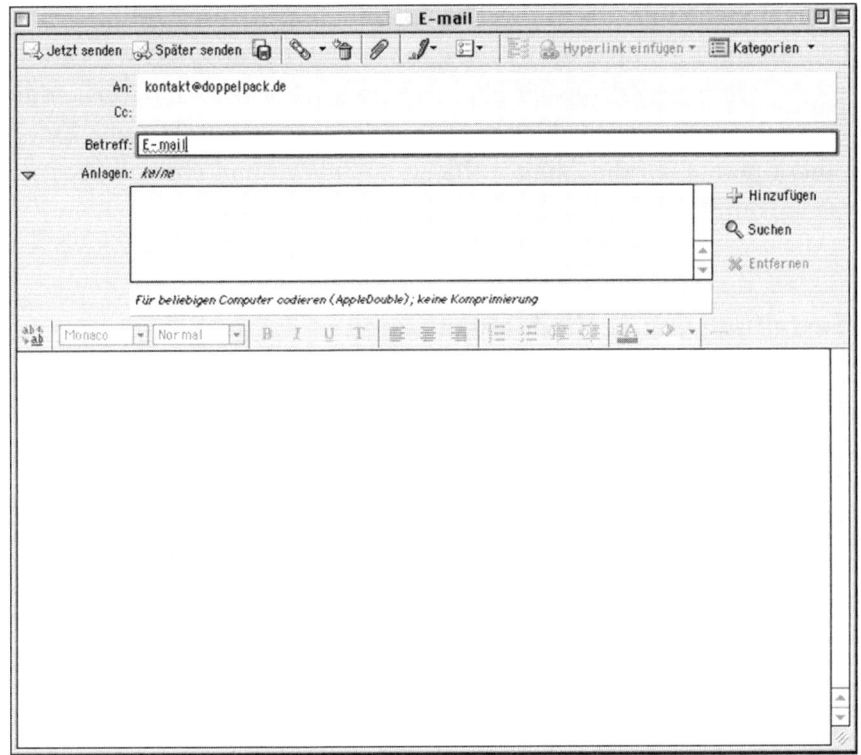

Abbildung 13: E-Mail-Fenster mit Unternehmensnamen

Mitarbeiter zum Ideenaustausch motivieren: Interaktivität
im Intranet

Die E-Mail ist nur eine Form, wie das Intranet interaktive Möglichkeiten nicht nur zwischen Kunden und Mitarbeitern, sondern auch
den Mitarbeitern untereinander ermöglicht. Selbst wenn ich jemanden nicht täglich sehe, kann ich als Mitarbeiter dennoch eine alltägli-
che Konversation aufrechterhalten, kann Ideen austauschen und im
besten Falle sogar in einen kreativen Prozess eintreten, bei dem am
Schluss ein neues Produkt oder eine neue Lösung entsteht. Vielleicht
wird aber auch nur die Kundenbetreuung durch besseren Datenaus-
tausch optimiert. Diese Möglichkeit oder diese Minuten am Tag, in
denen oberflächlich betrachtet Zeit und damit Geld des Unterneh-

mens verschleudert wird, weil sich jemand Zeit zum Online-Reden herausnimmt, sollten deswegen ganz bewusst propagiert werden. In einem kommunikationsfeindlichen Klima schließt man natürlich die Häufigkeit privaten Gedankenaustauschs aus; aber gleichzeitig unterbindet man auch die Chance, Ideen zu äußern und einfach kreative Gedankenprozesse zum Ausdruck bringen zu können.

Gestaltung und Technik organisieren

Bevor dann Inhalte wirklich hinterlegt und strukturiert eingebracht werden können, ist es Aufgabe des Intranetteams, zunächst einmal die gestalterischen und technischen Fragen zu klären. Nur bei reibungslosem Ablauf und klar vorgegebener Struktur ist es möglich, schnell auf Anforderungen zu reagieren und mit den Inhalten stets auf dem aktuellen Stand zu bleiben.

Den Intranetauftritt gestalten (lassen)

Wie auch schon bei den Printmedien deutlich wurde, sind einheitliche und stets wiederkehrende Elemente von Medien wichtig: einmal zur Erleichterung der Zuordnung beim Verständnis und bei der Anwendung; zum anderen für die Identität des Unternehmens über das Corporate Design.

Den Intranetauftritt können Sie sich, wenn Sie wollen, mittels einer Agentur umsetzen lassen. Diese setzt mithilfe der Vorgaben des Corporate Designs eine Struktur auf, die in enger Beziehung zu den nachfolgend einzustellenden Inhalten steht. Rubriken gibt es im Netz genauso wie in jeder Zeitschrift, nur dass das Intranet in viel größerem Maße die Informationsaufbewahrung gestattet und beliebig viele Schichten an tiefgreifenderen Informationen zulässt. Die Agentur oder das Intranetteam legen deswegen Standards für eine Intranetseite fest.

Navigationselemente

Navigationselemente helfen dem Benutzer, sich in der Struktur des Internets oder der einer Homepage zurechtzufinden. So können Navigationselemente stilisierte Symbole sein, die man anklickt, um zu einer bestimmtem Rubrik zu gelangen, oder Suchfelder, in die der gewünschte Begriff eingegeben wird.

Links

Ein Link ist eine Verknüpfung mit einer anderen Intra- oder Internetsite. Sichtbar sind Links meist als Button oder als unterstrichene Textzeile. Einmal angeklickt, wird die Verknüpfung aktiviert, und man landet direkt auf der entsprechenden Site.

Diese Standardvorgaben beziehen sich auf die Farbpalette ebenso wie auf Seitenelemente. Fragen sind: Wie groß ist der Textanteil der einzelnen Seiten, je nachdem wo diese Seite innerhalb der Tiefenstruktur steht? Dürfen Bilder benutzt werden; und wenn ja, welcher Art? Wie sollen die Navigationselemente aussehen, die sich auf jeder Seite wiederfinden lassen? Gibt es bestimmte Links (wie zum Beispiel auf die Internetseite des Unternehmens, eine Seite mit tagesaktuellen Informationen, auf eine Kontaktadresse für Anfragen seitens der Mitarbeiter und vieles Denkbares mehr), die auf jeder Seite, unabhängig von ihrem Standort innerhalb der Intranetseite, auftauchen müssen? Erst wenn diese Fragen alle geklärt sind, können Sie damit beginnen, Inhalte einzustellen. Denn nur wenn die Grundstruktur klar ist, wird auch deutlich, wo denn der eigentliche Informationsbedarf liegt, und wie er möglichst einfach bereitzustellen ist.

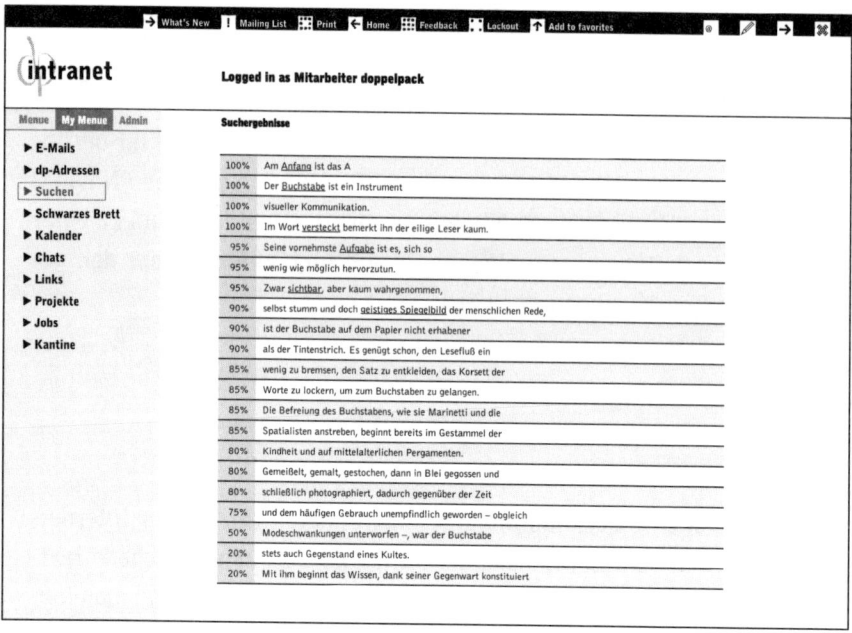

Abbildung 14: Typische Intranetseite mit Navigation, Sitemap
und möglichen Rubriken

Die Technikanforderungen lösen (lassen): Programmierung des Designs, Server organisieren und Zugriffsrechte klären

Und noch einen weiteren Punkt gilt es zu beachten, bevor es wirklich
an die Recherche und die Aufbereitung der Inhalte gehen kann: die
Technik. Da das Design bereits entwickelt wurde, muss dieses jetzt
noch programmiert werden. Auch das ist nicht schwer, besonders
wenn die Agentur, die schon am Design mitgewirkt hatte, sich auf das
Gestalten von Homepages spezialisiert hat oder erfahrene Programmierer
an der Hand hat. Was sich dann für jedes Unternehmen noch
als Problem stellt, ist die Frage nach dem Standort des Servers, das
heißt der Verwaltung der Datenbanken, des Netzes. Wenn es keinen
Techniker im eigenen Intranetteam oder keine Technikabteilung im
Haus gibt, die die Serverbetreuung noch in ihre Liste von Pflichten
mit aufnehmen könnten, lohnt es sich, darüber nachzudenken, ent-

weder jemanden eigens dafür einzustellen oder den Server wiederum von außerhalb betreuen zu lassen. Gegen Letzteres spricht, dass ein eigener Mitarbeiter wahrscheinlich schneller als Ansprechpartner zur Verfügung steht, wenn mal etwas nicht in Ordnung ist. Dann braucht es auch keine langatmigen Diskussionen darüber, wer wann Zugriffsrechte auf den Rechner hat, vor allem wenn diese Person ein Externer ist. Kleinere Anpassungen müssen zu Beginn immer von Mal zu Mal vorgenommen werden; und dies geht am besten in direkter Absprache mit dem Team, das nun endlich beginnen kann, die Inhalte zu liefern und vielleicht noch eigene Ideen hat, was die Funktionsfähigkeit der Seiten betrifft.

Inhalte organisieren

Die Inhalte stellen eigentlich die größte Herausforderung dar. Bei keinem anderen Medium erwartet der Leser oder Empfänger so große Aktualität wie beim Intranet. Ob es sich nun um Managementdirektiven handelt, die auf der News-Seite abgelegt werden, oder um das Adressbuch des Konzerns – ist irgendetwas nicht aktuell, mit Fehlinformationen gespickt oder aufgrund einer Fehlfunktion im System nicht problemlos erreichbar, hat das Unternehmen einen treuen lesenden Mitarbeiter verloren. Denn das Sich-verlassen-Können auf die Richtigkeit der über das Intranet verbreiteten Aussagen ist das A und O dieses Mediums der internen Kommunikation.

Eine Redaktion bilden: Verantwortlichkeiten klären

Zunächst sollte festgelegt werden, wer die Inhalte erstellt, prüft und aktualisiert. Auch wenn einzelne Bereiche des Intranets durchaus von autorisierten Personen gestaltet werden können, sollte eine zentrale Instanz das Recht haben, die einzelnen eingepflegten Seiten jederzeit auf ihre Richtigkeit und Qualität zu überprüfen. Dabei geht es nicht mehr so sehr darum, ob die Designstandards eingehalten werden (obwohl es auch das natürlich sicherzustellen gilt), sondern ob die Aussagen auf den Seiten vom Informationsgesichtspunkt her wirklich qualitativ hochwertig sind. Seiten oder Datenbanken, in denen einzelne Bereiche ihre Neuigkeiten eingeben, kann es durchaus geben. Aber auch die Verantwortlichen in den Bereichen sollten eng mit der Zentrale des Intranets zusammen arbeiten beziehungsweise dem »Chefredakteur« des Intranets gegenüber verpflichtet sein. Im Endeffekt sollte das Redakteursystem so aussehen, dass für jede einzelne Seite klar nachvollziehbar ist, wer für deren Inhalte und Aktualisierung zur Verantwortung zu ziehen ist. Diese Information sollte auch im gesamten Unternehmen verbreitet werden, damit bei etwaigen Änderungswünschen seitens der Mitarbeiter klar ist, wer der direkte Ansprechpartner ist.

Inhalte generieren und einstellen

Wenn festgelegt ist, wer welche Seite füllen soll, kann es eigentlich erst richtig losgehen. Die Informationen, die letzten Endes erscheinen, werden – wie bei jeder anderen journalistischen Tätigkeit auch – recherchiert. Auf der einen Seite sollte der Informationsaustausch mit der Geschäftsführung gut fließen, um immer die neuesten Vorgaben an der Hand zu haben und diese einstellen zu können. Auf der anderen Seite bedarf es auch eines umfassenden Netzes an Ansprechpartnern aus allen Bereichen (zum Beispiel Personalabteilung, Techniksektion, Kantinenmanagement, Presseabteilung und vieles mehr), um dort die aktuellsten Neuerungen immer direkt abfragen und der Allgemeinheit zur Verfügung stellen zu können. Bestehen bei einer Information Unsicherheiten über deren Wahrheitsgehalt, ist es dem internen Intranetredakteur, genauso wie jedem anderen seriösen Journalisten auch, auferlegt, diese intern nachzuprüfen. Falschinformationen wirken sich im Intranet besonders nachteilig aus, da sofort an der Kompetenz der inhaltlich Verantwortlichen und deren guter Zusammenarbeit mit den Informationslieferanten gezweifelt wird. Und ein Intranet, das keiner ernst nehmen kann, ist ein schlechtes Intranet: Es kostet Zeit und Geld, jede Information persönlich verifizieren zu müssen, wenn man sich nicht auf die online übermittelten Nachrichten verlassen kann. Eine Zeitungsente im eigenen Hause und mit den eigenen Medien ist wohl das Unangenehmste, was einer internen Kommunikationsabteilung passieren kann.

Inhalte aktualisieren

Wichtiger fast als das Generieren von Inhalten ist die ständige Aktualität, die es zu gewährleisten gilt. Sich müßig zurückzulehnen, wenn die neuesten Bereichsberichte eingegeben wurden, gibt es nicht; denn schon am nächsten Tag kann alles wieder anders sein. Für solche Fälle, in denen es im Zeitablauf durchaus widersprechende Informationen geben kann, sollten Sie sich überlegen, ein Archiv für alle Informationen zu schaffen, die länger als einen bestimmten Zeitraum zurückliegen. Die Länge dieses Zeitraums ist von dem jeweiligen Inhalt und der Überlebensdauer von News in Ihrem Unternehmen selbst abhängig, ist also erst einmal grundlegend zu bestimmen und dann noch einmal für jeden besonderen Fall festzulegen. Es ist auch klar, dass der falsche Aktienkurs Ihres Unternehmens auf dem Portal Ihres Intranets nach dem Kurseinbruch vier Stunden zuvor wesentlich erheblichere Risiken birgt als der noch immer nicht aktualisierte Kantinen-Speiseplan vom Vortag.

Inhalte von »Zulieferern« kontrollieren

Auch wenn es in einer Intranetredaktion oftmals schnell gehen muss, gerade weil man ja dem Anspruch der größtmöglichen Aktualität gerecht werden möchte, lohnt es sich, von anderen Bereichen hereinkommende Neuigkeiten dennoch zu überprüfen. Letzten Endes ist der Redakteur derjenige, der seinen Leumund verliert, wenn eine Information schlichtweg falsch ist. Deswegen: Lieber zweimal nachfragen, unklare oder nicht nachprüfbare Textpassagen streichen oder die Neuigkeit gar nicht melden, bis nicht alle Zweifel am Wahrheitsgehalt restlos beseitigt sind.

Inhaltselemente festlegen

Bisher haben wir im Grunde nur über das Intranet in seiner Funktion als Nachrichtenübermittler (E-Mails) und Pinboard für Neuigkeiten gesprochen. Dies sind wohl auch zwei zentrale Funktionen, aber bestimmt nicht die einzigen. Um das Intranetsystem zu einem funktionsfähigen Ganzen zu machen, gehören Datenbanken, Feedback-Möglichkeiten und Unternehmensinformationen ebenso dazu.

Rubriken erstellen

Rubriken sind nicht für die Ewigkeit in Stein gemeißelt. Natürlich wäre es wünschenswert, zusammen mit der Erstellung des Designs auch schon alle Rubriken, die jemals nötig werden könnten, vorher-

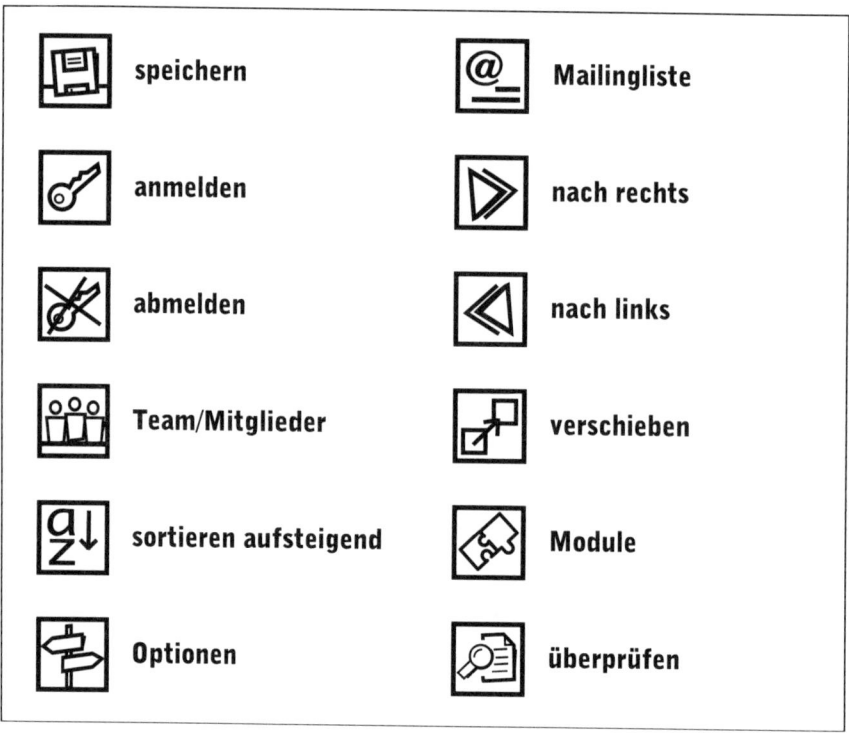

Abbildung 15: Beispiele für individuell gestaltete Icons

zusehen und – bei wichtigeren Inhalten – eigene Icons für die Homepage des Intranets zu basteln. Aber es ist nur allzu offensichtlich, dass erst mit der Zeit deutlich wird, welche Inhalte benötigt werden, wo es der Vertiefung bedarf, welche Unterseiten für alle Mitarbeiter direkt zugänglich sein müssen oder wo einfach nur eine Datenbank vonnöten ist, die irgendwo im Hintergrund hochgefahren werden kann.

Deswegen ist die grundlegende Frage nicht die, wie das Intranet am Ende aussehen wird, sondern wo der Anfang liegt; was also absolut unumgänglich ist, um dies dann allmählich nach Bedarf aufstocken zu können, ohne die Redakteure und auch die Anwender, die Mitarbeiter selbst, zu Anfang mit einem viel zu komplexen System zu überlasten.

Überlegen Sie deshalb in Ruhe – auch zusammen mit der Agentur –, welche Elemente auf der Startseite sein sollten. Sicherlich braucht es hier einen direkten Einstieg zu den neuesten Nachrichten, die das gesamte Unternehmen betreffen und die vom Management an die Mitarbeiter weitergegeben werden sollen. Ebenfalls notwendig ist der direkte Zugang zum persönlichen E-Mail-Postfach. Bei größeren Unternehmen könnte hier bereits die Unterscheidung nach Arbeitsbereichen getroffen werden, sodass ich mir als Mitarbeiter im Bereich Personal direkt die Seite mit den neuesten Meldungen des internen Personalwesens aufrufen kann. Wichtig ist, dass die anfängliche Struktur so offen gehalten wird, dass stets Raum für neue Rubriken ist, die Sie über die Zeit noch hinzunehmen wollen.

Beispiele für Rubriken

Zunächst einmal können Seiten entwickelt und in eine sinnvolle Struktur gebracht werden, die das Unternehmen als solches den Mitarbeitern klar verständlich darstellen. Die Organisationsstruktur, welche Abteilung also wohin gehört, kann man ebenso abbilden wie die detaillierte Information mit beliebig vielen Ebenen, was die einzelnen Abteilungen denn nun eigentlich genau tun. Dies kann bis zur Ebene von Produktinformationen hinunterreichen, am besten natürlich mit Ansprechpartnern und Kontaktadressen versehen. Auf

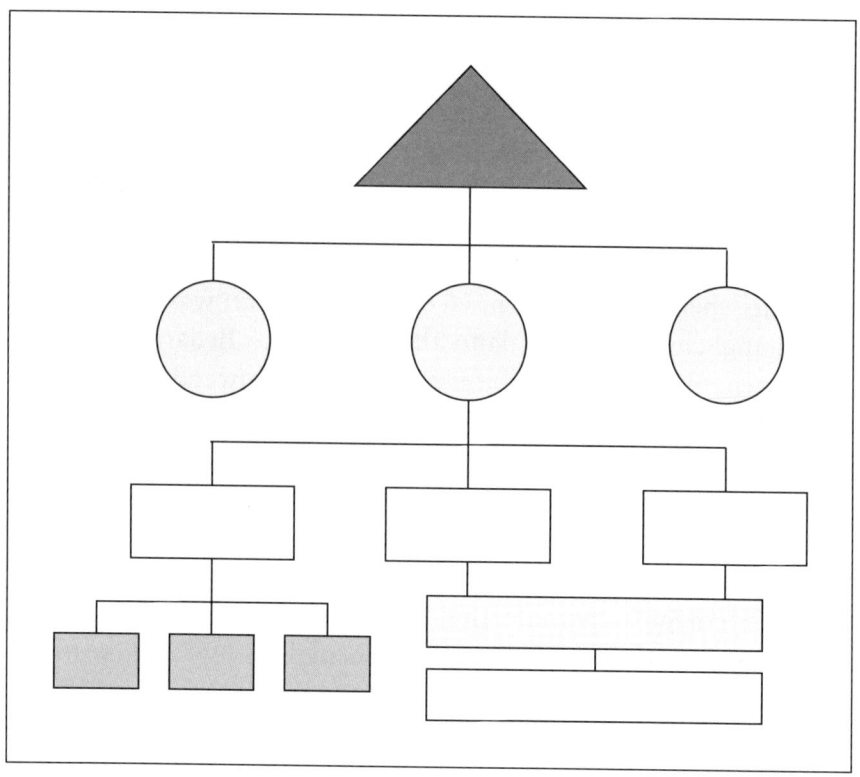

Abbildung 16: Organigramm: Beispiel einer Unternehmensstruktur

höchster Ebene heißt das, dass in allen Bereichen Richtlinien und Neuerungen des Managements dargestellt und stets aktuell gehalten werden. Gerade was durchgreifende Veränderungen betrifft, die entweder das ganze Unternehmen oder nur Teilbereiche betreffen, sollte auf solche in den Intranetseiten an dominanter Stelle aufmerksam gemacht und ein Feedback an die Geschäftsleitung ermöglicht werden.

Der Bereich Neuigkeiten, der bereits weiter oben angesprochen wurde, lässt sich natürlich untergliedern. Neben dem schon erwähnten Pinboard, dem »Schwarzen Brett« für Neuigkeiten rund ums Unternehmen oder neue Entwicklungen am Markt, über die jeder informiert sein sollte, können auch Rubriken für Veranstaltungshinweise aller Art entwickelt werden (zum Beispiel Hinweise auf Konferenzen in Fachbereichen, aber auch Kulturveranstaltungen in der Gegend

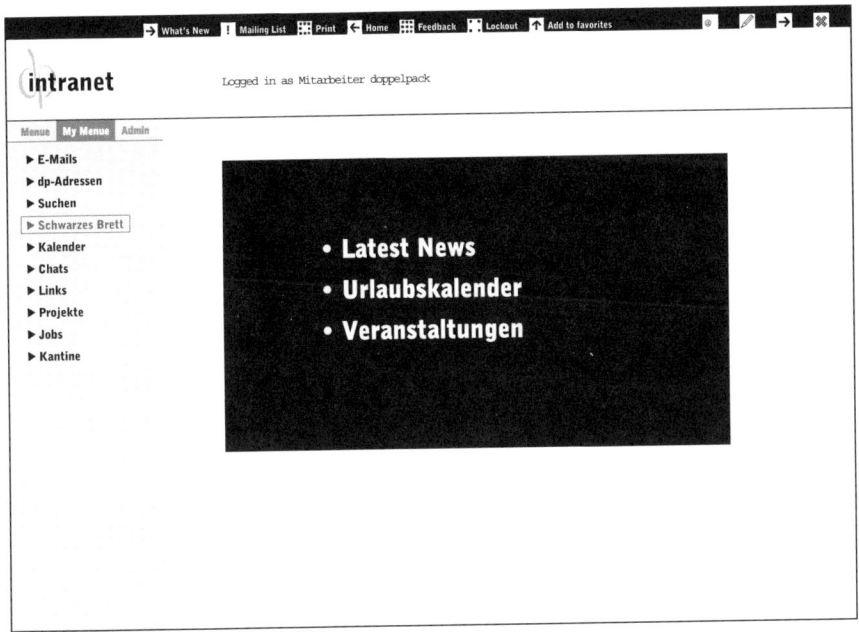

Abbildung 17: »Schwarzes Brett« im Intranet

und nicht zuletzt interne Events). Und per E-Mail kann ebenso gut ein Newsletter verschickt werden, der den Mitarbeitern von Fachbereichen unaufgefordert zugeht oder der an bestimmter Stelle im Intranet abrufbar ist.

Raum sollte es aber auch geben für den Kontakt der Mitarbeiter untereinander. Eine Stelle, wo Ideen und Erfahrungen ausgetauscht werden können, lässt sich ebenso schaffen wie ein »Kummerkasten«, in dem Fragen gestellt und beantwortet werden können. Informationen für neue Mitarbeiter können mit Online-Hilfen zusammengestellt werden. Und je nach Größe des Unternehmens lohnt es sich vielleicht auch, einen internen Stellenmarkt zu schaffen, um die Ressource Arbeitskraft innerhalb des Unternehmens optimal zu verteilen.

Wie diese Rubriken konkret ausgestaltet werden können, hängt entscheidend vom jeweiligen Unternehmen und von den Ideen der Agentur ab, die diese umsetzen hilft. Es gibt kein Patentrezept, das Sie dabei unterstützt, ein Intranet einfach ins Leben zu rufen. Diverse

Software-Anbieter offerieren natürlich Oberflächen, die relativ einfach zu bedienen sind; wie Sie diese mit Leben füllen, bleibt aber immer noch anhand der konkreten Bedürfnisse des Unternehmens zu diskutieren.

Funktionalitäten ermöglichen

Mit Funktionalitäten sind hier grundlegende Eigenschaften eines Intranets gemeint, die berücksichtigt werden sollten, unabhängig davon, wo genau die jeweilige Funktionalität angegliedert und in welchem Zusammenhang sie genutzt werden kann.

Feedback-Möglichkeiten zur Redaktion

Grundsätzlich sollte, das wurde weiter oben bereits erwähnt, bei jeder Intranetseite ersichtlich sein, wer verantwortlich für deren Inhalt ist. Optimal wäre es darüber hinaus, wenn es einen Feedback-Knopf gäbe, mit dem man sich direkt an den verantwortlichen Redakteur wenden kann, wenn Fragen zum Inhalt bestehen. Falls der Beitrag direkt aus einem Fachbereich kommt, genügt es oftmals nicht, den Redakteur des Beitrags in die Kontaktangabe einzusetzen, sondern es bedarf der Nennung des Ansprechpartners mit direktem E-Mail-Link im Fachbereich. Solch gestaffelte Feedback-Möglichkeiten (Redakteur, Fachbereich, direkter Ansprechpartner) ermöglichen ein höchstes Maß an Interaktivität zwischen den Mitarbeitern und vermeiden unnötige Umwege, um weitergehende Fragen beantwortet zu wissen. Außerdem erhöht ein solches Vorgehen die Transparenz jeder einzelnen Seite, was wiederum positiv auf die Glaubwürdigkeit des Intranets wirkt. Aber auch hier gilt: Stetes Nachprüfen, ob die genannten Kontaktadressen überhaupt noch aktuell sind, sind vonseiten der Intranetredaktion gefragt!

Abbildung 18: Button für Feedback an Ansprechpartner

Adressverwaltung und Datenbanken allgemein

Adressen sind etwas, ohne die die Kommunikation innerhalb eines Unternehmens nicht funktionieren kann. Deswegen sollten alle Mitarbeiter Zugriff auf eine zentrale Datenbank haben, in der sich die aktuellsten Informationen über den Mitarbeiterstand finden lassen. Zusätzlich dazu ist es vorstellbar, dass es bereichsinterne Datenbanken gibt, in denen dann noch viel genauer über die jeweiligen inhaltlichen Schwerpunkte und Zuständigkeiten der einzelnen Kolleginnen und Kollegen Auskunft gegeben wird. Diese müssen dann nicht unbedingt allgemein zugänglich sein, sondern können – geschützt durch ein Passwort – nur den bereichsangehörigen Mitarbeitern offen stehen. (Diese Möglichkeit, einzelne Seiten nur selektiv zugänglich zu machen, gilt übrigens für alle internen Datenbanken oder Informationsseiten, zum Beispiel Mitarbeiterbewertungen oder Ähnliches, die nur die Personalabteilung und den jeweiligen Fachbereichsleiter etwas angehen, aber dennoch zentral verwaltbar sein müssen.)

Grundsätzlich besteht die Möglichkeit, alle Dokumente, die für das Geschäftsgeschehen von Bedeutung sind, auf den Bereichsseiten des Intranets zu hinterlegen und diese für spezifische Gruppen oder alle Mitarbeiter zugänglich zu machen. Wichtig ist, dass die Struktur die-

Abbildung 19: Datenbanksystem

ser Anlagen deutlich wird, um unnötiges Suchen zu vermeiden. Jeder, der an diese Informationen herankommen muss, sollte erstens wissen, dass es sie per Intranet gibt, und zweitens, wo er sie findet. Das bedeutet wiederum: Bei neuen Inhalten das Informieren der Mitarbeiter nicht vergessen! Eine unauffindbar abgelegte Information bedeutet keine Information, sondern vielmehr unnötige Arbeit!

Diskussionsforen und Chatrooms

Zu wichtigen Themen gibt es auch immer die Möglichkeit, Chatforen oder Diskussionsplattformen einzurichten. Gerade bei Mitarbeitern einer Abteilung oder eines Produktbereichs, der sich über mehrere Abteilungen oder sogar über mehrere Standorte hinweg erstreckt, kann es sinnvoll sein, ihnen online zu ermöglichen, in einem Gespräch miteinander zu kommunizieren. Aber auch bei größeren Veränderungsprozessen, die das ganze Unternehmen betreffen, ist es denkbar,

Abbildung 20: Gestaltungsbeispiel einer Adressdatei im Intranet

direkt an die News-Meldung zu dieser Veränderung den Zugang zu einem Diskussionsforum online zu schalten. In diesem könnten dann zu angegebenen Zeiten die Geschäftsführung und die Mitarbeiter online über Implikationen des anstehenden Wandlungsprozesses diskutieren, Fragen stellen und beantworten, Reaktionen abtesten oder einfach nur ihre Meinung kundtun.

Diese Art des interaktiven Austauschs ist natürlich sehr aufwändig, da es eines Diskussionsmanagers bedarf, der Ausuferungen verhindert und relevante, aus der Diskussion gewonnene Erkenntnisse wiederum aufarbeitet und per Intranet allen zugänglich macht, die es betreffen könnte. Denn nur geteilte Information, unabhängig davon, wo und wie sie entsteht, ist Kommunikation im eigentlichen Sinne.

Befragungen per Intranet

Eine letzte Möglichkeit, die hier angesprochen werden soll, sinnvoll
Funktionalitäten einzubauen, ist die Befragung per Intranet. Es ist
leichter, sich zwischendurch per Mausklick durch einen Fragebogen
zu arbeiten, als diesen auf Papier zugeschickt zu bekommen, ihn auszufüllen und wieder zurückzuschicken. Dabei ist zunächst einmal die
Variante denkbar, bei der Mitarbeiter nach bestimmten Auswahlkri-
terien per E-Mail einen solchen Fragebogen zu einem bestimmten
Thema, das gerade untersucht werden soll (zum Beispiel Mitarbeiterzufriedenheit, Zufriedenheit mit der internen Kommunikation und

Abbildung 21: Beispiel eines »Electronic Survey«

Ähnliches), zugeschickt bekommen und diesen ausgefüllt online zurücksenden können. Die zweite Variante ist die, auf einer neuen Seite im Intranet einen Fragebogen optional anzuhängen und darauf zu vertrauen, dass die Leser der Seite ihn auch ausfüllen. Das wären dann vor allem Fragen zu der Gestaltung der Seite selbst, zum Themenkomplex der Seite oder – bei News-Seiten – Fragebögen, um eventuelle Kritik oder Unsicherheiten an Veränderungen zu erfassen.

Videos

Der Einsatz von Filmmaterial

Jemandem aus Fleisch und Blut gegenüber zu stehen und mit der Person sprechen zu können, ist die direkteste Form der Kommunikation und eine der emotionalsten. Sich zu verstecken ist schwierig, und es gelingt nur schlecht, Fragen und Kritik auszuweichen. Einen ähnlichen Anschein erweckt Filmmaterial, denn auch hier steht man dem Sprecher vermeintlich direkt gegenüber, hört nicht nur seine Stimme oder liest seine Rede, sondern sieht die sprechende Person als Ganzes – mit Gestik und Mimik, die ja so wesentlich beeinflussen, wie wir das Gesagte aufnehmen und es interpretieren.

Deswegen sind Videos oder Filme allgemein natürlich ein hervorragendes Medium, den emotionalen Charakter eines direkten Gesprächs heraufzubeschwören, jedoch ohne der Gefahr ausgesetzt zu sein, sich in eine Diskussion verwickelt zu finden. Die »action« des Films selbst kann so lange korrigiert werden, bis genau der Eindruck entsteht, der vermittelt werden soll. Videos und Filme sind also Medien, die sich in stärkstem Maße für die bewusste Manipulation der Zuschauer einsetzen lassen, ohne dass es diesen notwendigerweise bewusst wird.

Der Imagefilm: Neueinstellungen und Veränderungsprozesse

Grundsätzlich lohnt es sich nur, sich dem Aufwand des Filmemachens auszusetzen, wenn der Inhalt der zu kommunizierenden Sachverhalte wirklich wichtig ist. Das bringt uns wieder zu Veränderungsprozessen und wirklichen Neuerungen innerhalb eines Unternehmens, besonders wenn diese strittig und für die Belegschaft nicht nur mit angenehmen Aspekten verknüpft sein könnten.

Paradebeispiel für einen solchen Film, der das grundsätzliche Image oder das Selbstverständnis eines Unternehmens betrachtet, ist die Darstellung einer neuen Führungskraft, die in entscheidendem Maße die zukünftige Ausrichtung des Unternehmens mitbestimmen wird, wenn es nicht sogar die Geschäftsleitung selbst ist, die ausgetauscht wird. Oftmals soll in einem solchen Moment ja ganz bewusst ein neuer Kurs eingeschlagen werden, gerade auch um die neue Person deutlich gegen ihren Vorgänger abzusetzen. In dieser Situation ist es sinnvoll, ein Video sowohl über die Persönlichkeit des oder der »Neuen« als auch über das (angestrebte) neue Image des gesamten Unternehmens zu gestalten.

Eine ähnliche Situation, wenn auch nicht so eng an eine bestimmte Person geknüpft, ist eine Neuausrichtung der Unternehmensstrategie, entweder in ihrer Gesamtheit oder in Teilbereichen. Wenn eine solche Veränderung den motivierten Einsatz von Mitarbeitern erforderlich macht, um diese überhaupt in die Tat umsetzen zu können, ist es sicherlich mehr als notwendig, die zugrunde liegende Idee, den Weg ans Ziel und das gewünschte Ziel selbst jedem Einzelnen so deutlich und so positiv wie möglich vor Augen zu führen. Und das geht mittels eines anschaulichen Videos sicherlich besser als mit einer gedruckten Version des neuen Organigramms nebst Textbausteinen zur neuen Geschäftsausrichtung.

Es geht, so wird hier deutlich, bei Kommunikation oft nicht darum, ausschließlich detaillierte Informationen weiterzugeben, sondern erst eine Grundstimmung dafür zu schaffen, dass weitergehende Informationen überhaupt willig aufgenommen werden können.

Organigramm

Besonders für Neulinge in einem Unternehmen sind interne Hierarchien häufig nicht auf den ersten Blick zu erkennen. Ein Organigramm schafft erste Hilfe: Es stellt übersichtlich dar, welche Positionen innerhalb der Firma gleichrangig sind, an welcher Stelle die Ausführungsebene beginnt und an welchen Stellen die Organisation miteinander verknüpft ist. Mitarbeiter und Externe fühlen sich sicherer, da die Hierarchie nicht erst auf kommunikativer Ebene geklärt werden muss, und peinliche Missverständnisse können oft vermieden werden.

Eine Frage des Budgets

Sicherlich ist ein Film an fast jeder Stelle das optimale Mittel, wenn die Kosten nicht relativ hoch wären. Also sollte man sich genau überlegen, welche Maßnahme innerhalb des Unternehmens es wirklich erforderlich macht, diese Ausgabe zu wagen. Wichtig ist es auch zu bedenken, dass eine Überflutung mit Videos und Filmmaterial die Mitarbeiter über die Zeit hinweg auch abstumpfen könnte. Zwischen besonderen Gelegenheiten, die einen Film erfordern, und »normaler« Kommunikationsarbeit sollte also grundlegend unterschieden werden, damit die Mitarbeiter wirklich Wichtiges von allem anderen klar unterscheiden können.

Technische Gegebenheiten und Produktion

Sich auf die Notwendigkeit eines Videos zu besinnen, bedeutet auch, dass dieses angefertigt werden muss. Das ist leichter gesagt als getan. Denn der Aufwand lohnt sich wirklich nur, wenn der Film optimal auf das Kommunikationsziel zugeschnitten ist und die Möglichkeit geschaffen wird, jedem Mitarbeiter in der richtigen Umgebung Zugang zu diesem Film zu verschaffen.

Vorführmöglichkeiten schaffen

Bevor Sie sich überhaupt für einen Film entscheiden, sollte deswegen geklärt sein, wie und wann der Film gezeigt werden kann. Möglich ist es selbstverständlich, alle Mitarbeiter oder Gruppen von Mitarbeitern in einem Raum zusammenzubringen, dort eine Leinwand zu installieren und den Film abzuspielen. Eine Alternative ist es, die einzelnen Teams oder Abteilungen vor einem Videogerät zu versammeln und den Film abzuspielen. Diese Methode hat den Vorteil, dass die Teams selbst das Gehörte und Gesehene für ihren Teilbereich diskutieren und interpretieren können. Mit einem Kommunikationsplan könnte unter Umständen dem Teamleiter sogar die Aufgabe zugeteilt werden, eine anschließende Diskussion zu leiten und in konstruktive Bahnen zu lenken.

Externe Produktion des Materials: Beauftragung einer TV-Firma, Drehbuch erstellen und durchsprechen

Da das Filmmaterial möglichst professionell aufbereitet werden soll und wahrscheinlich kaum ein Unternehmen ein eigenes Filmteam oder begnadete Hobbyfilmer besitzt, um dies selbst zu machen, sollte eine Produktionsfirma gefunden werden, die das Drehen übernimmt. Mit dieser zusammen kann auch das Drehbuch besprochen oder sogar komplett erstellt werden. Wichtig ist es, dass sich Textelemente (im Hintergrund oder von den im Film vorkommenden Personen selbst gesprochen) wiederfinden lassen, die auch in den schriftlichen Materialien zu diesem Thema auftauchen. Da filmisches Material ganz klar Marketingcharakter hat, auch wenn dieses Marketing nach innen gerichtet ist, sollte ganz bewusst auf wiederkehrende Slogans zurückgegriffen werden, die immer und überall, sobald dieses Thema in den internen Medien thematisiert wird, einen Wiedererkennungseffekt hervorrufen. Auch Videos sollten in eine übergreifende Kommunikationsstrategie zu dem betreffenden Thema eingebunden sein, denn ein Film, der allein steht, löst im schlimmsten Fall eine Abwehrreaktion aus, wenn eine weiterreichende Informationsgrundlage fehlt und die Mitarbeiter sich sogar manipuliert fühlen könnten.

Exkurs 1

Konzeptionierung einer internen Kommunikationskampagne: Eine Skizze

Kampagnen sind immer dann nötig und müssen strategisch bis ins kleinste Detail vorbereitet werden, wenn die Situation außergewöhnlich ist, das heißt, etwas Neues muss dringend und über alle Kanäle so umfassend und gezielt wie möglich kommuniziert werden. Natürlich kann man sich der regulär eingesetzten Medien bedienen und diese mit Inhalten füttern, die zu dem neuen Thema Stellung beziehen. Gerade aber wenn es sich um etwas handelt, das die Aufmerksamkeit aller erzielen soll, bedarf es einiger zusätzlicher Anstrengungen, um ein abgerundetes Informationspaket zu schnüren.

Und vor allem ist eines wichtig: Alle Medien müssen genau wissen, zu welchem Zeitpunkt sie welchen Inhalt an welche Zielgruppe kommunizieren sollen. Ungewollte Informationsdefizite einer Gruppe können ebenso gut zu Unmut führen wie übertriebene Detailtiefe bei einer anderen zu einem Zeitpunkt, wo die soliden Grundlagen eines neuen Themas noch nicht kommuniziert wurden. Deswegen ist hier eine strategische Herangehensweise geboten, idealerweise mit einer langfristigen Vorbereitungszeit und genauer inhaltlicher Abstimmung.

Themenblöcke bestimmen und Inhalte festlegen

Im Folgenden soll der Ablauf beziehungsweise die Ablaufplanung einer solchen Kampagne an einem konkreten Beispiel erläutert werden. Stellen Sie sich also vor, Ihr Unternehmen – gleich welcher Branche – nimmt telefonisches Marketing als zusätzlichen Vetriebsweg hinzu. Bisher ist alles über schriftliches oder persönliches Marketing über Vertreter abgewickelt worden. Stichtag hierfür sei der erste Januar des nächsten Jahres. Im günstigsten Fall bleibt der Unternehmenskommunikation ein halbes Jahr Zeit, alle Mitarbeiter auf die Veränderung vorzubereiten und den Informationsbedarf voll abzudecken. Ist der Zeitraum, der zur Verfügung steht, kürzer, muss dem Rechnung getragen und dementsprechende Prioritäten gesetzt werden.

Nun gilt es, zunächst zu bestimmen, welche Inhalte in diesem Zusammenhang für welche interne Zielgruppe interessant sein könnten. Diese Inhalte können in bestimmten Fällen sehr nahe beieinander oder sehr weit voneinander entfernt liegen. Im konkreten Falle gibt es folgende Zielgruppen mit entsprechendem Informationsbedarf:

- Die bisherigen Außendienst- oder internen Vertriebsmitarbeiter: Diese interessiert natürlich vor allem, was das für den eigenen Arbeitsplatz bedeutet. Fällt er etwa ganz weg? Oder kommt neue und vor allem andere Arbeit hinzu, der man vielleicht nicht gewachsen sein könnte? Oder wird das Personal für das Telefonmarketing nur zusätzlich hinzugenommen, ohne bei den bisherigen Marketingkanälen abzubauen? Sind Schulungen zu erwarten, denen sich der Einzelne unterziehen muss? Wird etwa umstrukturiert, sodass Print- und persönliches Marketing mit dem neuen Telefonmarketing in Teams beispielsweise pro Produktgruppe zusammengeführt werden? Im Grunde ist hier also alles relevant, was die zukünftige Arbeitsplatzstruktur und die Anforderungen an jede Stelle betrifft.
- Die Leiter der jeweiligen Abteilungen, die nicht an der Managemententscheidung beteiligt waren: Diese wollen vor allem wissen, wo die von ihnen geleiteten Abteilungen und damit sie selbst in der Hierarchie des Unternehmens dann stehen. Wird das Telefonmar-

keting gleichwertig neben den beiden bereits existierenden Marke-
tingarten angesiedelt? Wer wird dort der neue Leiter? Oder werden
die Telefonmarketingmitarbeiter den bereits existierenden Bereichen zugeordnet? Inwieweit müssen sich die Abteilungsleiter selbst
in das neue Thema einarbeiten? Wo entstehen Überschneidungen
mit bisherigen Abläufen? Welche neuen Informationsketten wird
es geben? Aber es werden auch Fragen nach der Mitarbeiterfüh-
rung gestellt werden, wie etwa, wer denn für die Schulung der Mitarbeiter verantwortlich sei.

- Die anderen Mitarbeiter des Unternehmens: Diese müssen grundlegend über die neuen Möglichkeiten des Vertriebs informiert werden, sodass sie genau wissen, über welche Kanäle sie ihre Produkte
zukünftig anbieten können und an wen sie sich wenden müssen,
sobald ein neues Produkt angeplant wird. Auch bei den internen
Prozessen wie Lieferung beziehungsweise Versand gilt es zu berücksichtigen, dass durch telefonischen Verkauf ganz andere Erwartungen an Zeithorizonte gestellt werden, das heißt, unter Umständen könnten auch hier ganz neue Abwicklungsformen nötig
sein. Der telefonisch tätige Mitarbeiter kann zum Beispiel neue Be-
stellungen schon während des Telefonats in einem zentralen PC
festhalten, sodass diese automatisch an die Auslieferungsstelle geleitet werden, aber auch direkt an die zuständige Rechnungsstelle
gehen. Und darauf sollten die Mitarbeiter in allen nachgelagerten
Prozessschritten vorbereitet sein, damit es nicht zu Engpässen in
der Abwicklung kommt und dies bei den Kunden Unmut verur-
sacht.

- Die Personalabteilung: Die Mitarbeiter der Personalstelle müssen
angewiesen werden, für das Telefonmarketing geeignete Mitarbeiter zu suchen beziehungsweise dementsprechend Anzeigen zu
schalten. Auch diese Einstellungsprozesse sind sehr zeitaufwändig,
und nicht immer finden sich auf Anhieb die richtigen Leute für die
neu geschaffenen Positionen. Müssen intern Leute umgeschult
werden, betrifft dies auch den Aufgabenbereich der Personalabteilung, da sie Umschulungsmaßnahmen organisieren und letztlich
auch abwickeln muss.

- Die zukünftigen Mitarbeiter: Die Neuzugänge, die das telefonische Marketing in der Hauptsache abwickeln werden, müssen natürlich auch Bescheid wissen. Neben all den Dingen, die neue Mitarbeiter an Informationsmaterial ohnehin zu Arbeitsbeginn in die Hand bekommen, sollte bei solch einem Umstrukturierungsprozess daran gedacht werden, auch bei ihnen die Sensibilität für die alte Struktur und für eventuelle Irritationen bei langjährigen Mitarbeitern zu wecken, um eine gute Zusammenarbeit von Anfang an zu fördern.

Grundsätzlich sollte beachtet werden, dass bei Veränderungsprozessen immer Ängste entstehen, die frühzeitig abgebaut oder gar nicht erst aufgebaut werden sollten. Bevor über Umwege zu den – und sei es auch noch so leicht – betroffenen Mitarbeitern etwas durchsickert, sollte ein klares Statement über offizielle Kanäle der internen Kommunikation erfolgen. Dies heißt nicht, dass bevorstehende Veränderungen immer als für alle hervorragend und im rosigsten Licht dargestellt werden müssen. Das wäre sogar gefährlich, weil langfristig Unglaubwürdigkeit und ein Vertrauensbruch die Folgen wären, was die internen Medien betrifft. Was gilt es also inhaltlich zu tun?

Zuerst sollten alle Zielgruppen mit der gleichen Basisinformation versorgt werden. Zu gegebener Zeit – also möglichst früh – sollte in noch sehr einfachen und nicht zu detaillierten Worten beschrieben werden, was passieren wird, wer davon betroffen ist und in welcher Weise und wann mit den Veränderungen zu rechnen ist. Die Vorteile, die sich das Management von der neuen Lösung verspricht, sollten ausführlicher dargestellt sein; wenn man den Mitarbeitern die Möglichkeit gibt, Entscheidungen nachzuvollziehen und das Für und Wider mitzuerleben, schafft man eine viel breitere Basis an Zustimmung. Bereits hier kann man auf mögliche Schwierigkeiten hinweisen und an die Bereitschaft aller appellieren, positiv auf deren Umgehung hinzuwirken.

In einer zweiten Phase sollten dann für die Zielgruppen gesondert Informationsmaterialien zusammengestellt und herausgegeben werden, die auf die weiter oben beschriebenen spezifischen Belange eingehen. Hier ist es wichtig, Ansprechpartner zu bestimmen, die ein Auge auf die Reaktion in den ihnen zugeordneten Gruppen haben oder sogar als offizielle Anlaufstelle genannt werden, um Bedenken, Beschwerden oder Ideen in diesem Zusammenhang entgegenzunehmen und nach oben, ans Management, weiterzuleiten.

In einer dritten Phase sollten dann mit den jeweiligen Gruppen Workshops oder Gespräche durchgeführt werden, in denen das Neue praktisch erfahrbar gemacht wird beziehungsweise sogar neue Qualifikationen vermittelt werden, die in Zukunft nötig sein werden. Parallel dazu kann auch das Training der neuen Mitarbeiter erfolgen, sodass nach dieser Phase auch nach außen kommuniziert werden kann, dass die Firma in Zukunft für den telefonischen Verkauf gerüstet ist.

In der abschließenden Phase, die parallel zu der erfolgreichen Einführung des Telefonmarketings liegt und die recht lange andauern kann, wird ständig über die Neuerung informiert, konstruktive Kritik aus den Reihen der Mitarbeiter aufgenommen und die Reaktion darauf kommuniziert.

Parallel zu den gruppenspezifischen Kommunikationsinhalten ist es auch sinnvoll, in den von allen Mitarbeitern benutzten Medien über die Erfahrungen der anderen Gruppen zu berichten, um zu zeigen, dass keiner allein ist mit seinen Ängsten und den Veränderungen, denen der Einzelne sich zu unterziehen hat. Beispielsweise bieten sich hier Schulungsberichte an, aber auch eine Vorstellungsrunde der neuen Mitarbeiter, Berichte über das Recruiting oder Reaktionen von außen auf die neue Struktur der Firma. Bald wird man auch schon über Veränderungen der Umsatzzahlen berichten können.

Medienfahrpläne schreiben: Timing und Inhalte entscheiden

Hat die Kommunikationsabteilung analysiert und entschieden, welche Inhalte übermittelt werden sollen, stellt sich im nächsten Schritt die Frage nach den Medien, die dazu herangezogen werden müssen, und deren Abstimmung aufeinander. Am besten geht man dabei so vor, dass für die einzelnen Kommunikationsphasen ein Zeitplan aufgestellt wird, innerhalb dessen die Aussendung der Informationen auf verschiedenen Kanälen festgelegt wird. Sind die Daten und Medien festgelegt, kann man davon ausgehend den Zeitpunkt bestimmen, wann spätestens mit der Vorbereitung begonnen werden muss, um die erfolgreiche Abwicklung sicherzustellen.

Denkbar wäre also folgende Planung, wenn der Stichtag der Markteinführung des Telefonmarketings der erste Januar eines beliebigen Jahres sein soll:

Phase I: Allgemeine Information – Oktober des Vorjahres

Als interner Start des neuen Kapitels in der Geschichte des Unternehmens wird eine E-Mail an alle im Namen des Vorstands oder der Geschäftsleitung versandt, die die Eckdaten nennt und an den Zusammenhalt der Mitarbeiterschaft appelliert. Hingewiesen werden sollte auf die bald folgenden Informationen seitens des Managements und innerhalb jeder Abteilung.

Anbei kann eine Einladung zu einer Zusammenkunft aller Abteilungsleiter erfolgen, die persönlich vom Vorstand informiert werden und Fragen stellen können. Diese können dann bis zu zwei Wochen später ihre eigenen Mitarbeiter zu ähnlichen Meetings zusammenrufen, um eine Informationskaskade stattfinden zu lassen.

Anlässlich dieser Zusammenkünfte können Informationsunterlagen verteilt werden, die in schriftlicher Form die wesentlichen Punkte festhalten, die das gesamte Unternehmen betreffen. Die Abteilungsleiter sollten bereits in der Lage sein, auf konkrete Fragen zu antworten, die die Neugestaltung der eigenen Abteilung betreffen, auch wenn die Detailfragen zu einem späteren Zeitpunkt aufgegriffen werden. Ruhe bewahren und Ängste gering halten sollten hier die zentralen Elemente sein.

In der Unternehmenszeitschrift oder dem internen Newsletter sollte das Thema aufgegriffen werden; selbstverständlich ebenso im internen Fernsehen, wenn es ein solches gibt.

Abbildung 22: Titelgestaltung einer allgemeinen Informationsmappe

Phase II: Gruppenspezifische Informationen –
November des Vorjahres

Zentral für jede Zielgruppe sollte hier nochmals ein Treffen abgehalten werden, in dem die Abteilungsleiter die konkret notwendigen Veränderungen ansprechen. Eingeladen werden sollte per E-Mail. Vorbereitend hierzu können schriftliche Materialien versandt werden, die es ermöglichen, sich als Mitarbeiter einzulesen und während des Meetings spezifische Fragen zu stellen.

Der Zeitrahmen für Workshops und Schulungen sollte angegeben werden, sodass sich alle Mitarbeiter eintragen können.

Im Intranet kann nun eine Mailbox freigeschaltet werden, an die man sich mit allen Fragen bezüglich des neuen Telefonmarketings wenden kann, falls jemand seinen Abteilungsleiter nicht persönlich ansprechen möchte. Dieser Postkorb kann auch für kritische Anmerkungen und Ideen offen stehen.

Phase III: Die praktische Vorbereitung – Dezember des Vorjahres

Hier geht es nun um die Kommunikation von Fachwissen, damit danach jeder über seine neue Stellenbeschreibung informiert ist und auch mit den neuen Mitarbeitern adäquat umgehen kann. Die Workshops können mit Videos unterstützt werden, die dokumentieren, wohin man mit den konkreten Veränderungsprozessen will, die aber auch Ersatz für oder Ergänzung zu Trainingsmaßnahmen sein können. Diese müssen natürlich für jede Zielgruppe gesondert produziert werden und sind sicherlich nicht in jedem Zusammenhang einsetzbar.

In der Gesamtunternehmenskommunikation sollten erste Reaktionen auf die Veränderungen dokumentiert und vorgestellt werden. Über die verschiedenen Workshopinhalte kann berichtet werden, aber auch über persönliche Herangehensweisen an die neuen Aufgaben, um dem Ganzen einen menschlicheren Touch zu geben.

Stichtag erster Januar

An diesem Tag wird zunächst einmal nach außen kommuniziert, dass die Firma ab heute etwas Neues anbietet. Dies betrifft vor allem die Kundenkommunikation, die wahrscheinlich in Mailings darauf hinweist, aber auch im Internet oder in der Presse kann dies seinen Niederschlag finden. Das heißt, dass auch die Mitarbeiter nochmals offiziell auf den Start hingewiesen werden müssen, auf den sie die vergangenen Monate so hart hingearbeitet haben; am besten geht das per E-Mail. Auch ein kleines Präsent, das in Bezug zum Telefonmarketing steht, wäre denkbar; dies könnte zum Beispiel ein neues Firmenhandy für alle sein.

Phase IV: Die Nachbereitung

Erst jetzt wird sichtbar, wie gut oder schlecht die vergangenen Phasen gehandhabt wurden. Natürlich wird es immer Kritikpunkte geben, die weiterhin abgefangen werden sollten, um sie für Verbesserungen zu nutzen. Insgesamt sollte immer wieder, und zwar quer zu den Zielgruppen des Veränderungsprozesses, der Erfolg der Maßnahme deutlich gemacht werden. Konkrete Beispiele, persönliche Geschichten und Reaktionen der Kunden oder der Öffentlichkeit sollten in den internen Medien für alle gemeinsam dargestellt werden. Interne audiovisuelle Medien sind für kurze Reportagen natürlich hervorragend geeignet, aber genauso wirkungsvoll (wenn auch langsamer) ist da die interne Zeitschrift.

Sobald eine solche Übersicht abschließend erstellt ist, können die einzelnen Maßnahmen in Produktion gehen. Am besten erklären Sie für jede einzelne Maßnahme eine Person als verantwortlich; sinnvoll kann es auch sein, für jedes Medium einen Verantwortlichen zu benennen, der dann fristgerecht für die Umsetzung in seinem eigenen Medium zu sorgen hat. Der Intranetmanager kümmert sich dann um die rechtzeitige Versendung und den Text der E-Mails und des Newsletters. Der Redakteur der internen Zeitschrift entwickelt Beiträge und schreibt diese oder lässt sie schreiben. Der Eventmanager organisiert die Meetings und die Workshops. Der Verantwortliche der Personalabteilung bereitet die Workshops und Trainings gemeinsam mit der Fachabteilung Telefonmarketing vor. Falls gewünscht, können Videos produziert werden.

Insgesamt wird deutlich, dass ausgehend von einem spezifischen Thema, das kommuniziert werden soll, zunächst in Zusammenarbeit mit dem Fachverantwortlichen für das Telefonmarketing die inhaltliche Struktur erarbeitet werden muss, aber auch von jeder anderen betroffenen Abteilung jemand mit ins Boot geholt werden muss, um inhaltliche Anforderungen zu klären. Sobald dies geschehen ist, können die Medienverantwortlichen in die Umsetzung und Detailplanung gehen, um weiterreichenden Informationsbedarf wiederum bei den Leuten vom Fach abzudecken. Nur durch das Zusammenwirken von beiden Seiten, den Fach- und den Medienverantwortlichen, kann eine optimale Kommunikation sichergestellt werden, die im Sinne des Unternehmens ist, um optimal informierte und damit leistungsstarke Mitarbeiter zu haben.

Interne Kommunikation im Unternehmen etablieren

Die Mitarbeiter an die Kommunikation heranführen: Werbung für die Kommunikation

Man macht es sich zu einfach, wenn man der Auffassung ist, mithilfe gut organisierter und wirklich ernst genommener Kommunikation ließe sich so etwas wie Corporate Identity, Mitarbeiterzufriedenheit und Innovationsfähigkeit im Unternehmen leicht vermitteln, um nur einige der bereits erwähnten Schlagwörter zu nennen. Doch weit gefehlt. Die Anwendung der Kommunikationsmedien und -methoden selbst beziehungsweise das aktive Engagement im Sinne der Unternehmenskommunikation sind bei weitem nicht selbstverständlich. Selbst wenn die relevanten Medien jedem Mitarbeiter zur Verfügung stehen und der Kommunikation im Unternehmen ein herausragender Stellenwert eingeräumt und diese somit ernsthaft betrieben wird, heißt dies noch lange nicht, dass die Mitarbeiter die Möglichkeiten auch nutzen.

Die Hindernisse, die dem entgegenstehen, lassen sich in drei Gruppen einteilen:

Erstens reicht es nicht aus, die technischen Möglichkeiten zur Verfügung zu stellen. Ein Intranet auf dem neuesten technischen Niveau zu installieren ist gut und schön, aber auch nur dann, wenn alle mit den technischen Gegebenheiten optimal umzugehen wissen. Ansonsten führt ein hochkomplexes System eher zu einer geringeren Benutzung, einfach weil der Aufwand zu groß und der Frustrationsgrad zu schnell erreicht ist, sodass wieder auf andere Formen der Kommunikation zurückgegriffen wird, die zwar weniger effizient sind, aber immer noch effizienter als ein zu kompliziertes Intranet. Dasselbe gilt für Printmaterial, das im Unternehmen vorhanden sein mag und in dem man alle notwendigen Information ausführlich dargestellt findet. Wenn dessen Erhältlichkeit aber nicht ausreichend kommuniziert ist, kommt der ein oder andere Mitarbeiter vielleicht gar nicht auf die Idee, sich die neuesten Qualitätsstandards in seinem Fachbereich zu bestellen oder online (in der intranetfähigen Version) abzurufen. Die Bestellungsmodalitäten beziehungsweise die Abrufbarkeit sind dann nicht so in die regulären Verwaltungsabläufe eines jeden Mitarbeiters integriert, wie es wünschenswert wäre, um die regelmäßige Versorgung sicherzustellen.

Ein zweiter Punkt, der die besten Absichten der internen Kommunikatoren zunichte machen kann, ist ein Mangel an Kenntnis über die vorhandenen Möglichkeiten der Kommunikation. Denn erst wenn ich weiß, dass es Medien und Kommunikationsmöglichkeiten im Unternehmen gibt, die mir zur Verfügung stehen, kann ich einfordern, deren Gebrauch erlernen zu wollen (das wäre die in Hindernis eins angesprochene technische Hürde).

Ein dritter Punkt ist der Mangel an Interesse bei den oberen Hierarchien, sich selbst aktiv in die Kommunikationsprozesse einzubringen und die Notwendigkeit der Werbung für kommunikative Maßnahmen und des Erlernens der Technik für jeden Mitarbeiter des Unternehmens zu akzeptieren und – sogar mehr noch – aktiv zu fördern. Dieser dritte Punkt ist ganz eng mit der Unternehmenskultur verknüpft, das heißt damit, wie eng der Wunsch nach Offenheit und Transparenz im Unternehmen mit der Selbstdefinition des Unternehmens von Grund auf verknüpft ist.

Fangen wir bei der Auflistung möglicher Lösungsvorschläge für die drei misslichen Situationen beim letzten Punkt an, bildet dessen Lösung doch die Grundvoraussetzung für die erfolgreiche Lösung der beiden nachgelagerten Hemmnisse für die Errichtung einer kommunikativ-offenen Unternehmenskultur. Bevor man überhaupt ernsthaft mit dem Aufbau eines funktionierenden Kommunikationswesens innerhalb eines Unternehmens beginnen kann, ist es absolut unerlässlich, die Unterstützung und das aktive Engagement des leitenden Managements zu gewinnen. Ohne deren »Buy-in«, wie man so schön auf Neudeutsch sagt, schlagen alle noch so gut gemeinten Maßnahmen fehl, die die Mitarbeiter näher an die Kommunikationsmedien und deren regelmäßige Benutzung heranführen wollen. Erst wenn dem Management klar vermittelt ist, dass eine Kommunikationskultur dem Unternehmen hilft, am Ende den gewünschten Erfolg zu erreichen, werden die Ressourcen zur Verfügung gestellt werden, ohne die funktionierende Kommunikation nicht lebendig werden und dies auch auf lange Sicht bleiben kann: Zeit, Geld und eigenes inhaltliches Engagement.

Fühlt sich das Management nicht verpflichtet, sich selbst mit den Ergebnissen und Inhalten der Kommunikation auseinander zu setzen, kann bald kaum noch von ernsthaft betriebener Kommunikation gesprochen werden. Beteiligt sich niemand aus der Führungsmannschaft an den Maßnahmen, fällt dies den Mitarbeitern mit Sicherheit bald auf; und diese werden dann kaum noch motiviert sein, ihre Gedanken und Ideen einzubringen, wenn sie damit rechnen müssen, dass diese weder ernst genommen noch vielleicht überhaupt gelesen und wahrgenommen werden. Das Kommunikationsteam hat deswegen vornehmlich auch die Aufgabe, die Führungsmannschaft auf eine kommunikative Unternehmenskultur immer wieder neu zu verpflichten.

Daran anschließend – wenn die Vorteile einer solchen Kultur verstanden sind – werden dann auch die finanziellen Mittel bereitgestellt werden können, die möglichen sinnvollen Maßnahmen der Kommunikation in die Tat umzusetzen. Und letzten Endes ist auch die Zeit der Mitarbeiter Geld; denn diese müssen es als Teil ihres Aufgabenspektrums wahrnehmen, die Kommunikationskultur des Unternehmens mit Leben zu füllen. Keiner darf also damit rechnen müssen, dass der eigene Chef sich bitter beschwert, wenn man während der Arbeitszeit in der Unternehmenszeitschrift blättert, um sich auf dem neuesten Stand zu halten.

Kommen wir zu Punkt zwei der kritischen Faktoren, die Grundvoraussetzung für erfolgreiche interne Unternehmenskommunikation und eine Kultur des Austauschs sind. Für das Spektrum an Medien der internen Kommunikation muss intern Werbung gemacht werden. Kennt niemand die Möglichkeiten, besteht gar nicht erst die Chance, dass diese regelmäßig und strukturiert wahrgenommen werden. Diese Eigenwerbung betrifft grundsätzlich den Aufbau eines Kommunikationsstandards, das heißt also die ersten Anfänge des Intranets und die ersten Ausgaben der gedruckten Kommunikationsmittel, ebenso wie alle später zusätzlich eingeführten Mittel und Wege der Kommunikation.

Wird zum ersten Mal überhaupt in der Geschichte des Unternehmens ein Intranet eingerichtet, das in Form einer Homepage aufzufinden ist, genügt es eben nicht, den Server zu starten und zu warten, was denn nun passieren wird. Vielmehr müssen alle bisher üblichen Wege der Kommunikation genutzt werden, um publik zu machen, dass da etwas Neues auf den Weg gebracht wurde. Hier wird schon ersichtlich, wie wichtig es ist, den vorher besprochenen Hindernisgrund – die der Kommunikation nicht gewogenen Chefs – abzustellen. Denn ohne Billigung der Vorgesetzten wird die Werbung wirkungslos verpuffen; deren handfeste Unterstützung bei der Werbung muss hinzukommen, damit jedem Mitarbeiter klar wird, dass hier etwas wirklich Wichtiges geschieht, bei dem vonseiten des Managements gewünscht wird, dass sich jeder daran beteiligt. Die Manager selbst werden also Bestandteil der internen Werbekampagne für ein neues Medium sein müssen. Per E-Mail oder Handzettel kann beispielsweise darauf hingewiesen werden, dass es nun ein Intranet gibt und wie es gelingen kann, sich dieses anzuschauen. So werden alte, herkömmliche Medien dazu benutzt, auf neue Medien hinzuweisen.

Gleichzeitig gibt es aber sicherlich auch Situationen, bei denen schon lange eingeführte und auch erfolgreich genutzte Medien zusätzliche Fähigkeiten bergen, die der Mitarbeiter noch nicht kennt, die aber unerlässlich für eine Fortentwicklung der Unternehmenskommunikation sind. So macht also das Medium selbst Werbung für seine neuen Features. Denkbar ist ein Intranet, das schon lange existiert und dessen Rubriken (Produkte, Organisation, Schwarzes Brett, Bestellservice, interner Stellenmarkt und Ähnliches) schon längst bekannt und wohl genutzt sind. Aufgrund ausgereifterer technischer Möglichkeiten oder aber aufgrund einer immer größeren räumlichen Trennung von Teams durch verschiedene Unternehmensstandorte (vielleicht sogar international) ist es aber nun plötzlich unabdingbar geworden, für bestimmte Projektteams, die sehr eng verzahnt zusammenarbeiten müssen und ständig Informationen austauschen sollen, zusätzliche Möglichkeiten zu schaffen, wie diese schnell miteinander kommunizieren und bereits vorhandene Wissensstände austauschen können. Das Intranet müsste in diesem Fall dafür Werbung machen, dass ab sofort bei derartigem Bedarf seitens des Fachteams Online-Communitys eingerichtet werden können, die alle diese gewünschten Funktionen leicht erfüllen können: exklusiver Zugang nur für Mitglieder des Teams und ein entsprechend geschützter Zugriff auf sensible Daten, schneller Austausch an Informationen mittels eines angegliederten Chats, angehängte Datenbanken mit den wichtigsten Datenbeständen des Projekts, ein Schwarzes Brett mit den neuesten Informationen zum Projekt und vieles mehr. Selbstverständlich würde man hier auch die anderen Medien des Unternehmens – vor allen Dingen einen von allen gelesenen Newsletter in gedruckter oder elektronischer Version – dazu benutzen, die neuen Möglichkeiten im Intranet anzupreisen und zu erläutern, wie die Einrichtung einer solchen Community funktioniert und wann sie sinnvoll sein könnte.

Als anderes, weniger technisches Beispiel könnte die Veröffentlichung eines neuen Handbuchs angeführt werden, das nun mittels der Publikationsliste im Intranet vertrieben wird und zusätzlich mit Flyern und in der Unternehmenszeitschrift beworben wird, damit grundsätzlich bekannt wird, dass es dieses Handbuch nun gibt und wie und wo es bestellt werden kann.

Hat man nun also das Management – mehr oder weniger geschlossen – für die Kommunikation und die neuen Maßnahmen begeistern können und sind auch alle internen Werberegister gezogen worden, um den Bekanntheitsgrad der Kommunikationsmittel und -methoden zu erhöhen, fehlt es eigentlich in den meisten Fällen an (fast) gar nichts mehr. Die meisten Medien sind in der Tat in der Regel selbsterklärend und sollten dies auch sein, um sich nicht selbst zu disqualifizieren. Dennoch gibt es bestimmte Medien und Methoden, die sich nicht ganz problemlos bedienen lassen und wo es als sinnvoll zu erachten ist, über die bloße Werbung hinaus dafür zu sorgen, dass die Hauptzielgruppen dieser Medien noch einmal persönlich angesprochen und im Zweifel sogar mit Trainingsseminaren versorgt werden. Meistens ist es ja ziemlich offensichtlich, welche Gruppen im Unternehmen besonders prädestiniert sind, auf bestimmte Medien zurückgreifen zu müssen, um ihre Kommunikationsfähigkeit nachhaltig und nachdrücklich zu verbessern. Gerade bei unserem Beispiel der Online-Communitys im Intranet ist es offensichtlich, dass dies für viele Mitarbeiter des Unternehmens als Information zwar ganz nett ist, dass sich die eigene Firma wohl offensichtlich auch medial weiter auf Zukunftskurs bewegt, sie dies aber nicht wesentlich betrifft und dieses Feature des Intranets wohl im täglichen Arbeitsablauf eine geringere Rolle spielen kann. Doch bei international arbeitenden Projektgruppen sollte nochmals gezielt nachgefasst werden und der tatsächliche Einsatz dieses Mediums nicht dem bloßen Zufall und dem Willen und der Zeit der Projektmitarbeiter oder ihrem Leiter überlassen bleiben. Hier – an der Schnittstelle zwischen interner Werbung und Fortbildungsmaßnahme – sollte nochmals gezielt dafür gesorgt werden, mittels Präsentationen das Medium an den Mann oder die Frau zu bringen, und vor allem angeboten werden, die Einrichtung einer solchen Community mit zu unterstützen. Dabei geht es um technische Hilfen genauso wie darum, bei der inhaltlichen Gestaltung und dem strukturellen Aufbau beteiligt zu sein.

Ähnliches gilt auch für regelmäßig durchgeführte Umfragen im Unternehmen, seien diese nun schriftlich oder online gestaltet. Selbstverständlich hat jeder davon gehört, findet das auszufüllende Formular auf seinem Platz oder erhält die relevante E-Mail mit den anklickbaren Kästchen. Nichtsdestoweniger müssen Hemmschwellen, wirklich die eigene Meinung zu sagen, überwunden werden. Hinzu kommt, dass oftmals auch das Verständnis für einzelne Fragen geweckt werden muss; und dies kann nur dann geschehen, wenn nochmals in persönlichen Gesprächen oder Diskussionsrunden erläutert wird, wie bestimmte Dinge zu verstehen und darauf aufbauend schließlich auch auszufüllen sind. Dies liegt dann nicht nur im Interesse des Mitarbeiters, sondern vor allem auch derjenigen, die diese Umfrage auszuwerten haben und schließlich verwertbare und gültige Ergebnisse produzieren möchten.

Eine dritte Situation, bei der Trainingsveranstaltungen zu Anfang auch unerlässlich sind, ist die erste Einführung eines Intranets mit Homepage und deren verschiedenen Rubriken. Es ist nämlich nicht nur damit getan, Werbematerial überall auszulegen und zu erläutern, was in dem neuen Unternehmens-Intranet zu finden ist. Die Hemmschwelle ist – besonders zu Anfang, wenn die Notwendigkeit auch noch nicht so drängend ist, sich die Informationen mittels dieses neuen Mediums zu verschaffen, weil etablierte Kanäle noch parallel weiter funktionsfähig sind (auch hier siegt die Gewohnheit!) – noch besonders groß. Auch hier können Workshops helfen, mittels derer jeder Mitarbeiter (oder zumindest die Teamleiter, die dies dann an ihre Mitarbeiter weitergeben können) einmal durch das Intranet und seine Möglichkeiten hindurch geführt wird, sodass er danach größere Sicherheit besitzt und das Medium bald als etwas Alltägliches zu betrachten weiß.

Auch das Nutzen von Feedback-Möglichkeiten, wenn diese neu eingerichtet oder als Früherkennungssystem im Unternehmen eingeführt werden, sollte ausführlich erläutert werden; es bei reinen Werbemaßnahmen bewenden zu lassen, wäre zu wenig des Guten und würde den optimalen Start, den solche Maßnahmen verdienen, eher zweifelhaft erscheinen lassen. Hier geht es wirklich darum, in kleinen Gruppen deutlich zu machen, welches Feedback relevant ist, und was mit diesem Feedback geschieht, dass keine Zurückhaltung bei kritischen Bemerkungen geübt werden muss, wer am anderen Ende sitzt und das Feedback auswertet, welche Maßnahmen im Zweifel ergriffen werden und auch, was denn als Belohnung für wirklich gute Erkenntnisse, die dem Management über diese Schiene zugehen, erwartet werden darf.

Deutlich wird an dieser Stelle bereits, dass es meist die elektronischen Medien und weniger die schon länger existierenden und auch regelmäßig benutzten gedruckten Medien sind, die besondere zusätzliche Aufmerksamkeit seitens des Kommunikationsteams verdienen, damit ihr volles Potenzial zum Einsatz und dem Unternehmen zugute kommen kann. Dies ist jedoch nur natürlich, da gedruckte Medien oder auch Face-to-Face-Veranstaltungen zum einen das herkömmliche, bereits seit langer Zeit angewandte Mittel sind und zum anderen wesentlich weniger interaktive Elemente verlangen. Das gedruckte Wort kann gelesen, verstanden und danach für die eigenen Handlungen benutzt werden, ohne dass ich ein zusätzliches Verständnis für das Medium als solches brauche; auch wenn die Inhalte vielleicht nicht immer ganz klar sein werden, weiß ich doch zumindest, dass von diesem Medium selbst ausschließlich von mir verlangt wird, dass ich es lese. Bei den elektronischen Medien – und gerade beim Intranet – wird jedoch wesentlich mehr von mir erwartet: Ich werde nicht mehr von vorn bis hinten durch ein Buch geführt, sondern kann – je nach Bedarf – die relevanten Informationen anklicken und erfassen. Dazu gehört ein gewisses Maß an Verständnis für den Aufbau solcher Seiten im Intranet sowie Wissen über die daran angeschlossenen interaktiven Möglichkeiten, um das Potenzial wirklich für mich persönlich und zum Nutzen des Unternehmens ausschöpfen zu können. Der Mitarbeiter selbst muss aktiv werden, muss zusätzliche Leistung erbringen und nicht nur passiv Informationen konsumieren und verarbeiten; und dies sollte nicht dem Zufall überlassen bleiben, sondern in gezieltem Training erklärt und gefördert werden. Interaktivität entsteht nicht von selbst, sondern bedarf des Willens auf beiden Seiten der Kommunikationskette; um ein Vielfaches höher wird die Herausforderung, wenn mehr als nur zwei Parteien an der Kommunikation teilnehmen sollen (wie das bei den Communitys der Fall sein sollte), was nur funktionieren kann und wird, wenn alle ausreichend über die technischen Möglichkeiten und die optimale Nutzung im inhaltlichen und funktionalen Zusammenhang Bescheid wissen.

Nach Durchlaufen all dieser Stufen – der Überzeugungsarbeit beim Management, der internen Werbung für die interne Kommunikation und schließlich der Unterstützung und Vorbereitung von Workshops und Medientraining – kann erst gewährleistet werden, dass das interne Kommunikationssystem voll funktionstüchtig ist. Dass es selbstverständlich noch andere Ursachen gibt, die den optimalen Kommunikationserfolg der internen Kommunikation behindern können, steht außer Frage. Dennoch bleibt abschließend festzuhalten, dass ohne die beschriebenen Maßnahmen zur Sicherstellung des kommunikativen Engagements jedes einzelnen Mitarbeiters sicherlich die Gefahr größer ist, dass das beste Kommunikationssystem und somit die besten Absichten im Sande verlaufen und dem Unternehmen ein enormes Potenzial an Wissen und Chancen verloren geht.

Netzwerke der Kommunikation im Unternehmen aufbauen

Die beste Kommunikationsstrategie wird ihr Potenzial nicht umsetzen können, wenn es an Personen fehlt, die die ihr zugeordneten Maßnahmen vehement in die Tat umsetzen und sich dauerhaft dafür verantwortlich fühlen, die festgelegten Kommunikationsziele zu erreichen. Kommunikation kann immer nur so gut sein wie die Menschen, die Teil der Kommunikationskette sind. Dies gilt für das Management ebenso wie für jeden einzelnen Mitarbeiter jeder Hierarchiestufe.

Dennoch gibt es in einem Unternehmen besondere Gruppen innerhalb der Kommunikationsabläufe, die weder zum Management noch zu den Kommunikationsstrategen und auch nicht zu den »normalen« Mitarbeitern, die im weitesten Sinne die Konsumenten der Kommunikationsmaßnahmen sind, gehören. Diese Gruppen kann man, um einen Oberbegriff zu kreieren, pauschal als »Netzwerk der Kommunikation« bezeichnen. Das Besondere an diesen Gruppen im Unternehmen ist, dass sie sich auf ganz bestimmte Art und Weise den Zielsetzungen der Kommunikation verpflichtet fühlen und eine herausragende Rolle bei der Zielerreichung spielen. Dies wird sowohl vonseiten der Kommunikationsstrategen als auch von den Mitarbeitern in dieser Form anerkannt. Sie gehören also zu einem erweiterten Netzwerk, das hilft, die Ziele und Maßnahmen der zentralen Unternehmenskommunikation umzusetzen, und an strategisch wichtigen Stellen im Unternehmen die zugehörigen Prozesse beschleunigt oder gar überhaupt erst anregt.

Es handelt sich dabei – grob gesprochen – um vier verschiedene Gruppierungen, die unter Umständen deckungsgleich in ihrer Funktion sein können, was aber nicht unbedingt nötig ist:

Die erste Gruppe lässt sich als die Multiplikatoren bezeichnen. Der Name sagt schon, was ihre herausragende Funktion sein wird: das Multiplizieren, also Vervielfältigen von Nachrichten- und Informationsmaterial innerhalb eines Unternehmens. Dies ist nicht in einem handwerklich-produzierenden Sinne gemeint, sondern eher abstrakt. Den Multiplikatoren geht vor allen anderen Informationsmaterial seitens des Unternehmens zu, zu dem sie Rückfragen stellen können und somit im besten Falle die Fragen der Mitarbeiter, die auftauchen könnten, vorwegnehmen. Ihre Aufgabe ist des Weiteren, die Kommunikation zu den seitens des Managements und der Kommunikationsstrategie gewünschten Themen anzustoßen und vorwärts zu treiben. Bestimmte zentrale Aussagen, die im Einklang mit der Kommunikationsstrategie stehen, müssen von diesen Multiplikatoren verdeutlicht und erläutert werden. Dies kann unter Umständen geschehen, indem sie sich selbst als Maßnahmenleiter in den Kommunikationsprozess einklinken und Workshops abhalten, die das aktuelle Thema zum Inhalt haben. Wichtig ist es, dass sie das Wissen haben, die Informationen, die vom Kommunikationsmanagement ausgegeben werden, richtig zu interpretieren und Fragen zu beantworten.

Aus dieser Aufgabe ergibt sich fast schon die zweite Funktion, die innerhalb dieses Netzwerks ausgeübt werden muss: das Feedback zum Management. Kommunikation funktioniert nie eingleisig, sondern muss immer in beide Richtungen gehen. Deswegen obliegt es einer Gruppe von Personen im Unternehmen (die nicht deckungsgleich mit den Multiplikatoren sein muss), die Kritik, die sich innerhalb der Mitarbeiterschaft zu einem gewissen Thema bildet, an das Management weiterzuleiten. Dies ist natürlich besonders wichtig innerhalb

einer gerade ablaufenden Kommunikationsstrategie und eines Maß-
nahmenplans, kann sich aber genauso auf die allgemeine Stimmungslage beziehen, die regelmäßig erfasst und evaluiert werden soll. Die
Gruppe dieser Personen, die Kritik sammelt und den Kontakt zum
Management dahin gehend herstellt, dass sie bereits nach wichtig
und unwichtig unterscheidet, ist das persönliche Pendant zu den zahlreichen Feedback-Möglichkeiten im Intranet und per Telefon. Sie haben sozusagen aktiv die Aufgabe übernommen, Kritik zu sammeln
und sich gezielt nach dieser umzuhören, um das konstruktive Potenzial der Mitarbeiter nicht der zufälligen Benutzung der elektronischen
Kommunikationswege zu überlassen, sondern sicherzustellen, dass
Kritik wirklich ankommt und zum Erfolg des Unternehmens verwendet werden kann. Sie sind einerseits Spione im eigenen Land, da sie
stets Augen und Ohren offen halten; andererseits sind sie offiziell als
»kritische Stimme« akkreditiert und dienen als Anlaufstelle für Mitarbeiter, die glauben, eine wesentliche Beobachtung gemacht zu haben. Die Kritik kann sich dabei auf beides beziehen, sowohl auf die
unternommenen Kommunikationsmaßnahmen per se, das heißt die
Qualität der Umsetzung der Inhalte mit kommunikativen Mitteln,
als auch auf die Inhalte selbst, die das Management übermitteln
möchte.

Kommen wir nun zu einer dritten Gruppe dieses Netzwerks, das
sich unterhalb der Kommunikationsstrategie im Unternehmen he-
rausbildet: die Meinungsführer. Diesen kommt – im Gegensatz zu den
Multiplikatoren und Feedback-Personen – eine wesentlich aktivere
Rolle bei der Ausgestaltung der avisierten Kommunikationsmaßnahmen und der Kommunikationsinhalte zu, wie der Name es schon an-
deutet. Sie werden gezielt dazu eingesetzt, innerhalb der ihnen zugeordneten Gruppierung eine Meinung zu einem bestimmten Thema zu
erzeugen und somit eine große Zahl von Mitarbeitern hinter sich zu
versammeln. Im günstigsten Falle handelt es sich dabei um eine Meinung, die im Sinne des Managements ist und ein heikles Thema zu seinen Gunsten beeinflusst. Die Meinungsführer müssen sowohl beim
Management als auch bei den Mitarbeitern eine herausragende Ver-
trauensrolle einnehmen, um von beiden Seiten ernst genommen wer-

den zu können. Das Management muss in ihre grundsätzlich positive Meinungsführerschaft vertrauen können, was die Basiseinstellung zum Unternehmen und seinem Management betrifft, sodass es diese Personengruppe eigenverantwortlich zu den Mitarbeitern entsenden kann, ohne eine Verdrehung der Tatsachen befürchten zu müssen; dabei ist es wichtig festzustellen, dass die Meinungsführer eben nicht nur das Informationsmaterial verteilen und einige Inhalte erläutern, sondern ganz bewusst die Einstellung der ihnen zugehörigen Gruppe herauszufiltern und in die gewünschte Richtung zu lenken versuchen; eine Stellungnahme und eine Grundausrichtung der besagten Gruppe ist das Endresultat einer solchen Meinungsführerschaft, auf der aufbauend dann der weitere Kommunikationsprozess zum Thema vorangetrieben werden kann. Auf der anderen Seite müssen die Mitarbeiter sich durch die Meinungsführer gegenüber dem Management vertreten fühlen und auch darauf vertrauen können, dass die zuletzt formulierte Meinung ihrer Gruppe im Unternehmen wirklich in ihrem Interesse gestaltet wird; die Meinungsführer müssen kritische Anregungen also nicht nur aufnehmen und weitergeben, sondern in eine allgemeine Stellungnahme einfließen lassen, die eine Politik dieser Gruppe gegenüber den geplanten Managementmaßnahmen ausdrückt.

Eine vierte Gruppe, die sich aus sich selbst heraus ergibt, sind die Teamleiter innerhalb eines Unternehmens, die die ihnen fachlich zugeordneten Gruppen betreuen und selbstverständlich in deren Interesse – schon allein aus Eigeninteresse – handeln und kommunizieren. Auch die Teamleiter gilt es, für die kommunikative Strategie einzusetzen und ihnen ihre gesonderte Rolle klar zu machen. Auf der einen Seite stehen sie natürlich hinter den Interessen ihrer Mitarbeiter und möchten so viel Positives wie möglich für das eigene Team herausschlagen. Auf der anderen Seite sind sie aber praktisch auch dazu angehalten, möglichst konstruktiv und positiv mit dem Management zu kooperieren, um langfristig die eigene Stellung im Unternehmen nicht zu gefährden. Sie sind – und das ist ihr uneingeschränkter Vorteil – viel näher an der Praxis orientiert als alle anderen Gruppen dieses kommunikativen Netzwerks, da sie eben nicht nur Kommunikation, sondern auch Tagesgeschäft betreiben beziehungsweise sogar managen müssen.

Eine Mischung all dieser eben beschriebenen Gruppierungen unterstützt das Kommunikationsmanagement eines Unternehmens. Haben sich diese Gruppen des Netzwerks erst einmal etabliert, können sie immer wieder aktiviert und für verschiedenste Themen und Kommunikationsfälle eingesetzt werden. Ihre Heterogenität – aufbauend auf dem gemeinsamen Interesse, nämlich das Unternehmen mittels bestimmter Kommunikationsmaßnahmen in allen Fällen zum Erfolg zu führen – ist ihr großer Vorteil; denn somit können sie verschiedenste Facetten eines Kommunikationsbedarfs abdecken, der sich aufgrund der vielschichtigen Interessen seitens der Mitarbeiter in einem Unternehmen ergibt.

Man denke dabei nur an die verschiedenen Persönlichkeiten innerhalb der Mitarbeiterschaft, die alle auf das gleiche Ziel hin verpflichtet werden sollen, aber jeweils anderer Führung und anderer Betreuung bedürfen: Da gibt es einmal Mitarbeiter, die einfach Informationen und eine Anleitung wollen, wie sie mit einem auftretenden Problem umzugehen haben; für diese sind die Multiplikatoren ganz wichtig, die im Grunde nur die Aussagen des Managements vermitteln und mit einer persönlichen Note unterlegen. Besonders wenn die Gruppe der Multiplikatoren in diesem Falle mit der Gruppe der Teamleiter identisch ist oder diese beiden eng zusammenarbeiten, kommt das den Interessen der Mitarbeiter nahe, die einfach eine gute Informationspolitik mit fachlichen konkreten Anleitungen wünschen. Andererseits gibt es aber auch Mitarbeiter, die nicht einfach alles so hinnehmen, wie es ihnen kommuniziert wird, sondern die sich in jedem Fall ihre eigene Meinung bilden, dies ja – im Interesse des Unternehmens – auch sollen, aber den Weg einer schriftlichen Meldung (mittels der Feedback-Möglichkeiten des Intranets zum Beispiel) definitiv scheuen. Für diese sind natürlich die Feedback-Personen ganz wichtig, bei denen sie vorsichtig ihre konstruktive Kritik anbringen können und wissen, dass diese (wenn sie denn wirklich so relevant ist, wie gedacht) weitergegeben und evaluiert wird. Der persönliche Kontakt, den man diesen kritischen Mitarbeitern ermöglicht, ist sehr wichtig, denn gerade die vorsichtigen Zweifler sind es, die die meisten konstruktiven Bedenken anbringen können. Dann gibt es sicherlich noch eine (mehr oder weniger große) Gruppe derjenigen, die grundsätzlich alles lautstark diskutieren wollen, was da an Neuem vonseiten des Managements und der Kommunikationsteams auf sie losgelassen wird. Damit dies nicht in eine Negativ-Kampagne umschlagen kann, bedarf es einer starken Hand, die diese Gruppe führt und in den Gesamtprozess so einbindet, dass ihre Energien der ganzen Sache zuträglich und nicht abträglich werden. Für diese sind die Meinungsführer ganz wesentlich, da ihnen zugetraut wird (wenn sie gut ausgewählt sind), eine Sache – auch vor dem Management – würdig zu vertreten.

Um Kommunikation innerhalb eines Unternehmens erfolgreich zu gestalten, sollte dieses Netzwerk – das sich ja auch untereinander ergänzen muss – so früh wie möglich angelegt werden. Zum einen müssen die Personen dieses Netzwerks in ihre Rollen hineinwachsen, um dann im kritischen Falle sofort handlungsfähig zu sein und genau zu wissen, wie sie ihre Aufgaben mit den Mitarbeitern gemeinsam am besten und am vertrauenswürdigsten in die Tat umsetzen können; zum anderen sollte man die Zeit nicht unterschätzen, die es braucht, bis die Mitarbeiter ihrerseits Vertrauen zu den Personen dieses Netzwerks fassen und in ihnen nicht bloß Handlanger des Managements sehen. Es ist auch keine reine Kommunikationsaufgabe, die das Netzwerk zu übernehmen hat; Personalpolitik spielt dabei sicherlich auch eine Rolle, damit den Mitarbeitern, die sich kritisch äußern, kein Schaden erwächst.

Sinnvoll ist es, ein solches Netzwerk nicht anhand eines wirklich kritischen Falles zu etablieren, sondern dies zu einem Zeitpunkt anzuregen, zu dem ein solcher nicht zu befürchten ist. Mehrere Testläufe mit alltäglich stattfindender Kommunikation sind dann leichter möglich, sodass sich alle in ihre Rollen einfinden können, ohne mit einer aktuellen Krise und dem Wissen um die Wichtigkeit der Situation belastet zu sein.

Eine große Rolle – und dies könnte einer der möglichen Testläufe sein – spielt dieses Kommunikationsnetzwerk auch hinsichtlich der

Werbung für die Kommunikation selbst, die im vorherigen Kapitel erläutert wurde. Wer könnte idealer als diese vertrauensbildenden und Kritik aufnehmenden Personen in der Lage sein, Werbung in eigener Sache zu machen, die Methoden der Kommunikation verbreiten zu wollen und auch kritische Bemerkungen über die Medien und Methoden aufzunehmen und weiterzuleiten? Letzten Endes stärkt die gute Funktion der internen Medienlandschaft auch ihre eigene Rolle, da auf wesentlich mehr Ressourcen zurückgegriffen werden kann, Kommunikation innerhalb des Unternehmens bedarfsgerecht jedem Mitarbeiter zur Verfügung zu stellen, sodass der persönliche Einsatz des Kommunikatoren-Netzwerks durch die technischen Möglichkeiten enorme Unterstützung erfahren kann. Das persönliche Netzwerk – dessen Austausch auch untereinander lange braucht, um voll funktionsfähig zu sein – kann nur entlastet werden, wenn immer mehr Mitarbeiter in die Medien selbst vertrauen, aber beständig in dem Wissen bestärkt werden, dass sie für den Notfall jederzeit in einem menschlichen (und nicht nur elektronisch-technischen) Netzwerk aufgefangen werden und verankert sind.

Teil II:
Externe Kommunikation

Ein Unternehmen, das sich nicht in einer immer größer werdenden Medienlandschaft angemessen darstellen kann, verschenkt Potenzial, das ihm in vielerlei Hinsicht zugute käme: Produkte wären bekannter und würden – bei positiver Medienresonanz – dementsprechend häufiger gekauft; auf die Marke als solche würde öfter das Augenmerk gerichtet und würde so dem Unternehmen einen Sonderbonus geben; und letzten Endes ist ein solches Unternehmen auch für neue Mitarbeiter attraktiv, die dann nämlich mit Recht voller Stolz sagen können: »Ich arbeite für das Unternehmen XY, das jeder kennt, dessen Produkte hervorragende Resonanz hervorrufen und das unheimlich viel für gesellschaftliche Belange unternimmt.«

Natürlich ist es so nicht immer; und vor allem ist es ein langer Weg dorthin. Bis die Möglichkeiten der Medien voll ausgeschöpft sind, dazu noch in ausschließlich positiver Art und Weise, und diese Medienresonanz auch vollständig von den Kommunikationsleuten des Unternehmens kontrolliert werden kann, gibt es immer wieder Störfälle, die wohl nic ganz auszuschließen sind. In diesem Kapitel soll nun erörtert werden, welche Medien bei der externen Kommunikation berücksichtigt werden sollen, inwieweit sich Synergien mit der internen Kommunikation herstellen lassen und welcher Methoden sich ein Unternehmen bedienen kann, um Aufmerksamkeit auf sich zu ziehen, um Akzeptanz auf dem Markt zu erreichen.

Die externe Kommunikation beschäftigt sich mit der Außendarstellung von Unternehmen; dabei bezieht sie alle nur denkbaren Kommunikationsinstrumente mit ein. Zielgruppen dieser Kommunikation sind bestehende und potenziell neue Kunden, die Geschäftspartner (Lieferanten und Abnehmer), die gesamte Öffentlichkeit im Hinblick auf ihre verschiedenen Untergruppierungen und Interessensgruppen (zum Beispiel die Investoren des eigenen Unternehmens) und letztlich Entscheidungsträger in Politik und Gesellschaft bei für das Unternehmen wichtigen Belangen, vor allem was Gesetzgebung und den Standort des Unternehmens selbst betrifft. Letzten Endes sollen alle diese kommunikativen Aktivitäten dem Absatz dienen, auch wenn sie nicht direkt als Werbung zu bezeichnen sind.

Werbung im eigentlichen Sinne lässt sich definieren als jede bezahlte Form der Präsentation von Ideen, Waren oder Dienstleistungen durch den Auftraggeber, also das Unternehmen; dies kann über Anzeigen in Printmedien oder Spots in Funk, Fernsehen und Kino geschehen. Verkaufsförderung hingegen beschreibt eher kurzfristige Anreize, ein Produkt zu kaufen, so zum Beispiel Preisausschreiben, Verlosungen und Etliches mehr. Der persönliche Verkauf mithilfe von Verkaufspräsentationen, Telefonmarketing oder Fachmessen sowie das Direktmarketing mittels Katalogen, Postwurfsendungen oder E-Mails gehören auch eher dem Bereich Produktwerbung oder Produktkommunikation an, der hier nicht behandelt werden soll.

Es gibt jedoch eine Vielzahl anderer Mittel und Wege, das Image eines Unternehmens auf indirektem Wege zu fördern und seine Produkte im Bewusstsein der Öffentlichkeit positiv zu platzieren. Alles das, was sich also nicht auf konkrete Produkte oder Dienstleistungen bezieht und direkt zu einem Geschäftsabschluss führen soll, lässt sich unter dem Begriff Public Relations (PR) oder Öffentlichkeitsarbeit zusammenfassen. Ob dies nun Pressemappen, Imagebroschüren oder die Geldspende an ein kommunales Kinderhilfswerk sind, Sinn und Zweck dieser Aktivitäten ist es, das Unternehmen als Ganzes der Öffentlichkeit näher zu bringen, und damit ja letzten Endes auch wieder jedes einzelne Produkt. Das vertriebene Produkt wird mit dem »guten Namen« der Firma in Verbindung gebracht und somit häufiger verkauft als andere Produkte von Unternehmen der gleichen Sparte.

Dies alles klingt durchaus plausibel. Gute PR ist aber äußerst schwierig aufzubauen und erst recht aufrechtzuerhalten. Denn Kontinuität wird hier zum entscheidenden Faktor, wo natürlich alle Unternehmen ähnliche Ziele verfolgen. Schafft es ein Unternehmen über Jahre hinweg, allgegenwärtige und vor allem positive Berichterstattung aufrechtzuerhalten, wird es viel weniger anfällig für Störfaktoren wie etwa Umsatzprobleme, Betriebsunfälle oder gar eine unvorhergesehene Konkurrenzsituation auf dem Markt durch ein Unternehmen gleicher Couleur. Die fest verankerte Marke und der gute Ruf des Unternehmens machen heute einen erheblichen Unterschied in einem Markt aus, wo es grundsätzlich viele verschiedene Anbieter für ein und dasselbe Produkt gibt, das häufig auch noch identisch aussieht. Aber: Auto ist nicht gleich Auto, und selbst bei Zahnpasta nimmt der Käufer vermeintliche Qualitätsunterschiede wahr, sobald der Markenname sich ändert. Oder würden Sie ein Auto kaufen, das aussieht wie ein Mercedes, fährt wie ein Mercedes und ansonsten alle anderen klassischen Merkmale dieser Automarke aufweist, bei dem aber Stern und Label in den Verkaufsunterlagen fehlen – selbst wenn das Auto billiger ist?

Kurz und gut: Gute PR bedeutet, dass das Unternehmen in den Medien häufig präsent ist, unabhängig vom Zusammenhang, seien es nun gesellschaftliche Aktivitäten im Bereich Kulturförderung oder Spendenprogramme, aber nach und nach deutlich in Verbindung mit dem eigenen Produkt gesetzt werden kann. Die Verbindung von fachlicher Expertise sowie außergewöhnlicher Medienpräsenz macht gute PR aus, die sich letzten Endes ja auch wieder an den Umsatzzahlen messen lassen sollte.

Medien der Public Relations

Ähnlich wie bei der internen Kommunikation gibt es auch bei der externen Kommunikation die verschiedensten Medien, derer man sich bedienen kann, um die Botschaft oder Botschaften des Unternehmens nach außen zu tragen. In der heutigen Zeit wird natürlich die Online-Kommunikation immer wichtiger; aber auch die guten alten Printmedien sind nach wie vor gegenwärtig, wenn auch hier die kurze, knappe Form die umfangreicheren Abhandlungen mehr und mehr überwiegt. Ich muss ein Bild, ein Image, eine Botschaft in einer Zeit, die von Klicks im Internet geprägt ist, schnell und eindeutig erfassen können – sowohl im Internet selbst als auch auf einem gedruckten Stück Papier, im Fernsehen genauso wie im Kino; und selbst auf Veranstaltungen, Seminaren, Tagungen und Vorträgen will das Publikum nicht mit detaillierten Ausführungen belästigt, sondern von prägnanten Aussagen ins Bild gesetzt werden.

Der optimale Mix macht es auch hier wiederum aus: Je nach Zielpublikum bedarf es anderer Medien, bedarf es anderer Häufigkeiten, diese zu verteilen. Und erst wenn hier eine gewisse Routine erreicht wurde, wenn also alle Informationskanäle zu verschiedenen Zielgruppen mustergültig laufen, die Aktualität der Informationslage aller dieser Gruppen gewährleistet ist – erst dann kann sich eine Kommunikationsabteilung vielleicht zurücklehnen und sich sagen, es reiche für die nahe Zukunft, den Status quo erst einmal beizubehalten.

Öffentlichkeitsarbeit mit Printmedien

Printmedien gibt es nach wie vor in hohen Auflagen. Trotz der Allgegenwärtigkeit des Internets und des Fernsehens tut es gut, ein Stück bedrucktes Papier oder gar eine ganze Broschüre in Händen zu halten. Gedrucktes vermittelt ein Gefühl von Dauerhaftigkeit, als wäre das, was da geschrieben steht, länger gültig als nur für den Moment des Hinsehens wie im Internet, wo alles Sekunden später schon wieder ausgetauscht sein kann.

Deswegen ist es wichtig, auch nur solche Inhalte in Papierform zu bringen, die dauerhafter angelegt sind. Wenn sich bereits während der Drucklegung selbst der Inhalt überholt, wäre es ein Betrug an den Lesern, die Inhalte noch zu verteilen. Und einmal nachgewiesen, würde Ihnen die Leserschaft von solchen Broschüren oder Informationen niemals mehr vertrauen. Ein Teil positiver PR wäre damit vertan. Glaubwürdigkeit ist, so wie bei allen anderen Arten der Kommunikation, auch hier das Nonplusultra.

Printmedien der externen Kommunikation

Das Unternehmen vorstellen: Unternehmensbroschüren und Geschäftsbericht

Um das Unternehmen in all seinen Facetten umfassend darzustellen, das Publikum aber dennoch nicht mit Informationen zu überladen, bedarf es einer gut gemachten Unternehmensbroschüre. Diese sollte so angelegt sein, dass sie alle Zielgruppen gleichermaßen anspricht, ob es sich dabei nun um einen Journalisten handelt, der das erste Mal über das Unternehmen schreibt und sich einen Überblick verschaffen will, oder um einen potenziellen Mitarbeiter, der sehen möchte, für was das Unternehmen steht, für das er oder sie sich bewirbt.

Denkbar wäre es hier, mit einer kleinen Geschichte des Unternehmens anzufangen, die am Gründungstag beginnt und Meilensteine innerhalb der Unternehmensentwicklung aufzeigt. Danach sollte das Leis-

Abbildung 23: Titelgestaltung eines Geschäftsberichts

tungsspektrum aufgezeigt werden, die Bereiche, in denen das Unternehmen produziert oder Dienstleistungen erbringt, allerdings nicht jedes einzelne Produkt. Wichtig ist auch ein Überblick über die Standorte des Unternehmens: Gibt es nur einen, handelt es sich um ein nationales oder sogar international operierendes Unternehmen? Wichtig ist es ebenfalls, die Kundengruppen zu bezeichnen, mit denen sich das Unternehmen auseinander setzen muss. Zahlen zur Umsatzentwicklung gehören ebenso dazu wie eine Beschreibung der Mitarbeiterstruktur. Letzten Endes sollte auch das gesellschaftliche Engagement nicht fehlen, falls das Unternehmen dieses besitzt. Ganz wichtig: Leitlinien, Visionen, Unternehmensziele. Diese sollten vorweg als eine Art roter Faden eingebunden werden, damit jeder sofort erkennt, als was das Unternehmen sich sieht und wohin es in den nächsten Jahren strebt. Auch ein persönliches Grußwort des Vorstands oder Geschäftsführers gibt einer solchen Broschüre eine persönliche Note und verleiht zusätzlichen Wert.

Genauso allgemein verständlich, aber in der Aussage mehr auf Kennzahlen und Geschäftsentwicklung orientiert, sollte der Geschäftsbericht sein. Dieser ist vor allem für die Gruppe der Investoren relevant, wenn das Unternehmen sich nicht im Privatbesitz befindet, gibt aber genauso potenziellen Mitarbeitern einen soliden Eindruck von den Chancen innerhalb einer solchen Firma. Rubriken hier könnten sein ein Überblick über die Struktur der Firma, Geschäftsbereiche und Organisation; die Produkte und deren geschäftliche Entwicklung in der aktuellen Periode; wichtige Kennzahlen für das gesamte Unternehmen, geordnet nach Produktionsbereichen, Standorten und im Vergleich zu Vorjahresdaten; und auch hier wieder der Ausblick in die Zukunft, wohin die Reise gehen soll (hier weniger in Visionen als vielmehr in harten Fakten).

Produkte erklären: Produktbroschüren und Service-Pakete

Hart an der Grenze zum Marketing sind Broschüren, die Produktbereiche beschreiben oder sogar einzelne Produkte werblich darstellen wollen. Zumindest die Struktur solcher Printmaterialien sollte von der Kommunikationsabteilung vorgegeben werden, um nach außen eine einheitliche Darstellungsform zu wählen, unabhängig davon, um welches Produkt es gerade geht. Grundsätzlich sollten folgende Themen in diesen Produktblättern enthalten sein: Um welches Produkt genau es sich handelt, für welche Bereiche es angewandt werden kann, welche Vorteile die Verwendung des Produkts bietet, wie aufwändig und wie teuer es ist und die Ansprechpartner innerhalb des Unternehmens, an die die Leser sich dann direkt wenden können. Natürlich kann es auch innerhalb des Unternehmens Abweichungen zwischen der Struktur dieser Informationen geben, denn nicht jedes Produkt lässt sich in ein allgemeines Raster einordnen. Zumindest aber sollten einheitliche Elemente erhalten bleiben; das Corporate Design sollte durchgängig gewährleistet sein.

Ein Image schaffen: Imagebroschüren

Die Imagebroschüre liefert im Grunde noch weniger Daten und Fakten als die Unternehmensbroschüre, die ja in dieser Hinsicht schon hinter dem Geschäftsbericht zurücklag. Bei der Imagebroschüre geht es nun also noch verstärkter darum, die Visionen und Ziele, die Kultur des Unternehmens zu vermitteln. Es sollten dabei strategische Ziele dargestellt werden (wie zum Beispiel Innovation oder Teamgeist), diese aber auf ein konkretes Geschäftsziel ausgerichtet sein (zum Beispiel das Unternehmen mit den meisten Innovationen in diesem Produktionsbereich zu werden, die größte Mitarbeiterzufriedenheit herzustellen und vieles mehr). Dabei sollte dann beschrieben werden, wie das erreicht werden kann und warum das so wichtig ist. Dabei geht es, wie gesagt, nicht um die Aufzählung von Zahlen und Etappenzielen, sondern um das Gesamtbild eines Unternehmens, indem eben besagter Teamgeist oder die Innovationsfreudigkeit des Unternehmens hervorgehoben wird.

Bildelemente sind hierbei besonders wichtig, sowohl symbolische Bilder, die für bestimmte Unternehmensaspekte stehen, als auch Bilder von wichtigen Persönlichkeiten des Unternehmens, dem Gebäude selbst oder aber von Teams aus dem Unternehmen. Die Symbolkraft solcher Bilder sollte niemals unterschätzt werden. Bilder transportieren vor allem anderen Emotionen sehr viel besser und stärker als

Text; Identifikation mit einem Unternehmen oder dessen Ideen werden viel direkter und einfacher geschaffen.

Natürlich darf der Inhalt sich nicht auf Banalitäten reduzieren, die abgedroschen sind und so gut wie auf jedes Unternehmen irgendwie zutreffen könnten. Auch hier sollten die Farben des Unternehmens immer wieder auftauchen, auch das Logo und bestimmte Elemente, die auch auf allen anderen Medienerzeugnissen wieder verwendet werden können.

Satz und Typografie

Die mittlerweile häufigste Verwendung von Typografie ist die digitale Typografie. Durch den Einsatz von Computern ist es heute nahezu jedem möglich, einen Text typografisch zu gestalten. Richtlinien und exakte Vorgaben in einem Styleguide helfen dabei, ein einheitliches Corporate Design einzuhalten. Ein Laie weiß meist nicht zwischen den Feinheiten der einzelnen Schrifttypen zu unterscheiden, und so kommen häufig – auf den ersten Blick – ähnliche Schriften zum Einsatz, die im Gesamtbild unstet wirken.

Die Typografie ist eines der wichtigsten Gestaltungselemente, denn Schrift visualisiert die Inhalte, Texte und Angebote einer Firma und zeigt somit deren Identität schwarz auf weiß. Grund genug, ihr höchste Aufmerksamkeit und Pflege zu widmen.

Die Hausschrift sollte nach ausführlicher Beratung und unter Berücksichtigung der nachfolgenden Kriterien ausgewählt werden:

1. Optimale Lesbarkeit,
2. Schriftstil und
3. Einsatzbereich.

Es sollte, wenn möglich, auf Modifikationen von Schriften verzichtet werden, um die Lesbarkeit und Qualität einer Schrift nicht zu verfälschen. Anstelle der modifizierenden Einstellung »fett« oder »kursiv« sollten Sie immer die passenden Schriftschnitte vorziehen, die regulär, fett, schmal oder kursiv sind.

Satzarten und deren Einsatz:

Mittelachse beziehungsweise zentriert:

Einen umfangreichen Text zu zentrieren, würde ihn unnötig schwer lesbar machen. Deshalb findet der Satz auf Mittelachse meist bei kurzen Texten wie Einladungen, Grußkarten oder Stempeln Verwendung.

Flattersatz:

Flattersatz ist linksbündig gesetzt, wobei die rechte Seite des Textes unregelmäßig, nämlich »flatterig« ist. Diese Satzart ist am lesefreundlichsten, wird in einspaltig gesetzten Artikeln oder Büchern verwendet oder im täglichen Schriftverkehr.

Flattersatz kann man auch rechtsbündig ausrichten, dann ist er allerdings nicht mehr so flüssig lesbar. Man setzt einen (kurzen) Text rechtsbündig, um eine gestalterische Raffinesse einzubauen, etwa eine Aufzählung in einem Inhaltsverzeichnis.

Blocksatz:

Den Blocksatz erkennt man daran, dass der Text mit gleichlangen Zeilen gesetzt ist: als Block. Dies gestaltet sich häufig schwierig, da sich zwischen den Worten Abstände bilden, die es zu füllen gilt. Durch Trennungen von Wörtern gelingt es nur zum Teil. Um ein ausgewogenes, gut lesbares Schriftbild zum Beispiel in Büchern zu schaffen, ist die Fleiß- und Feinarbeit sowie das fachliche Know-how eines Schriftsetzers gefragt.

Qualität von Printprodukten

Jedes gedruckte Blatt, das ein Unternehmen verlässt, repräsentiert dessen Unternehmenskultur. Das gilt für die schnell geschriebene Notiz ebenso wie für die monatelang geplante Unternehmensbroschüre. Deshalb sollte nicht nur auf die äußere Form und den Inhalt geachtet werden, sondern auch auf die drucktechnische Qualität. Bei umfangreichen Druckwerken, die meist sehr teuer produziert werden, ist Qualitätskontrolle selbstverständlich – bei intern produzierten Werbemitteln wie Flyern, Handzetteln oder Mailings wird dieser Aspekt leider vernachlässigt. Auch Kopierer, Laserdrucker oder Tintenstrahldrucker sollten regelmäßig kontrolliert werden, denn ein schief kopiertes Produktblatt oder verlaufene Tinte repräsentieren eben nicht gerade Sorgfalt und Qualität.

Werbung: Flyer

Normalerweise steht der Flyer für Produktwerbung und gehört eigentlich mehr zum Thema Marketing als zum Thema Unternehmenskommunikation. Flyer werden als einseitiges Werbemittel im Bereich Print an alle verteilt, die an der Ausgabestelle vorbeikommen oder die der Zielgruppe entsprechen, auf die man sich vorher geeinigt hat. Doch Flyer können in diesem Zusammenhang ja auch ganz anders eingesetzt werden, etwa wenn sie für einen Tag der offenen Tür werben sollen, der das Unternehmen der Allgemeinheit zugänglich macht. Oder aber es handelt sich um eine Veranstaltung, die das Unternehmen mitgestaltet oder sponsert und auf die es nun aufmerksam machen möchte. Aber selbst wenn es sich um Produktwerbung handeln sollte, gibt es doch klare Richtlinien, nach denen die Gestaltung dieser Flugzettel erfolgen sollte. Auch hier geht es um die Farbgebung des Unternehmens, die wiedergegeben werden sollte; das Logo des Unternehmens sollte deutlich erkennbar sein; und der Titel, für was konkret geworben wird, sollte zentral vermerkt sein.

Flyer eignen sich hervorragend für kurzfristige Werbeaktionen, wo es einfach um eine möglichst große Anzahl an Menschen geht, die teilnehmen sollen, deren Aufmerksamkeit erregt werden soll. Gerade bei Produkten, die im Grunde der Mann oder die Frau auf der Straße kaufen könnte, ist es wichtig, das Unternehmen präsent zu machen;

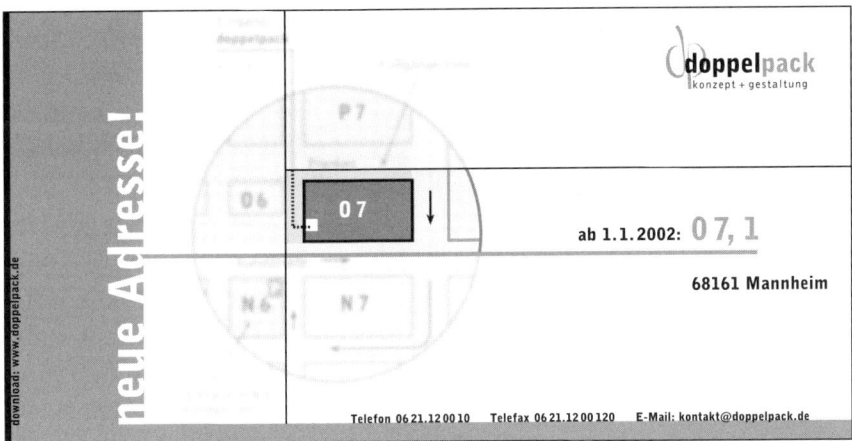

Abbildung 24: Layout eines Flyers anlässlich eines Umzugs

aber auch bei einer exklusiveren Zielgruppe, zum Beispiel nur Unternehmer einer bestimmten Branche als Abnehmer eines Vorprodukts, macht so etwas Sinn. Denn ständige Präsenz aus Eigeninitiative heraus führt letztlich dazu, dass die Öffentlichkeit oder die Presse nicht mehr ignorieren kann, was da geschieht. Und je häufiger die positive Erwähnung, desto größer die Wahrscheinlichkeit dafür, dass auch der potenzielle Kunde schon einmal etwas von der Firma gehört hat – wenn auch über Umwegen und nicht direkt im Zusammenhang mit dem Produkt.

Die neuesten Neuigkeiten publik machen: Newsletter und Unternehmenszeitschrift

Um in einen dauerhaften Kontakt mit der Öffentlichkeit zu kommen, kann man sich jedoch niemals auf nicht genau kalkulierbare Aktionen verlassen. Ob der Flyer in die richtigen Hände gerät, die Produktbroschüre angefordert oder der Geschäftsbericht mitgenommen wird, lässt sich nicht kontrollieren. Will ein Unternehmen sich dauerhafte Präsenz in den Köpfen der wichtigsten Zielgruppen verschaffen, darf es sich nicht darauf verlassen, dass in einer Art Holschuld von diesen Zielgruppen die Information eingefordert und richtig verwendet wird. Vielmehr ist ein Unternehmen klar in der Bringschuld, wenn es um Informationen geht, die ihm ja letztlich zur besseren Publikumswirksamkeit gereichen.

Um alle wichtigen Zielgruppen auf dem Laufenden zu halten, empfiehlt es sich, in regelmäßigem Turnus eine eigene kleine Zeitschrift herauszugeben, die über die aktuellsten Neuigkeiten informiert. Das können sowohl Umsatzzahlen als auch neue Abteilungsleiter sein, aber auch das gesellschaftliche Engagement des Unternehmens sowie neue Produktentwicklungen, Standortneuigkeiten oder Marktanaly-

dp-newsletter

Ausgabe 10/02

Inhalt

Jubiläumsfeier	Seite 3– 6
Gewinner Award ABC	Seite 7– 8
Neue Etats	Seite 9–11
Bekanntmachungen	Seite 12–14
Neuer PR-Manager	Seite 15–16

Abbildung 25: Gestaltungsbeispiel für das Inhaltsverzeichnis eines Newsletters

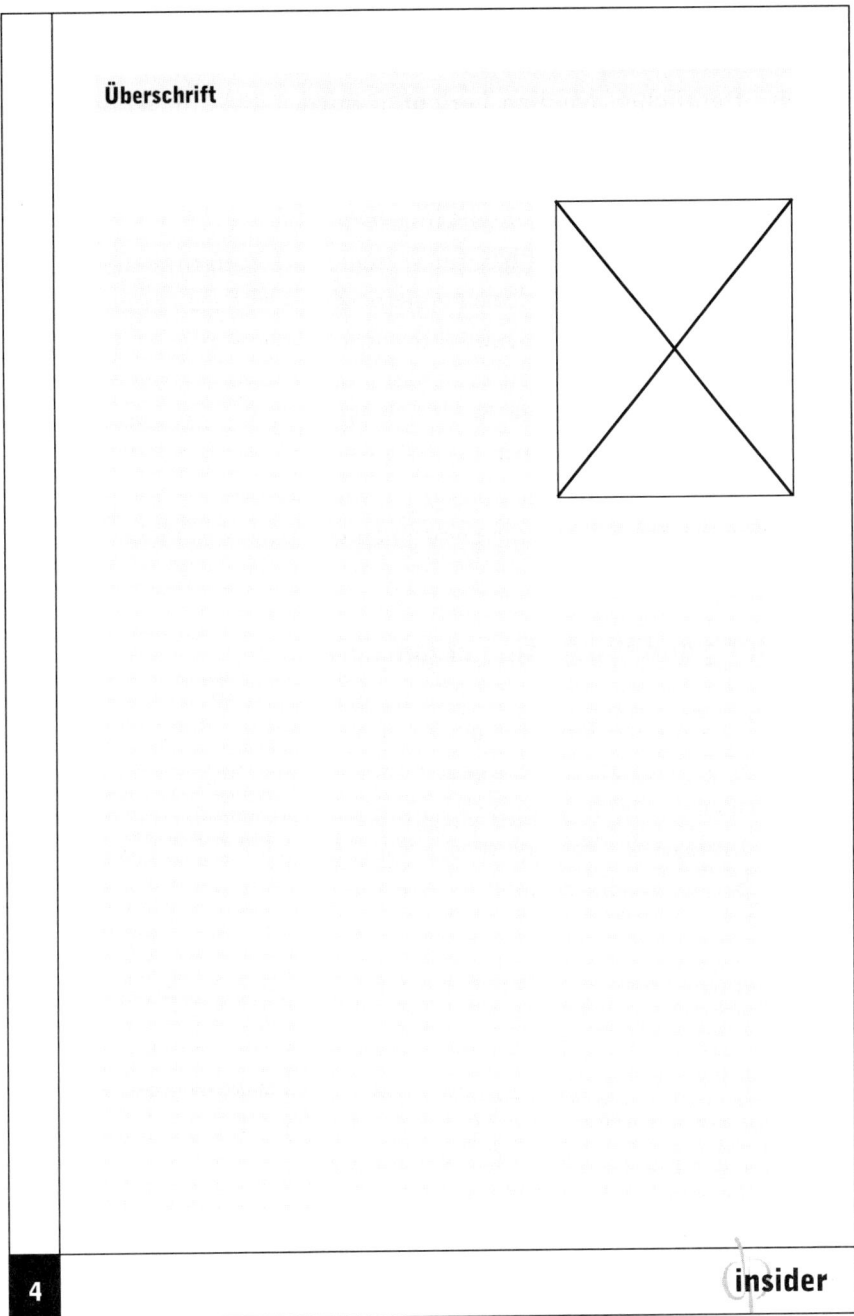

Abbildung 26: Seitenlayout einer internen Zeitschrift

sen. Je größer die Popularität eines Unternehmens, desto höher die Wahrscheinlichkeit, dass über all diese Dinge bereits oder zeitgleich in den öffentlichen Medien berichtet wurde. Es kann jedoch auch sein, dass aus dieser Zeitschrift heraus ein Pressekontakt entsteht, der die vom Unternehmen selbst verteilten Neuigkeiten erst aufgreift und damit für zusätzliche Breitenwirkung sorgt.

Grundsätzlich ist es denkbar, für verschiedene Zielgruppen Newsletter (zum Beispiel online) oder eine kleine Zeitschrift zu entwickeln. Ist der Aufwand dafür zu groß, sollte der Inhalt so gestaltet sein, dass für jeden etwas dabei ist, handelt es sich nun um Investoren, die Presse, die Kommune und deren Entscheidungsträger oder eben die Kunden selbst. Solch eine Zeitschrift könnte dann per Verteiler an alle relevanten Journalisten, bestehende und potenzielle Kunden, an öffentliche Institutionen der Stadt oder jeden einzelnen Investor verschickt werden.

Gestaltung und Produktion organisieren

Wie auch schon bei den internen Printmedien gilt es, die Produktion und zuvor die Gestaltung der gedruckten Unternehmenskommunikation festzulegen. Da die externe Kommunikation wesentlich mehr Zielgruppen umfasst, sollte auch dieser Aspekt sowohl bei der Gestaltung als auch bei der anschließenden Distribution berücksichtigt werden.

Die Standards festlegen – Das Corporate Design in Print

Genauso wie bei den internen Standards gilt es auch bei den externen Standards für das Layout, einmal etwas Grundlegendes zu entwickeln und sich somit für ein Layout zu entscheiden, das die gesamte gedruckte und online geführte Unternehmenskommunikation begleiten soll. Interne und externe Styleguides müssen sich nicht, sollten sich aber vorteilhafter decken. Denn sowohl der Wiedererkennungswert nach außen als auch der nach innen schafft größere Einheit, wenn er sich praktisch gegenseitig verstärkt, was vor allem bei der Gruppe der Mitarbeiter, die beidem ausgesetzt sind, zutrifft.

Am besten tut man sich auch hier wieder mit einer Agentur zusammen, die gemeinsam mit dem Unternehmen eine Farbpalette, Layouts, bestimmte wiederkehrende Elemente sowie Schriftart, Bildformate, Anordnung derselben, Seitengrößen und vieles mehr bestimmt, letztlich auch ein Logo kreiert, das zu dem Unternehmen passt, oder dieses aus bisher benutzten Kennzeichen oder Symbolen zusammenfügt. Dies kann für jedes einzelne geplante Printmedium vorab geschehen, sodass die Redaktion im Folgenden eigentlich nur noch Inhalte auffüllen muss. Deswegen ist ein Probelauf in Kombination mit dem ersten inhaltlichen Füllen von großer Bedeutung, um sicher sagen zu können, ob Design und das, was da letztlich hineinpassen soll, auch wirklich aufeinander zugeschnitten sind. Denn wenn das Design mit jeder neuen Ausgabe teils verändert, teils wieder neu angepasst werden muss, verliert man genau jenes, was ein Corporate Design ja gewährleisten sollte: die Konstanz und Kontinuität der optischen Erscheinung jeweils neuer Inhalte.

Image

Angebote, Produkte und Dienstleistungen unterscheiden sich heute häufig weder durch Qualität oder Preis-Leistungs-Verhältnis als vielmehr durch das Image. Für ein Produkt oder ein Unternehmen ist es deshalb wichtig, der Öffentlichkeit ein positives und glaubhaftes Bild zu vermitteln. Dieses Image basiert auf Fakten sowie auf Erfahrungen, die einzelne Personen zum Beispiel mit einem Produkt machen, oder dem Eindruck, den diese Person gewinnen konnte.

Auf dem Image wird das Marketing aufgebaut, und das Marketing baut wechselseitig das Image auf, stärkt es oder führt es in eine neue Richtung. Häufig werden mit dem Image Emotionen erzeugt, die letztendlich entscheidend sind für den Kauf eines Produkts oder stattdessen für die Bevorzugung des Mitbewerbers.

Styleguide

In einem Styleguide sind die Richtlinien für das Corporate Design festgehalten. Er dient als verbindliche Vorlage für Mitarbeiter und Zulieferer und beinhaltet üblicherweise folgende Rubriken:

1. Logodarstellungen und Schriftzüge, auch in modifizierter Form;
2. typografische Angaben wie Schrifthöhe, Spationierungen;
3. Angaben zu Hausfarben und mögliche Varianten: Sonderfarben, CMYK und
4. Vorgaben zum Beispiel für Broschüren, Geschäftsbriefe: Satzspiegel, Spaltenbreiten, Schriftgröße, Zeilenabstände, Rasterweiten.

Typografie für Print- und digitale Medien:

Grundtext: BellGothicdp-Roman, 10 pt, ZAB 5 mm, +2 Einheiten

Auszeichnungen: BellGothicdp-Black, 10 pt, ZAB 5 mm, +2 Einheiten

Headlines: BellGothicdp-Black, 13 pt, ZAB 5 mm, +4 Einheiten

Linienstärken: 1 pt-Linien

Farbvorgaben für Print- und digitale Medien:

schwarz und Pantone 165

im CMYK-Modus: 0 % cyan, 60 % magenta, 100 % yellow, 0 % schwarz

im RGB-Modus: 255/51/0

Abbildung 27: Typografische Angaben und Farbvorgaben einer Werbeagentur

Farben

Die Wirkung von Farben wird seit jeher eingesetzt, um Emotionen wiederzugeben, zu erzeugen und um visuelle Botschaften wahrnehmbar zu machen. So ist die Synästhesie für das Marketing ein ausgesprochen wichtiges Instrument und soll bereits bei der Erstellung eines Corporate Designs bedacht werden. Neben dem persönlichen Geschmack sollte man sich auf professionelle Beratung verlassen: Oft entscheiden Nuancen über den Eindruck von Wärme, Kälte oder Frische einer Farbe und somit über Sympathie oder Ablehnung. Farben können auch eine Marke symbolisieren und damit Vertrauen auf Qualität schaffen – oder wären Sie nicht misstrauisch, würde man Ihnen eine dunkelrote Coca-Cola-Dose anbieten?

Die Farbauswahl

Druckfarben

In der Regel werden Sonderfarben ausgewählt (das sind Druckfarben mit der Bezeichnung HKS, Pantone oder RAL). Wird das Druckwerk 4-farbig gedruckt, muss die Farbzusammensetzung im CMYK-Modus (Vierfarbdarstellung) angegeben werden.

So können sich Agenturen, Druckereien und so weiter nach verbindlichen Vorgaben richten. Es handelt sich aber auch dabei um einen Richtwert, denn Druckfarben können sich je nach verwendeter Papierart verschieden verhalten – manchmal ist das Ergebnis dunkler als gewünscht, manchmal heller. Zur Qualitätssicherung (besonders bei aufwändigen und teuren Printprodukten) sollte man auf einen Andruck auf dem Originalpapier bestehen und das Druckergebnis abwägen.

Erfahrene Produktioner oder Drucker weisen Sie aber darauf hin, um böse Überraschungen zu vermeiden.

Digitale Farben

Nicht alle Druckfarben sind 1:1 im Web darstellbar. Farbverbindlichkeit ist durch die Nutzung verschiedener Browser und individueller

Einstellungen am Bildschirm fast unmöglich. Bei der Gestaltung einer Homepage sollte dies berücksichtigt werden.

Die Drucklegung vorbereiten

Ist die Gestaltung beschlossene Sache, muss eine Produktionsweise gefunden werden, die die fristgerechte Lieferung jedes einzelnen Printprodukts sicherstellt. Dabei geht es darum, eine Druckerei zu finden, die zur gewünschten Zeit Kapazitäten frei hat. Soll ein Newsletter oder eine Unternehmenszeitschrift beispielsweise monatlich erscheinen, muss die Druckerei jeden Monat zum gewünschten Termin der Lieferung Priorität einräumen können. Ansonsten können Sie als Kommunikationsteam eventuell die Liefertermine des Gedruckten an die Adressaten nicht einhalten.

Papier

Papier ist weitaus mehr als ein reiner Gebrauchsgegenstand. Gleichwertig mit der Auswahl von Farben und Typografie bestimmt es als Gestaltungselement die Wirkung der Botschaft, die transportiert werden soll. Dabei ist Papier nicht nur ein optisches, sondern auch immer ein haptisches Erlebnis, dessen Auswahl nicht dem Zufall überlassen werden sollte. Es empfiehlt sich deshalb, ein und dasselbe Layout auf verschiedenen Papierqualitäten zu vergleichen – das Ergebnis kann verblüffend sein! Soll der Gesamteindruck des Druckwerks technisch sein, soll er edel und luxuriös sein oder soll der umweltbewusste Gedanke visualisiert werden?

Wird ein Papier im Rahmen der Corporate Identity eines Unternehmens ausgewählt, sollten folgende Kriterien beachtet werden:

1. Gibt es eine Nachkaufgarantie?
2. Gibt es Farbvarianten, zum Beispiel für verschiedene Verwendungszwecke?

3. Ist eine gute Verarbeitung (zum Beispiel falzen, nuten, prägen) des Papiers gewährleistet?
4. Passt das Papier optisch zu bestehenden Drucksachen?
5. Gibt es eine umfangreiche Grammaturauswahl (für Ergänzungsprodukte)?
6. Wie verhält sich das gewählte Papier bei diversen Drucktechniken?
7. Wie hoch sind die Kosten im Vergleich zu einfachen Papieren?

Kleines Vokabular:

1. Grammatur

Die Grammatur bezeichnet das Flächengewicht des Papiers pro qm und wird in Gramm angegeben. Ab 150g/qm sprechen wir nicht mehr von Papier, sondern von einem Karton.

Kopierpapier	80g
Briefpapier	80g bis 120g
Visitenkarten	200g bis 350g
Postkarten	170g bis 300g
Broschüren, Umschlag	170g bis 300g
Broschüren, Innenseiten	100g bis 200g

Für manche Ansprüche ist normales Papier zu schwer: Beispielsweise bei Direkt-Mailings oder Versandkatalogen muss das Papier sehr leicht sein, um Portokosten zu sparen. Hierzu gibt es ein Angebot an LWC-Papieren, die trotz einer niedrigen Grammatur (ab 35g) extrem opak sind und problemlos beidseitig bedruckt werden können.

Für Bücher wird häufig Werkdruckpapier benutzt: ein Spezialpapier mit einem höheren Volumen und einem niedrigen Flächengewicht.

2. Papiersorten

Es gibt nahezu für jede Anforderung ein spezielles Papier. Ganz grob unterscheiden wir zwischen gestrichenem Papier und ungestrichenem Naturpapier. Bei gestrichenen Papieren wird die Oberfläche – um die Bedruckbarkeit und Weiterverarbeitung zu verbessern – mit einem »Strich« (einem Auftrag) veredelt. Es handelt sich meist um Bilderdruckpapiere, die entweder matt oder glänzend gestrichen sind. Die Oberfläche von Naturpapieren ist unbehandelt, fest und glatt, kann aber durch Filznarbungen oder Prägungen verändert werden. Naturpapiere gibt es auch farbig, holzhaltig oder mit außergewöhnlichen Veredelungen.

3. Opazität

Soll ein Papier auf der Vorder- und der Rückseite bedruckt werden, ist es besonders wichtig, dass das Papier besonders opak (lichtundurchlässig) ist. Hier hilft nur ausprobieren: Legt man das Blatt auf einen stark kontrastreichen Untergrund und dieser scheint durch, sollte man sich lieber für ein anderes Papier, etwa ein holzhaltiges, entscheiden oder eine höhere Grammatur wählen.

Inhalte organisieren

Vielmehr als bei der internen Kommunikation ist die externe Kommunikation auf die Aktualität und die Genauigkeit ihrer Inhalte angewiesen, besonders was das geschriebene Wort betrifft. Ist eine falsche Serviceleistung ausgeschrieben, wird das Unternehmen mit für das Geschäft negativen Dingen in Zusammenhang gebracht oder werden gar falsche Preise genannt, so ist dies für zukünftige Geschäftsbeziehungen sehr nachteilig. Sowohl was auf Produktblättern steht, muss also seitens der Geschäftsverantwortlichen gewährleistet werden können, als auch das, was an Zahlen und Fakten nach draußen gegeben wird; selbst eine Äußerung über das Sponsoring eines örtlichen Fußballvereins sollte nicht auf die leichte Schulter genommen werden, denn auch da können Zahlen und Fakten nicht stimmen.

Verantwortlichkeiten klären

Deswegen ist es immens wichtig, vorab zu klären, wer für die Inhalte verantwortlich zeichnet. Natürlich obliegt es der Redaktion Printmedien in der Kommunikationsabteilung, alles noch einmal kritisch zu hinterfragen, bevor es in Druck geht oder sogar in die Distribution. Aber letztlich sind geschäftsrelevante Informationen in Printmedien immer eine Sache, die vom Fachbereich selbst getragen werden müssen.

Deswegen sollte für jede Art des Printmediums geregelt werden, wie der inhaltgenerierende Ablauf gestaltet ist. Bei Produktblättern könnte es beispielsweise so sein, dass man grundsätzlich jeder Fachabteilung anbietet, das Informationsblatt nach den eigenen Vorstellungen selbst auszufüllen, dies aber dann unter kommunikativen Gesichtspunkten gemeinsam überarbeitet wird. Bei der Unternehmensbroschüre wäre eher die umgekehrte Variante ratsam: Die Kommunikationsabteilung liefert den Rahmen, der dann mit konkreten Angaben seitens der fachlich Zuständigen aufgefüllt wird. Klar muss jedoch sein, dass in regelmäßigen Abständen diese Informationen vonseiten der Fachabteilungen erbracht werden müssen, da ohne sie Unternehmenskommunikation nicht erfolgreich durchgeführt werden kann.

Inhalte aktualisieren und kontrollieren

Auch Broschüren überleben sich nach einiger Zeit. Der Geschäftsbericht wird praktisch automatisch alle Jahre aktualisiert; bei vielen anderen Broschüren ist dies nicht der Fall. Dass alte Materialien noch in Umlauf sind, wird sich kaum vermeiden lassen; unbedingt zu verhindern ist jedoch, dass nicht mehr aktuelle Informationen weiterhin verteilt werden. Dies kann viele Ursachen haben: Die Ansprechpartner haben aufgrund interner Umstrukturierungen gewechselt; das Produkt in der alten Form wird gar nicht mehr angeboten; immer wieder zitierte Zahlen haben sich drastisch verändert; oder aber das Design ist mittlerweile verändert worden.

In allen Fällen gilt: Hier ist es klar Aufgabe der Kommunikationsabteilung, stets nachzuprüfen, ob alle gemachten Angaben noch aktuell sind. Sind sie es nicht, gilt es herauszufinden, ob das Printerzeugnis überhaupt noch benötigt wird oder ob es aktualisiert werden soll. In regelmäßigen Abständen sollten alle Printmedien dahingehend überprüft werden, ob alle Angaben noch korrekt sind; die Kommunikationsabteilung dient also auch als eine Art Evidenzstelle für Printmedien.

Die Distribution organisieren

Selbst wenn alles produziert, auf Aktualität überprüft und von allen Seiten für gut und wichtig befunden wird, stellt sich immer noch die Frage, wie die Unterlagen nun in die Hände der Leute geraten, die sie lesen sollen – und wer überhaupt diese Zielgruppe oder -gruppen sind, auf die das Druckmaterial es abgesehen hat.

Zielgruppen bestimmen

Für jedes gedruckte Medium wurde zuvor festgelegt, wen es erreichen soll. Doch oftmals weiß man nur vage, dass es diese Zielgruppe gibt; es ist aber durchaus nicht immer klar, wo genau sie zu finden ist und wie man das Material in die richtigen Hände leitet. Klar ist, dass bei Produktblättern der Kunde der Adressat ist; aber wo genau befinden sich diese Kunden? Auch bei allen anderen Informationen, vom unbedingt nötigen Geschäftsbericht bis hin zur Imagebroschüre muss geklärt werden, wie groß der Adressatenkreis gestaltet werden soll. Sind es nur die Leute, um die direkt geworben werden muss? Oder sind Zielgruppe eines neuen Produkts denn nicht auch Journalisten der jeweiligen Fachpresse, die im besten Fall einen redaktionellen Beitrag daraus entwickeln?

Wichtig ist, vor dem Druck festzulegen, ob – und das gilt besonders für die aufwändigeren Druckerzeugnisse wie den Geschäftsbericht oder die Imagebroschüre – alle, die dem Unternehmen kommunikationstechnisch nahe stehen, eine solche Broschüre erhalten oder nur die, die sie wirklich anfordern. Es macht nämlich einen sehr großen Unterschied, ob man allen Investoren einer börsennotierten Firma den Geschäftsbericht frei Haus zuschickt oder eben wartet, bis diese danach fragen und sich so lange mit den Zahlen im Internet trösten.

Auslegungsorte für Printmedien

Grundsätzlich sollten Unternehmensinformationen an solchen Stellen ausliegen, wo potenzielle Kunden sie leicht sehen und mitnehmen können. Dies ist zum Beispiel in den Verwaltungsräumen einer Firma gegeben, wo Kunden hineinkommen, um Verträge zu unterschreiben oder sich zunächst einmal beraten zu lassen. In jedem Wartebereich kann ein Tisch mit relevanten Informationen stehen. Auch das Foyer, die Eingangshallen der Unternehmensgebäude, können zur Auslage benutzt werden.

Jenseits der eigenen Geschäftsräume sind es natürlich Betriebe, mit denen zusammengearbeitet wird und die in keiner Konkurrenzsituation zum eigenen Unternehmen stehen. Und es sind letztlich auch die Räume der Handelskammern und Geschäftsvereinigungen, in die die Unternehmensbroschüre ihren Weg finden kann.

Ganz wichtig ist auch, immer eine ausreichende Anzahl solcher Broschüren dabeizuhaben, wenn man selbst geschäftliche Termine wahrnimmt. Das heißt also, dass die Kommunikationsabteilungen die Fachabteilungen immer mit einer ausreichenden Anzahl dieser Printerzeugnisse versorgen müssen, sodass derjenige mit Außenkontakt (seien dies nun Kunden, die Besprechung mit einem neuen Entscheidungsträger auf kommunaler Ebene oder das Mittagessen mit dem Bewerber) diese immer mit sich führen kann.

Multiplikatoren: Institutionen und Organisationen

Um für eine ausreichende Verteilung der Druckerzeugnisse der Unternehmenskommunikation zu sorgen, kann man (wie oben schon angedeutet) ganz entschieden Mitgliedschaften in bestehenden Vereinigungen, Verbänden und dergleichen nutzen. Da sich dort wahrscheinlich Menschen treffen, die auch aktiv am Geschäftsleben beteiligt sind, lassen sich selbst solch scheinbar private Aktivitäten für die Verbreitung der

Firmeninformationen nutzen. Von der ansässigen Industrie- und Handelskammer bis hin zum Business Club und der örtlichen Hochschule soll sich die Information mittels Printmedien streuen lassen.

Wichtig dafür ist, dass die eigenen Mitarbeiter sich als Kommunikatoren des Unternehmens verstehen. Natürlich unterstützt die Kommunikationsabteilung sie darin, indem Printmedien zur Verfügung gestellt werden und Unternehmensinformationen auf den Punkt gebracht sind, aber verbreiten und verdeutlichen können nur diejenigen, die in den Verbänden und Vereinen drin sind, an die das Unternehmen als solches nicht herankommt. Die Identifikation der Mitarbeiter mit dem Unternehmen ist also eine der Grundvoraussetzungen dafür, dass die Kommunikation nach außen funktionieren kann und vor allem organisch, also in die Geschäfts- und alle Kommunikationsprozesse integriert, erfolgt.

Verteilungsaktionen für Werbematerial

Direktes Werbematerial für kurzfristige Aktivitäten lassen Sie am besten per Handzettel verteilen. Junge Leute, die sich nebenher etwas dazuverdienen möchten, finden Sie allemal, um Ihre Werbeaktion zu unterstützen. Natürlich gilt es auch hier wieder, die Zielgruppe auszuwählen und an diese dann gezielt Informationsmaterial zu verteilen. Wollen Sie die gesamte Öffentlichkeit in die Hallen der Firma anlässlich eines Tages der offenen Tür bewegen, können die Verteiler in der Fußgängerzone stehen. Sind nur Interessenten einer bestimmten Fachrichtung erwünscht, die die von Ihnen produzierten Produkte und Dienstleistungen bei ihrer Arbeit verwenden könnten oder an einer Veranstaltung teilnehmen sollen, um näher in Kontakt mit Ihrer Firma zu kommen, sollten die Verteiler vor Firmen platziert werden, die in diesen Bereichen tätig sind, die also potenziell Kunden werden könnten.

Direct Mailings – fast schon Marketing

Die wohl flächendeckendste Art der Kommunikation eines Events oder eines neuen Produkts ist wohl die Versendung direkt nach Hause zum jeweiligen Adressaten. Damit dort niemand vergessen wird, ist es unbedingt notwendig, Adressverteiler immer aktuell zu halten. Bei Produktwerbung frei Haus ist das natürlich relativ einfach, indem per Post jedem ein Exemplar zugestellt wird. Wenn bestimmte Gruppen angeschrieben werden sollen (zum Beispiel die Geschäftsführer oder Entscheider in Firmen, die von Ihrem Produkt profitieren könnten), gilt es hier, den oder die entscheidenden Namen herauszufinden. Ungünstig sind Versendungen, die ganz allgemein eine Abteilungsbezeichnung im jeweiligen Unternehmen angeben, von der Sie annehmen, da müsse die Information wohl an der richtigen Stelle ankommen. Je persönlicher der Kontakt, desto größer die Wahrscheinlichkeit, dass Sie Antwort erhalten oder dass sich der Adressat zumindest an den Brief erinnert, wenn danach per Telefon nochmals nachgefragt wird.

Bei formellen Einladungen zu Konferenzen, Tagungen oder gesellschaftlichen Veranstaltungen in oder seitens der Firma, zu der hochrangige Persönlichkeiten aus anderen Unternehmen oder der kommunalen Politik und Verwaltung kommen sollen, ist es keine Frage, den oder diejenige persönlich anzuschreiben. Da der Teilnehmerkreis hier ja auch nicht so groß ist, ist das durchaus machbar.

Letztlich lohnt es sich auch, in bestimmten Abständen (zum Beispiel mit dem Geschäftsbericht) gut zusammengestelltes Informationsmaterial an Personen zu verschicken, die wichtig sind oder wichtig werden könnten – alles im Sinne einer offenen, offensiven Kommunikation. Dies kann sowohl Journalisten, mit denen man in der Vergangenheit zu tun hatte, als auch Geschäftspartner oder Männer und Frauen des öffentlichen Lebens, die für die Firma relevant sind, betreffen.

Direktmarketing

Unter Direktmarketing zählen alle Werbeaktionen, die sich an eine bestimmte Zielgruppe oder an Zielpersonen richten. Das Ziel ist immer, möglichst schnell eine Reaktion der kontaktierten Personen zu erlangen. Direktmarketing ist eine der effizientesten Werbeformen, da eine unmittelbare Messung des Erfolgs möglich ist, die Streuverluste also relativ gering sind. Damit das Feedback möglichst hoch ist, gilt es auch hier, auf beste Qualität der Drucksachen, auf qualifiziertes Personal und – als wichtigstes Werkzeug – auf eine gepflegte Datenbank der Kontaktadressen zu achten.

Es gibt mehrere Formen von Direktwerbung, dazu zählen unter anderem:

1. Direktmailing

a) personalisiertes Mailing

Die klassische Form des Direktmarketings ist das schriftliche Mailing. Es besteht üblicherweise aus einer Versandhülle, die bereits einen Hinweis auf den Absender und die Werbebotschaft enthält, einem Brief, der eine Person individuell anspricht, eventuell einem Prospekt, der das Angebot erläutert, und einer Antwortkarte, die eine Reaktion ermöglicht. Das kann in Form einer Warenbestellung oder als Teilnahme an einem Gewinnspiel erfolgen. Um eine möglichst rasche Antwort zu erhalten, sind auch zeitlich begrenzte Sonderaktionen und -angebote beliebt.

b) unadressiertes Mailing

Ein unadressiertes Mailing kann ein Flyer sein, der privat an Haushalte verteilt wird, oder eine Postwurfsendung, die an bestimmte, vorher definierte PLZ-Gebiete ausgeliefert wird. Die Gemeinsamkeit besteht darin, dass sich die Sendung an keinen persönlichen Empfänger richtet. Der Streuverlust ist bei dieser Mailingform selbstverständlich höher als bei der personalisierten Form des Mailings, da der eigene Name sicher einen größeren Aufmerksamkeitwert weckt als ein loses Werbeblatt im Briefkasten.

2. Telefonmarketing

a) aktives Telefonmarketing

Der Werbende kontaktiert den (potenziellen) Kunden. Die Kontaktaufnahme kann durch den Werbenden selbst oder durch ein von dem Wer-

benden beauftragtes Callcenter erfolgen. In beiden Fällen ist ein aus-
führliches Briefing nötig, um eine optimale Vorbereitung auf das Tele-
fonat zu erarbeiten. Es gilt, Argumentationen für verschiedene Situationen zu bestimmen und auch am Telefon einen positiven Eindruck von
dem werbenden Unternehmen zu hinterlassen.

b) passives Telefonmarketing

Der (potenzielle) Kunde kontaktiert den Werbenden, zum Beispiel indem er bei einer Gewinnaktion telefonisch die Lösung nennt. Auch hier
ist ein festgelegter Fragenkatalog wichtig, um möglichst viele Informationen vom Interessenten zu erhalten.

3. Anzeigen im Internet

Den Möglichkeiten, per Internet oder E-Mail Direktmarketing zu betreiben, sind vor allem datenschutzrechtliche Grenzen gesetzt. So genannte »Spams« – also ungefragt versandte Werbeangebote (die häufig
von unseriösen Anbietern genutzt werden) – machen die Werbemöglich-
keiten im Netz nicht einfacher. Bleiben animierte Anzeigen oder Ban-
ner, die reizen, Gewinnspiele oder Gratisofferten zu nutzen und so Kunden oder Adressen zu gewinnen, um online oder per Post Kataloge,
Newsletter und Ähnliches zu versenden und zum Kauf zu animieren
(siehe auch Infobox: Permission-Marketing).

Auch beim Direktmarketing ist die richtige Kombination ausschlaggebend. Häufig werden Direktmarketingaktionen unterstützend zu
Verkaufsförderungsmaßnahmen oder zur Anzeigenwerbung in Print,
Funk und TV eingesetzt, nicht etwa als alleinige Marketingmaßnahme.
So kann Telefonmarketing den Vertreterbesuch avisieren und bereits
im Vorfeld Interesse wecken, anstatt den künftigen Kunden an der Tür
zu überraschen.

Online-Versendung per pdf-Datei

Das Internet macht es heutzutage einfach, Printmedien als Datei zu verschicken, sodass sich der Druckaufwand und die Verschickungsaktion gänzlich umgehen lassen. Möchte man zum Beispiel einen immer größeren Kreis von Kunden in Kenntnis von neuen Unternehmensentwicklungen setzen, kann man diesen per E-Mail leichter erreichen als per Post. Natürlich ist es nicht so schön, die Unternehmensbroschüre oder den Geschäftsbericht online zu erhalten, und der Empfänger fühlt sich sicherlich auch zu Recht dann als nicht so wichtig genommen, da er des Drucks »nicht wert« ist. Doch die Frage ist in diesem Falle, ob nichts zu schicken, weil der Druckaufwand für einen immer größer werdenden Kreis an Personen nicht gerechtfertigt oder schlichtweg kostenmäßig nicht getragen werden kann, eine Alternative ist. Dann doch lieber die druckfähige pdf-Version des Dokuments mit einer persönlich formulierten E-Mail-Notiz.

Der Internetauftritt eines Unternehmens

Die eigene Homepage wird immer mehr zur Visitenkarte eines Unternehmens, da der Zugriff per WorldWideWeb immer mehr Menschen zur Verfügung steht. Man hört vieles über Electronic Business, Gutes wie Schlechtes. Es mag im Einzelfall zu entscheiden sein, ob und inwieweit ein Vertriebskanal per Internet für eine Firma sinnvoll ist oder eben nicht. Was sich tatsächlich kaum noch infrage stellen lässt, ist die notwendige Präsenz im Internet als Firma, die auch diesen Informationskanal nutzt, um auf sich aufmerksam zu machen.

Außerdem ist dies die preiswerte Variante zu einem Katalog, der im Zweifelsfall regelmäßig neu gedruckt werden muss oder bei dem verschiedene Inhalte aufgrund neuerer Entwicklungen nicht mehr stimmen. Auf einer Internet-Homepage können Inhalte nach Bedarf hinterlegt werden; Änderungen sind schnell gemacht. Und Kunden können sich beliebig über die Firma und Produkte beziehungsweise

Dienstleistungen informieren – und zwar auf anonyme Art und Weise, ohne befürchten zu müssen, mit Wurfsendungen oder Telefonanrufen des Firmenvertriebs bombardiert zu werden.

Domain

Die Domain ist die Adresse einer Homepage im WorldWideWeb (www). Sie besteht aus einem Namen, meist dem Firmennamen oder einem Hinweis auf das Angebot, und einem Zusatz wie .de (Deutschland) oder .com (Commercial). Sucht ein Unternehmen die passende Domain, sollte es einen möglichst prägnanten und möglichst kurzen Namen wählen. Der Zusatz, der eine erste Information über die Herkunft oder Art der Homepage gibt, will genau überlegt sein. Welche Ziele sollen mit dem Internetauftritt erreicht werden? Wie ist die Zielgruppe definiert und genügt es, diese in Deutsch anzusprechen?

Von einer Homepage mit dem Zusatz .com erwartet man mindestens eine Übersetzung ins Englische, da die Seiten eben weltweit zu finden sind. Handelt es sich um eine reine Informationsseite, sollte die englische Version ebenso ausführlich und sorgfältig gepflegt, also aktuell sein. Wird eine aktive Kommunikation per Internet innerhalb und außerhalb Europas angestrebt, sollte man darüber nachdenken, die verschiedenen Länder in deren Landessprache und mit deren kulturellen Spezifikationen anzusprechen. Es kann bereits beim Ausfüllen von Standardformularen oder der Verwendung bestimmter Farben zu Missverständnissen kommen, die es zu vermeiden gilt. Nicht selten fühlen sich internationale Geschäftspartner von etwas brüskiert, das hierzulande als freundliche Geste gilt. Also gilt im Internet ebenso wie in der gesamten Bandbreite der Kommunikation, den Kunden in den Vordergrund zu stellen und auf dessen Bedürfnisse einzugehen. Nur dann funktioniert die Homepage auch als erfolgreiches Informations- und Kommunikationsmittel.

Gestaltung und Technik organisieren

Gestaltung und Technik sind auch hierbei wieder notwendige Bedingungen, um die Inhalte möglichst unbeschadet und schnell zum Publikum bringen zu können. Das grundlegende Festlegen von technischen Abläufen und gestalterischen Elementen erleichtert langfristig den reibungslosen Ablauf von Inhaltserstellung, Aktualisierung und Pflege der Homepage. Auch wenn man am liebsten gleich loslegen und die Homepage live schalten würde, lohnt es sich dennoch, Zeit und ein wenig Mühe zu investieren, um den Rahmen perfekt zu gestalten. Ein schlechter Internetauftritt ist im Zweifel geschäftsschädigender als gar keiner.

Den Internetauftritt gestalten (lassen)

Wie auch schon bei der Gestaltung des Intranets will die Gestaltung des Internets nicht dem Zufall überlassen bleiben. Auch hierfür gibt es Profis, mit denen gemeinsam es sich lohnt, ein umfassendes Konzept für den eigenen Internetauftritt gestalten zu lassen.

Besteht bereits Einigkeit über das Corporate Design, das heißt, es gibt bereits ein Logo, die Farbpalette ist festgelegt und Ähnliches, müssen diese Anforderungen nur noch in ein internetfähiges Layout übertragen werden. Gibt es diesen Katalog noch nicht, ist spätestens jetzt der Zeitpunkt gekommen, sich über solch grundlegende Dinge zu einigen; denn das Internet erreicht einen zu umfassenden Publikumskreis, als dass man es vernachlässigen könnte, auf den Wiedererkennungseffekt der Marke auf den eigenen Sites zu verzichten.

Klar werden sollten Sie sich also über mehrere Dinge. Zunächst einmal sollte ein Farbraster entwickelt werden, innerhalb dessen sich der Internetauftritt abspielen soll. Das können die auch ansonsten für die Firma verwendeten Farben sein; allerdings könnte sich für den Internetauftritt auch eine etwas abgewandelte Variante anbieten. Dazu kommt dann das komplette Seiten-Layout von der Homepage selbst, Produktseiten, aber auch von nachgelagerten Seiten, die mehr ins Detail gehen. Für alle diese verschiedenen Seiten gilt es, Textelemente,

Bildelemente, deren Größe und Platzierung für einen späteren Austausch bis hin zur Schriftart auszuwählen und festzulegen. Dieser Styleguide kann dann später jedem Redakteur beziehungsweise den Zulieferern zur Verfügung gestellt werden, damit schon bei den Urtexten
darauf hingearbeitet werden kann, möglichst nahe am Styleguide zu
bleiben und die Inhalte internetgerecht zu präsentieren.

Neben den Feldern für Inhalte, Bilder, Dokumentenanhänge oder
Links aus dem WorldWideWeb gibt es auch noch die Navigationsleis-
ten oder -elemente, die Teil des Corporate Designs sind und sich wie
ein roter Faden durch alle Internetseiten der Firma durchziehen sollten. Das erleichtert dem Nutzer die Bedienung und die Orientierung
innerhalb der Seiten Ihres Unternehmens und lässt durch die Wiederkehr der immer gleichen Elemente eine Art Identifikation entstehen.
Je besser, das heißt je leichter verständlich eine Navigation aufgebaut
ist, desto eher verharren Nutzer auf der Seite; denn der Zugang zu
den von ihnen gewünschten Informationen ist unkompliziert, und die
Benutzung der Seiten macht Spaß. Elemente der allgemeinen Navigation sind Kontaktfelder, mit denen man sich direkt mit dem Unternehmen in Verbindung setzen kann, aber auch die Angabe, wo man sich

Abbildung 28: Basislayout einer Internetseite

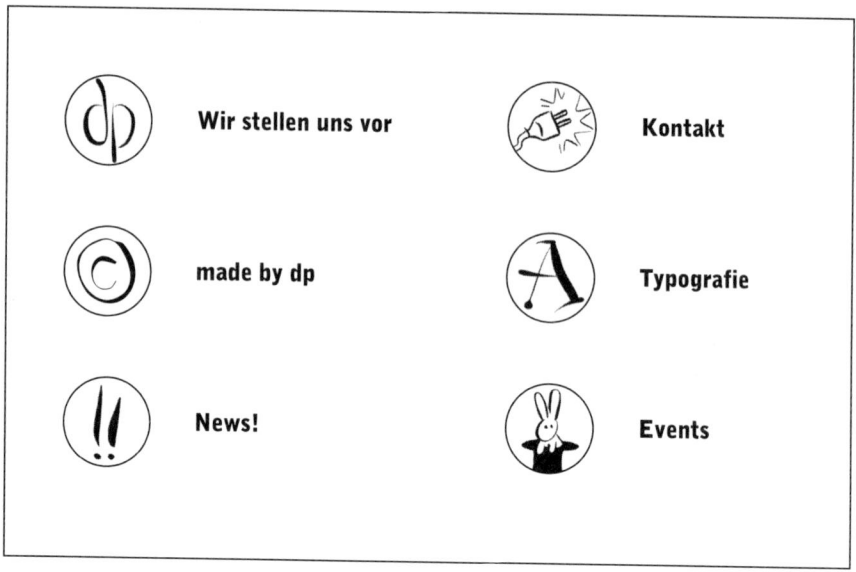

Abbildung 29: Individuelle Gestaltung von Navigationselementen (Buttons)
einer Internetseite

denn nun genau innerhalb der Homepage befindet und welche Seiten
wo zu finden sind. Eine klare Gliederung in Rubriken, deren Startsei-
ten von jeder beliebigen Seite des Unternehmens her erreicht werden
können, kann und sollte auch Teil der Navigationsleiste sein.

*Die Technikanforderungen lösen (lassen): Programmierung des De-
signs, Server organisieren und Zugriffsrechte klären*

Sobald über das Design entschieden ist, kann es in die Umsetzung gehen. Das heißt konkret, dass die Seiten programmiert werden müssen. Am besten lässt man auch dies über die gestaltende Agentur machen, denn diese haben meistens Programmierer an der Hand, die
bereits längere Zeit mit ihnen zusammenarbeiten, sodass Sie sich nur
noch mit der fertigen Lösung auseinander setzen müssen. Günstig ist
es natürlich, wenn es im eigenen Unternehmen und am besten in der
eigenen Kommunikationsabteilung jemanden gibt, der das Programmieren zumindest insofern beherrscht, als dass er oder sie Textele-

mente ändern, austauschen oder Bilder einsetzen kann, wenn Seiten aktualisiert oder auch völlig neu bearbeitet werden müssen.

Zusätzlich muss geklärt werden, ob die Verwaltung der technischen Seite, also die Serveraufstellung, aber auch die Eingabe neuer Texte und Bilder von einem Teammitglied der eigenen Kommunikationstruppe übernommen werden sollte, oder ob all dies von einer externen Agentur beziehungsweise einer einzelnen Person dort, die als Ansprechpartner für Ihr Unternehmen fungiert, übernommen werden kann. Vielleicht macht es auch Sinn, mehreren Personen innerhalb des Unternehmens Zugriffsrechte auf den Server einzuräumen, damit diese in ihrem jeweils eigenen Kompetenzfeld etwas verändern können, ohne jeweils die zentrale Kommunikationsabteilung einschalten zu müssen. Das trifft auf ein genügend großes Unternehmen zu, wo zudem Inhalte sehr unterschiedlich sein können, und jede Abteilung eigene Internetseiten inhaltlich füllen muss. Allerdings obliegt auch hier wieder die Kontrolle einer zentralen Einheit, um die Einhaltung des Corporate Designs zu überprüfen und die Qualität des Internetauftritts der Firma zu sichern.

Verlinkung im Internet

Ein ganz wichtiger Punkt ist ebenfalls, dass die Verlinkung der Homepage innerhalb des Internets so günstig wie möglich erfolgt. Denn auch im Internet führen bekanntlich viele Wege zu einer einzigen Homepage. Und auf je mehr Wegen man direkt zu Ihrem Unternehmen gelangt, umso besser für den Werbezweck und die Informationsweitergabe.

Zunächst einmal sollten Sie über günstige Suchbegriffe in Suchmaschinen vertreten sein. Das heißt, wann immer jemand ein von Ihnen hergestelltes oder vertriebenes Produkt oder eine Dienstleistung als Suchwort eingibt, sollte Ihre Firma auf der ersten Seite der ausgeworfenen Ergebnisse zu finden sein. Dies sollte bei den wichtigsten Suchmaschinen im Internet sichergestellt werden.

Darüber hinaus können Sie sich bei anderen Firmen, Verbänden, kommunalen Homepages und den Suchmaschinen selbst als Link einpflegen lassen, das heißt, Ihr Logo erscheint auf der Homepage der eben genannten Institutionen, wo es angeklickt werden kann, sodass der Suchende wieder bei Ihrem Internetauftritt landet. Sinn und Zweck der Sache ist es, sich darüber ein breiteres Publikum zu sichern. Als Firmen kommen besonders Zulieferer oder Abnehmer Ihres Produkts infrage, weniger die Konkurrenz; Verbände nehmen die Interessen Ihrer Branche wahr und sind deswegen eine ideale Suchplattform, auf der Sie unbedingt vertreten sein sollten; auf der Homepage der Heimatstadt der Firma sollte das Logo vor allem zu finden sein, wenn es sich um ein Produkt oder eine Dienstleistung handelt, die vorwiegend im eigenen Umfeld vertrieben werden soll; und Suchmaschinen werden schließlich so häufig von diversen Zielgruppen benutzt, dass hier einfach das Gesetz der großen Zahl gilt, und man sich diese Chance nicht entgehen lassen sollte.

Klären kann man dann im Einzelfall immer, was sich anbietet: Kauft man sich den Link auf eine strategisch wichtige Internetseite? Oder macht man einen Tauschhandel, indem man den Link der anderen Seite bei sich auf die Homepage setzt?

Inhalte organisieren

Auch wenn bisher gelegentlich schon auf die inhaltlichen Schwerpunkte hingewiesen wurde, die denkbar und nötig sind, so ist den Inhalten doch noch einmal ein eigener Abschnitt gewidmet, da sie zu wichtig sind, um darauf zu vertrauen, dass sie sich schon irgendwie einstellen werden. Oftmals hängt eine erfolgreiche Umsetzung eines Internetauftritts auch daran, dass sich keiner für die Erstellung des Inhalts und die Redaktion verantwortlich fühlt. Und Technik ohne Inhalt funktioniert zwar, ist aber nutzlos.

Eine Redaktion bilden: Verantwortlichkeiten klären

Wie beim Intranet, so gilt es auch beim Internet, eine Redaktion zu bilden. Dies kann so angelegt sein, dass grundsätzlich jeder aus dem Unternehmen Beiträge oder Aktualisierungen zusenden kann, die Kontrolle und die tatsächliche Live-Schaltung aber dem verantwortlichen Redakteur aus dem Kommunikationsteam obliegt. Oder aber der Verantwortliche im Kommunikationsteam findet sein Team aus Mitgliedern verschiedener Fachbereiche zusammengesetzt, von denen regelmäßig Inhalte erbracht werden, die also in Absprache mit dem zentral Verantwortlichen für ihre jeweiligen Seiten selbst die Verantwortung tragen. Wichtig ist, dass jeder im Team seine Verantwortlichkeiten kennt und dazu verpflichtet ist, zu liefern. Die Gefahr ist nämlich groß, dass jeder nach der Live-Schaltung des Internetauftritts aufatmet und sich beruhigt zurücklehnt, als wäre das nun alles gewesen. Doch eigentlich fängt jetzt die Arbeit erst an, wenn man allmählich herausfindet, was gut und was eher schlechter funktioniert, an welchen Stellen mehr Informationsbedarf besteht, oder wo die Technik streikt.

Inhalte generieren und einstellen

Um, sobald die erste Struktur vorliegt und mit Inhalten gefüllt ist, einen optimalen Internetauftritt weiterzuentwickeln, müssen also die Verantwortlichkeiten für verschiedene Seiten geklärt werden. Vor allem aber sollten die Internetredakteure, ob sie nun zentral oder in verschiedensten Bereichen sitzen, immer am aktuellen Geschehen beteiligt werden, um rasch das, was in und um das Unternehmen passiert, mittels des Mediums Internet nach draußen transportieren zu können. Das kann ein Veranstaltungshinweis genauso sein wie die Beschreibung eines neuen Produkts oder das Profil einer neuen Führungskraft, um das Unternehmen auch nach außen als von Menschen, von Personen belebt darzustellen. Die Abwicklung von der Neuigkeit bis hin zu Text und Bild im Internet muss also so rasch erfolgen, dass Neuigkeiten auch wirklich noch Neuigkeiten sind.

Inhalte aktualisieren

Wichtig ist es besonders beim Medium Internet, immer an die Aktualität der Informationen zu denken. Im Gegensatz zu allen anderen

Medien erwarten die Besucher der Homepage akkurate Informationen und aktuell gültige Aussagen. Bedenken Sie stets: Sie haben nur eine Chance, einen potenziellen Kunden, Lieferanten oder Pressevertreter zu erreichen. Wenn die gewünschte Information nicht da ist, wo sie vermutet wird, machen sich nur die wenigsten die Mühe eines zweiten Versuchs. Veraltete Telefonnummern, falsche Ansprechpartner, nicht mehr vorrätige Produkte oder vier Monate alte Newsmeldungen sind nicht nur peinlich, sondern geschäftsschädigend. Deswegen gilt es, regelmäßige Kontrollen durchzuführen, ob die Aktualität gewährleistet ist. Dies sollte mit allen Redakteuren, die Zugriff auf das System haben, besprochen und ein Prinzip festgelegt werden, wie man sich dabei gegenseitig unter die Arme greifen kann, oder ob es eine Person geben soll, die als letzte Kontrollinstanz fungiert und nur zur Überprüfung der Inhalte herangezogen wird.

Inhalte von »Zulieferern« kontrollieren

Natürlich kann sich ein Internetredakteur nur in beschränktem Maße so in das Geschehen innerhalb der Firma einklinken, dass er jedes einzelne Wort als richtig oder falsch beurteilen kann. Leute aus Fachbereichen sind letzten Endes die, die die Inhalte bereitstellen müssen. Ohne sie ist der Redakteur machtlos; deswegen muss er oder sie sich ihrer Kooperation immer wieder neu versichern. Aber auch hier kann es zu Fehlern und Fehlinformationen kommen, da es in den Fachbereichen eben nicht als erste Priorität wahrgenommen wird, die Inhalte des Internets bis zur Perfektion zu gestaltet. Da ist dann die Eigenleistung des zuständigen Redakteurs gefragt, der durch geschicktes Nachfragen Mängel aufdecken kann und sich auch ständig wieder der Richtigkeit der Informationen versichern muss. Natürlich darf diese Absprache nicht allzu sehr auf Kosten der Geschwindigkeit gehen; doch im Einzelfall macht es durchaus Sinn, Informationen noch zurückzuhalten, wenn bereits ernsthafte Zweifel bestehen.

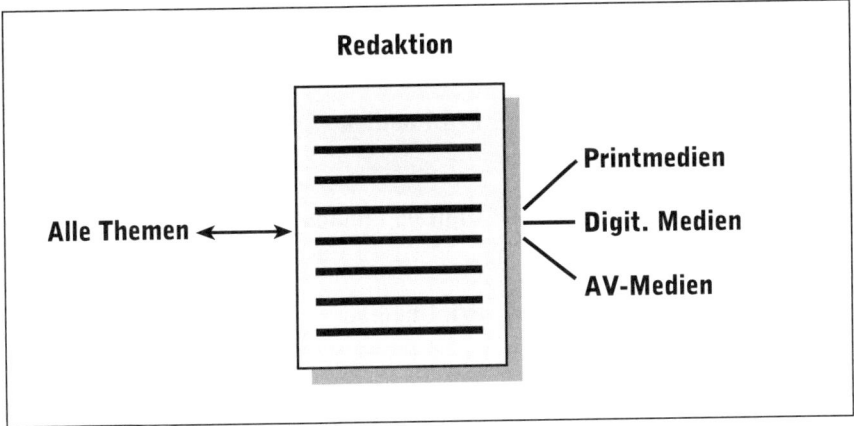

Abbildung 30: Informationsfluss einer Redaktion, zentral

Inhaltselemente festlegen

Inhaltliche Elemente gibt es unzählige, die je nach Art des Unternehmens Sinn oder Unsinn machen können. Schon bei der Navigationsleiste fängt es an, dass es hierfür verschiedenste Varianten gibt, und hört bei der Seitenfüllung selbst auf. Wichtig ist, dass die einmal bestimmte Struktur möglichst lange gültig bleiben kann; dass manchmal Rubriken dazukommen müssen, bleibt jedoch unvermeidlich.

Rubriken erstellen

Rubriken können Sie nur in enger Absprache mit den Abteilungen des Unternehmens bestimmen. Auch die Struktur innerhalb der Seiten muss auf denjenigen Fachbereich oder diejenige Personengruppe abgestimmt sein, die letztlich die Inhalte einstellen muss. Natürlich sollten Sie als Kommunikationsteam, sobald der Rahmen abgesteckt ist, mit Rat und Tat zur Seite stehen, damit die Einzelwünsche den Rahmen nicht sprengen. Bei der Erstellung der Rubriken bietet es sich dann auch gleichzeitig an, die Suche nach dauerhaft Verantwortlichen – entweder Redakteuren aus dem Fachbereich oder Inhaltslieferanten – zu starten. Nur die enge Kooperation mit den Fachbereichen und

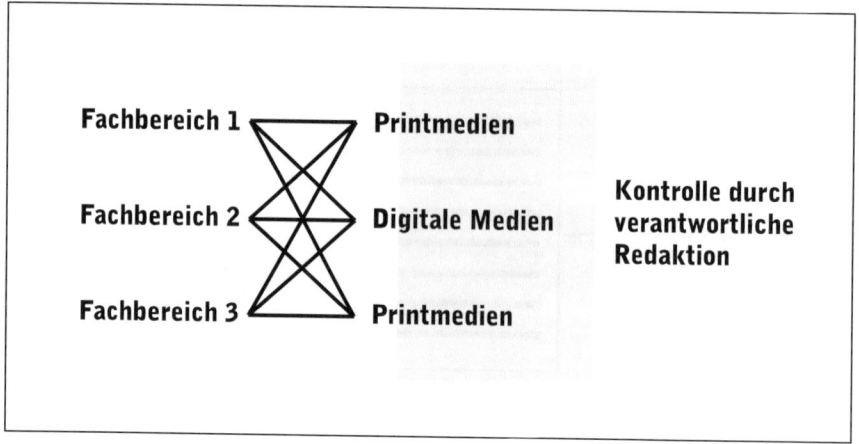

Abbildung 31: Informationsfluss einer Redaktion, dezentral

mit dem Management macht es langfristig möglich, die Rubriken und Seiten mit Leben zu füllen und Aktualität und Richtigkeit nebst Qualität zu sichern.

Wie bereits erläutert, gibt es je nach Unternehmen ganz unterschiedliche Möglichkeiten, sich per Internet zu präsentieren. Deswegen kann dies auch nur eine Auflistung von möglichen Rubriken werden, die für Ihre Firma vollständig, nur teilweise oder fast überhaupt nicht zutreffen mag.

Zunächst einmal ist es sehr wichtig, das Unternehmen als solches nach außen darzustellen. Diese Seiten heißen häufig »Wir über uns« oder »Unternehmensstruktur«. Dort findet der Leser dann sowohl Informationen über Standorte und das Management, aber auch die Wiedergabe des Images, also eine elektronische Version der Inhalte der Imagebroschüre. Unternehmensphilosophie und Zielvorgaben sollten hier nicht fehlen. Auch Angaben über die Struktur des Unternehmens, also ein Organigramm mit der Beschreibung einzelner Fachbereiche, sind denkbar.

Danach ist es sinnvoll, Produkte und Dienstleistungen des Unternehmens im Internet darzustellen. Dies kann sortiert nach Fachbereichen, nach Produktgruppen oder nach Dienstleistungszusammenhängen geschehen. Wichtig ist, dass es zunächst eine recht allgemeine

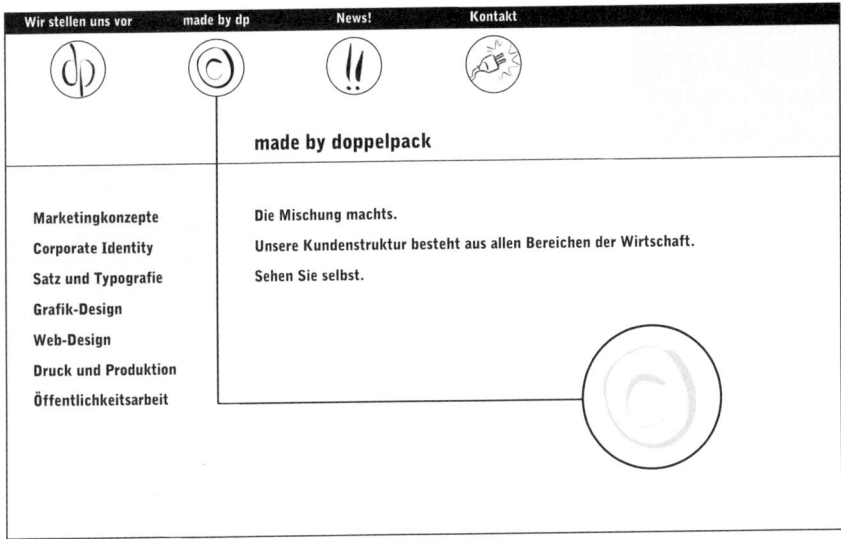

Abbildung 32: Gestaltungsbeispiel für die Angebotspalette
 einer Werbeagentur im Internet

Ebene gibt, wo der Besucher der Website einen Überblick über die Produkt- und Dienstleistungspalette bekommt, sich aber dann weiterklicken und in tiefere Ebenen der Produktdetailinformation oder der Dienstleistungsbeschreibungen vordringen kann. Dies kann schließlich so weit gehen, dass bei den heutigen Möglichkeiten des E-Business sogar Produkte direkt über das Internet ausgewählt und bestellt werden können. Die Abwicklung dieses Bestellverfahrens muss dann natürlich dem Fachbereich obliegen, da dies nicht mehr Aufgabe der Kommunikationsabteilung sein kann.

Im Anschluss sind Rubriken für einzelne Zielgruppen denkbar. Wenn die Presse beispielsweise gesondert angesprochen werden soll, kann man dies mit einer eigenen Rubrik durchaus tun. Dort würden sich dann vergangene und aktuelle Presseinformationen abrufen lassen. Es kann ebenso eine Pressemappe über das Unternehmen mit grundlegenden Informationen online zur Verfügung stehen. Natürlich darf es auch an Ansprechpartnern für verschiedenste Inhalte nicht fehlen, die von Presseleuten dann direkt kontaktiert werden können, falls der Bedarf nach mehr Information besteht. Eine weitere Zielgruppe sind Investoren, falls das Unternehmen mittels Geldeinlage von außen geführt wird und nicht ausschließlich im Privatbesitz liegt. Hier sollten aktuelle Kennzahlen zu finden sein, die den Investoren Aufschluss über die Umsatzlage, Produktfeldentwicklungen, neue Strategien und Gewinnerwartungen geben. Diese Rubrik dient selbstverständlich dazu, die Investoren »bei der Stange« zu halten, sollte aber dennoch keine Schönfärberei betreiben, sondern solide Auskunft über die Firma zur Verfügung stellen.

Zielgruppen, die eine eigene Rubrik »verdienen«, können aber auch Kunden sein, die in ähnlicher Weise und mit ähnlichen Zielen an das Unternehmen herantreten. Kundengruppen, bei denen immer wieder die gleichen Fragen gestellt werden, können getrost zusammengefasst behandelt werden. Auch hier ist es möglich, über eine Online-Bestellungsmöglichkeit nachzudenken. Was ebenfalls interessant sein könnte, ist die Möglichkeit, der Kundengruppe einen Austausch untereinander auf Ihrer Unternehmensseite mittels online geführter Chats zu ermöglichen. Nicht nur wirkt dies sehr offen und positiv auf die Mitglieder der Kundengruppe, die auch bei gleichgesinnten Partnern nach Erfahrungen mit den Produkten und Dienstleistungen Ihres Unternehmens fragen können. Vielmehr können Sie direkt Sorgen, Nöte oder Beschwerden von Kunden von dieser Seite des Meinungsaustauschs abgreifen, wenn Sie sich innerhalb dieses Chatforums bewegen, um schnell auf mögliche Unruhen oder Krisen reagieren zu können. Allerdings kostet die Betreuung eines solchen Online-Forums viel Zeit; und ohne Betreuung mit nur gelegentlicher Einsichtnahme verfehlt ein solches seinen Sinn völlig.

All die bisher genannten Rubriken sind von großer Dauer, da hier im Zweifelsfall nur einzelne Elemente ausgetauscht werden müssen. Das Image eines Unternehmens hätte offensichtlich seinen Zweck verfehlt, wenn es austauschbar und nur begrenzt gültig wäre. Auch die Organisationsstruktur sollte sich schon im Eigeninteresse der Firma nur langfristig und mit Übergangszeiten ändern, um interne Abläufe aufbauen zu können. Und die Seiten für die Presse und Investoren erhalten höchstens zusätzliches Material, wenn etwa neue Pressemitteilungen herausgehen oder der neue Geschäftsbericht vorliegt. Dies macht jedoch das Herkömmliche in keiner Weise obsolet, sondern ermöglicht eher eine Recherche nach Vergleichszahlen, die den Lesern nicht vorenthalten werden sollten (außer natürlich, es macht aus unternehmerischer Perspektive Sinn).

Nun sind aber auch Rubriken denkbar, die eine ständige Überarbeitung verlangen und somit mehr Arbeit verursachen. Genau die sind es, die eine Unternehmenspräsentation im Internet beleben und dem Publikum zeigen, dass die Homepage sich nicht selbst überlassen bleibt, sondern kontinuierlich überarbeitet wird und auch für einige Überraschungen gut ist. Deswegen sollte ein News-Teil niemals fehlen, in dem sowohl neueste Presseartikel, aber auch neue Produkte, Informationen über Umstrukturierungen, neue Führungskräfte und aktuelle Geschäftszahlen eingesehen werden können. Dies ist sozusagen eine Auswahl aus allen anderen Seiten der Homepage, die für besonders relevant erachtet wird, die aber täglich wechseln kann. Auch Hinweise auf Veranstaltungen, die das Unternehmen selbst ausrichtet oder an denen es teilnimmt, videogestützte Berichte oder Reden von Unternehmensmitgliedern und dem Vorstand können hier eingepflegt werden.

Nicht zuletzt lassen sich auch Stellenangebote über das Internet ausschreiben; auch hier ist wieder eine Online-Bewerbungsmöglichkeit einbaufähig, was in enger Absprache mit der Personalabteilung erfolgen muss, die sich um den Eingang kümmern muss.

Optimal wäre es darüber hinaus, für jeden Seiteninhalt einen Ansprechpartner benennen zu können, der mit E-Mail-Adresse und Telefonnummer, wenn nicht sogar namentlich dem Leser der jeweiligen Seiten zur Verfügung steht. Hierbei sollte jedoch bedacht werden, dass Ansprechpartner rund um die Uhr zugänglich sein sollten, dass also im Internet stehende Nummern zur Not an eine Zentrale umgeleitet werden müssen, damit im Urlaubs- oder Krankheitsfall kein Anrufer den Eindruck hat, die Nummer stimme nicht oder es gehe einfach keiner ans Telefon.

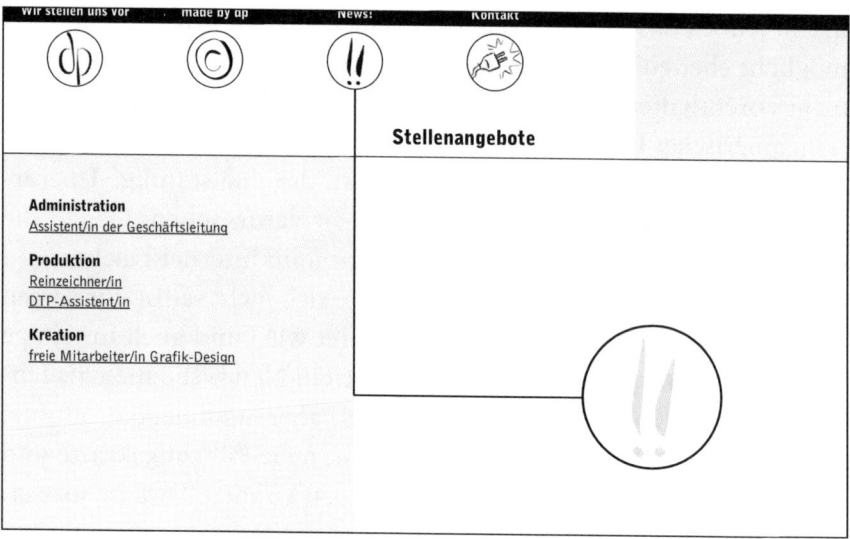

Abbildung 33: Gestaltungsbeispiel für aktuelle Stellenangebote
einer Werbeagentur im Internet

Funktionalitäten ermöglichen

Neben der reinen Informationswiedergabe über das Unternehmen
können jedoch auch Funktionalitäten in die Seite eingebaut werden,
die einen viel interaktiveren Umgang von Unternehmen mit den Kunden, den Lieferanten, den Interessenten, den Investoren, der Presse
oder Arbeitsuchenden möglich machen. Beispiele hierfür sind oben
schon angeführt worden wie etwa das Chatforum für Kunden oder die
Online-Bestellmöglichkeit auf den Produkt- und Kundengruppensei-
ten. Es gibt darüber hinaus aber noch andere Dinge, die grundsätzlich
auf jeder Seite eingebaut werden können und die bei der Gestaltung
und der technischen Umsetzung der Seite bedacht werden sollten.

Feedback-Möglichkeiten zur Redaktion

Wie bereits angedeutet, wirkt eine Seite umso seriöser und kunden-
freundlicher, wenn Inhalte nicht nur eingestellt und damit einfach be-

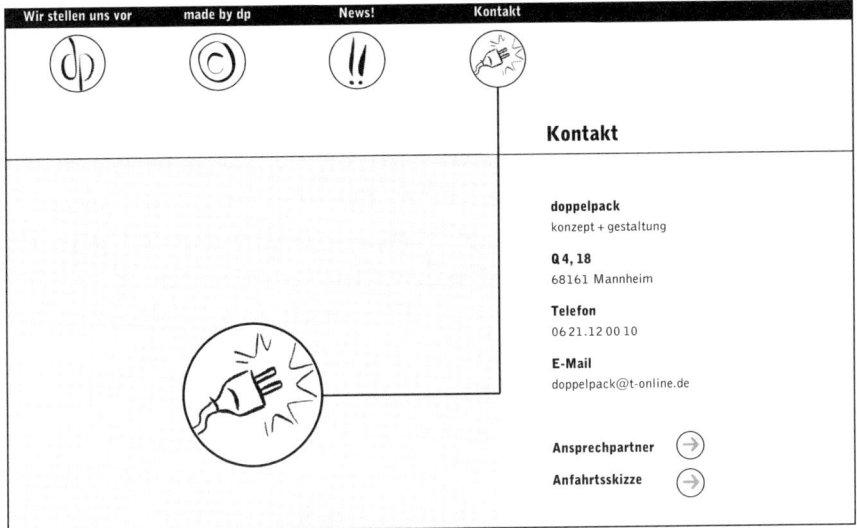

Abbildung 34: Gestaltungsbeispiel für die »Kontaktseite«
einer Werbeagentur im Internet

hauptet werden, sondern wenn diese Inhalte personalisiert, das heißt
mit Ansprechpartnern versehen werden. Dies kann von der Telefonnummer des Produktmanagers über ein Online-Feedback in den
Fachbereich bis hin zum allgemeinen Kontakt mit der Redaktion reichen. Wichtig ist bei allen Möglichkeiten des Kontakts, dass auf Unternehmensseite wirklich jemand reagiert. Telefonnummern dürfen
niemals ins Leere führen, und auf Online-Kontakt hin muss zumindest automatisch eine Eingangsbestätigung erfolgen, selbst wenn die
Bearbeitung einige Zeit in Anspruch nehmen kann. Hierfür muss vorher geklärt werden, wer welche Anfragen bearbeitet. Bei einem allgemeinen Feedback, das in der Gesamtredaktion, also in der Kommunikationsabteilung, anlangt, muss sich also jemand damit beschäftigen,
den aktuellen Ansprechpartner in der Firma zu suchen, die Anfrage
oder den Kommentar weiterzuleiten und eine Beantwortung sicherzustellen.

Beschwerdemanagement

Um wirklich wichtige Kommentare oder sogar Beschwerden von Besuchern der Seite nicht ungelesen zu lassen, ist ein auf jeder Seite anklickbarer Beschwerde-Briefkasten denkbar. Die Beschwerden können dann allerdings von Kommentaren über die Seitengestaltung bis hin zu Produktmängeln reichen, sodass auf der Seite des Unternehmens diese Beschwerdepunkte weitergereicht werden müssen. Ganz wichtig sind auch Hinweise auf nicht funktionierende Seiten. Um die Kunden zu ermuntern, sich inhaltlich zu äußern, sind auf jeder Seite ein Fragekasten »Wie hat Ihnen der Inhalt dieser Seite gefallen?« oder »Haben Sie bereits Erfahrungen mit unserem Produkt/unserer Dienstleistung gemacht?« möglich. Allerdings ist dies nur sinnvoll, wenn mit den Kommentaren der Kunden wirklich Geld zu verdienen ist, das heißt Mängel frühzeitig erkannt werden müssen, um in der Produktion rechtzeitig reagieren zu können. Bei Massenprodukten, bei denen gelegentliche Fehler einkalkuliert sind, macht es kaum Sinn, ein solches Beschwerdemanagement zu führen. Bei Einzeldienstleistungen oder auf Kundenwunsch hin angefertigten Produkten ist dies schon eher denkbar, kann aber auch völlig dem jeweiligen Kundenbetreuer überlassen bleiben, wenn ein Online-Beschwerdemanagement den Aufwand nicht rechtfertigt.

Diskussionsforen und Chatrooms

Die Möglichkeit, den Besuchern der Seite untereinander online einen Austausch zu ermöglichen, wurde bereits angesprochen. Dies muss sich jedoch nicht nur auf spezifische Kundengruppen beziehen, sondern kann grundsätzlich allen Besuchern der Seite offen stehen, die sich für das Unternehmen, seine Produkte und Dienstleistungen sowie die Arbeitsmöglichkeiten dort interessieren. Wichtig ist es, diese Online-Foren nicht sich selbst zu überlassen, sondern von sich aus Anstöße zu geben, Inhalte abzugreifen und intern weiterzugeben, um auf Eindrücke und Vorschläge, aber auch Bedürfnisse von außen schnell reagieren zu können. Allerdings sollte auch der Zeitaufwand hierfür nicht unterschätzt werden.

Befragungen per Internet

Unternehmen und ihre Umsätze sind zu einem großen Teil von der Zufriedenheit der Kunden mit dem gekauften Produkt oder der bezogenen Dienstleistung abhängig. Deswegen sind gelegentliche Befragungen zu dem Service des Unternehmens, aber auch zu den Produkten und Dienstleistungen selbst angebracht, um einerseits die Kundenbindung mit diesem Interesse an deren Meinung zu erhöhen, andererseits aber auch wieder mögliche Mängel frühzeitig erfassen und ausgleichen zu können. Für eine Online-Befragung gibt es bereits vorgefertigte Instrumente, die zu kaufen sind; natürlich können Sie sich auch ein eigens für das Unternehmen erstelltes Instrument programmieren lassen. Die Startseite der Befragung kann nun auf verschiedenen Seiten des Internetauftritts verankert werden; dies ist abhängig von den Zielgruppen der Befragung. Die Verbindung zu der Umfrageseite kann jedoch auch per E-Mail gezielt verschickt werden, bespielsweise vierteljährlich an alle Kunden, um Veränderungen im Zufriedenheitsgrad messen zu können.

Wichtig ist, dass die Auswertung schonungslos betrieben wird, um damit dem Unternehmen wirklich die Chance zu geben, Verbesserungen vorzunehmen, selbst wenn das zulasten einzelner Fachbereiche oder sogar Mitarbeiter gehen sollte, die eben ihren Teil der Aufgabe nicht optimal erfüllt haben. Je besser die Ergebnisse der Auswertung, desto eher ist es möglich, diese auch wieder online offiziell zu machen. Jedoch sollten die Zahlen hierfür nicht zu rosig aussehen; das wirkt leicht verfälscht und könnte Zweifel an der Authentizität der Befragungsergebnisse aufkommen lassen.

Verwaltung und Organisation des Internet-Feedbacks

Was frühzeitig berücksichtigt werden muss, ist die klare Aufgabenzu-weisung, was das Feedback von außen betrifft. Es gibt nichts Peinli-cheres für ein Unternehmen als das Angebot an potenzielle Kunden, online Fragen zu stellen oder einen fachlichen Ansprechpartner zu kontaktieren, und dies wird dann nicht in die Tat umgesetzt. Wer für welchen Anfragenbereich aus dem Internet zuständig ist, sollte klar umrissen werden. Selbst wenn es nur darum geht, Anfragen weiterzu-leiten und die Abwicklung zu kontrollieren, muss dies organisiert werden. Es wäre ein großer Fehler, davon auszugehen, dies würde sich nebenher abwickeln lassen. Die Organisation des Feedbacks ist jedoch genauso ernst oder fast noch ernster zu nehmen als der Auf-bau der Homepage als solcher. Vor allem Schnelligkeit ist hier gefragt, und eine Antwort oder zumindest die erste Rückmeldung bezüglich Weiterleitung oder Benennung des richtigen Ansprechpartners sollte nicht länger als 48 Stunden in Anspruch nehmen.

Permission-Marketing

Besonders im Internet setzt sich Permission-Marketing – Werbung, zu welcher der Empfänger ausdrücklich seine Erlaubnis gibt – durch. Das geschieht aus gutem Grund, denn gerade das ungefragte Versenden von Werbesendungen und E-Mails stößt auf Unbehagen, wirkt unseriös, und die positive Resonanz hält sich in Grenzen.

Auf einer Antwortkarte, auf Printprodukten oder einem entspre-chenden Formular per E-Mail kann der Interessent entscheiden, ob er regelmäßig informiert werden möchte oder zum Beispiel einen News-letter erhalten will. Entscheidet man sich für diese Werbeform, sollte man nicht vergessen, Verantwortliche für die Datenpflege zu bestellen.

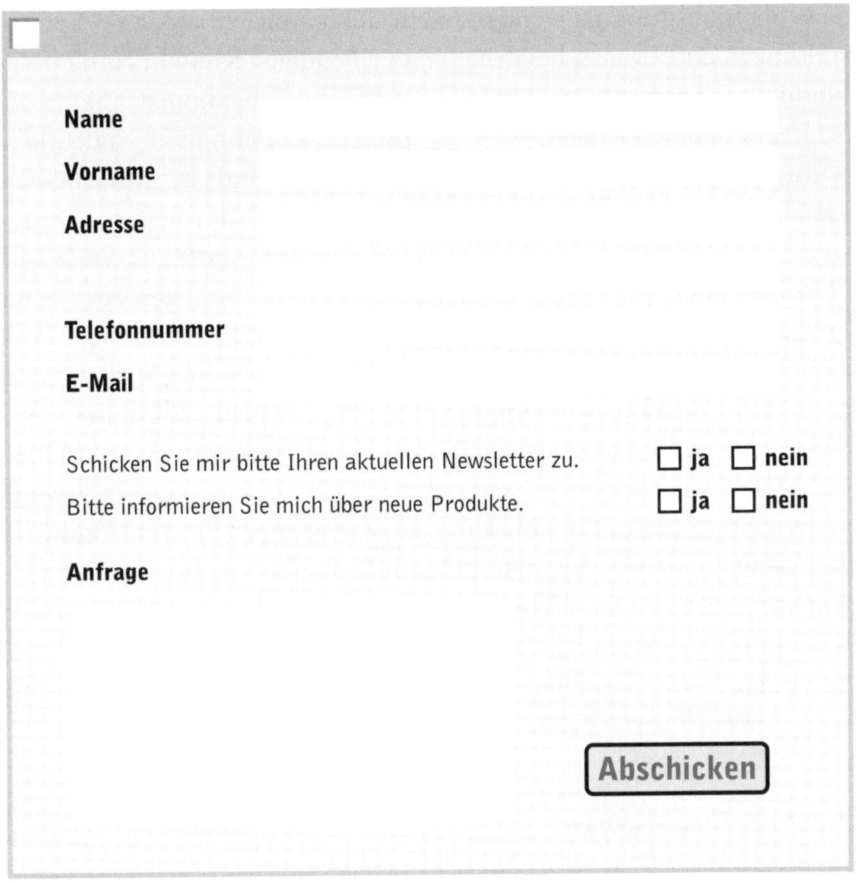
Name

Vorname

Adresse

Telefonnummer

E-Mail

Schicken Sie mir bitte Ihren aktuellen Newsletter zu. ☐ **ja** ☐ **nein**

Bitte informieren Sie mich über neue Produkte. ☐ **ja** ☐ **nein**

Anfrage

Abschicken

Abbildung 35: Beispiel für ein Antwortformular im Internet

Veranstaltungen als Präsentationsplattform eines Unternehmens

Events

Obwohl wir heute in einer Zeit leben, in der man mit elektronischen Medien eine ungeheure Breitenwirkung erzielen kann und es als fast verschwendete Mühe scheint, sich überhaupt noch direkt an das eigene Zielpublikum zu wenden, steht doch außer Frage, dass Veranstaltungen und Events, bei denen man lebendigen Kontakt zum Publikum herstellen kann, nach wie vor maßgeblich bei kommunikativen Strategien sind. Wie bereits bei der internen Kommunikation deutlich wurde, wo die physische Anwesenheit des Vorstands bei Mitarbeiterveranstaltungen die Wichtigkeit jedes einzelnen Mitarbeiters herausstellen soll, so ist dies in der Außenwirkung keinesfalls anders. Wenn es um wirklich wichtige Entscheidungen, Veränderungen oder neue Produkte geht, die vorgestellt werden sollen, ist die persönliche Ansprache in größeren oder kleineren Gruppen fast unumgänglich. Von der Aktionärshauptversammlung bis hin zum produktbezogenen Workshop ist hier alles denkbar, wenn deutlich wird, dass ein Flyer im Briefkasten oder die Zusendung des Geschäftsberichts per E-Mail nicht ausreichen, um die Bindung der Zielgruppen an das Unternehmen sicherzustellen. Veranstaltungen bedeuten unendlich viel mehr Aufwand, Kosten und Vorbereitung als jedes andere Medium der Kommunikation; und dies ist auch den Teilnehmern klar, die sich durch das in ihre Teilnahme investierte Geld zu Recht als wichtig und vom Unternehmen geschätzt begreifen sollen.

Zielgruppen bestimmen

Veranstaltungen mit einem Teilnehmerkreis außerhalb des eigenen Hauses lassen sich ganz verschieden bestimmen. Entscheidend ist der Zielgruppenkreis. Nur bei einer klar definierten Zielgruppe pro Veranstaltung kann der Inhalt so abgestimmt werden, dass er weder zu komplex noch zu oberflächlich für die Teilnehmer ist. Gemischte Zielgruppen sind ungleich schwerer zufrieden zu stellen, auch wenn sie sich manchmal nicht vermeiden lassen.

Zunächst sind Events für Kunden denkbar, wenn beispielsweise eine neue Serviceleistung angeboten wird. Alle Kunden, die bereits in Beziehung zum Unternehmen stehen, könnten in kleinen Workshops auf die Weiterentwicklungen beziehungsweise neue, im gleichen Bereich relevante Produkte hingewiesen werden. Wichtig ist hier, eine Atmosphäre zu schaffen, in der Fragen gestellt werden können; denn nur durch Interaktivität, das heißt dem Einbeziehen der Kunden in das Gespräch, erreicht man es, wirkliche Auseinandersetzung mit dem neuen Produkt zu garantieren. Das bedeutet aber auch, dass die Gruppengröße nicht ausufern darf. Gezielte Ansprache und persönliches Gespräch mit jedem Einzelnen sind nur in kleineren Gremien möglich. Für die Organisation bedeutet dies, dass solch ein Event von verschiedenen Mitarbeitern des Fachbereichs angeboten werden muss, die eine gemeinsam ausgearbeitete Version des Vortrags und der Fragerunde individuell umsetzen müssen, um trotz der geringen Gruppengröße eine ausreichende Anzahl an Zuhörern mit einbeziehen zu können.

Investoren, Shareholder, sind wiederum eine ganz eigene Klientel. Oftmals ist die Hauptversammlung der Aktionäre bei großen Unternehmen die einzige Veranstaltung im Jahr, bei der wirklich alle Investoren eingeladen sind. Bei kleineren Unternehmen, wo die Bindung an die Geldgeber viel stärker ist oder diese sogar regelmäßig Mitspracherecht in Anspruch nehmen können, sind häufigere Veranstaltungen denkbar, um die neuesten Entwicklungen und die Geschäftszahlen der Firma vorzustellen und zu diskutieren. Gerade Aktionärsversammlungen sind ein ungeheurer Aufwand für die Veranstalter, aber absolut notwendiges Mittel, um auch bei internationalen Großkonzernen die Bindung der Investoren an den Konzern oder das Unternehmen zu garantieren. In einer Zeit, in der die Marktkapitalisierung eines Unternehmens fast wichtiger wird als alles andere, lässt sich diese Personalisierung der anonymen Investoren nicht umgehen.

Weitere Zielgruppen können beispielsweise Entscheidungsträger in Politik, Wirtschaft und Gesellschaft sein, die in verschiedenen Formen Einfluss auf die zukünftige Orientierung der Unternehmensstrategie nehmen können. Politische Persönlichkeiten spielen beispielsweise bei baulichen Veränderungen eines Werksstandorts eine entscheidende Rolle. Unternimmt man frühzeitig den Versuch, diese Gruppen über anstehende Maßnahmen zu informieren, läuft man weniger Gefahr, auf plötzlich auftretende Hindernisse zu stoßen. Wichtig ist dabei, nicht irgendwen aus der Firma zu diesen Runden zu schicken, sondern wirklich ein Gespräch zwischen dem Management und

den Entscheidungsträgern in Politik, Wirtschaft und Gesellschaft anzustreben. Zu diesen Entscheidungsträgern zählt letztlich auch die
Presse, da Journalisten und Redakteure durch positive oder negative
Grundtendenz zu einer aktuellen Veränderung aus dem Unternehmen
heraus Stellung beziehen und durchaus alle anderen vorher genannten Gruppen beeinflussen können. (Im später folgenden Abschnitt
zum Umgang mit der Presse soll das noch im Einzelnen erläutert werden.)

Nicht zuletzt richten sich Veranstaltungen auch an die Öffentlichkeit als ganze. Der Tag der offenen Tür an einem Unternehmensstand-
ort ist nur ein Beispiel, wie man die Bindung des gesellschaftlichen
Umfelds und das Verständnis der Öffentlichkeit für die Firma erhöhen kann. Dies fängt bei Führungen für Schulklassen durch interessante Bereiche des Unternehmens an und hört bei Vorträgen oder anderen Events für die Allgemeinheit auf. Denkbar ist hier vieles; Sinn
und Zweck ist das Wachsen des Verständnisses für die Aufgabenstel-
lung und die Produkte des Unternehmens. Dieses bleibt dann mit grö-
ßerer Wahrscheinlichkeit auch in problematischen Zeiten, wenn beispielsweise Entlassungen vorgenommen werden müssen oder Unfälle
im Werk passieren, erhalten. Um die soziale Verantwortung eines Unternehmens zu betonen, gibt es auch noch zahlreiche andere Aktivitäten, an denen eine Firma sich beteiligen kann, von Sponsoring über
Bildungsaktivitäten bis hin zum wohlfahrtlichen Engagement.

Veränderungsprozesse im Unternehmen nach außen dokumentieren

Ganz wichtig ist das persönliche Auftreten von Unternehmensmitgliedern in Veranstaltungen bei Veränderungsprozessen, die das Unternehmen bereits vollzogen, begonnen oder aber nur geplant hat. Wenn
diese Veränderungsprozesse nachhaltig das Umfeld des Unternehmens beeinflussen, zum Beispiel durch Entlassungen, kann nicht früh
genug damit begonnen werden, nach außen hin die Gründe für und
das Umgehen mit dieser Umstrukturierung zu dokumentieren. Derartige Vorträge oder Diskussionsrunden richten sich deshalb an alle zuvor genannten Zielgruppen, um für Verständnis zu werben. Aber Ver-

änderungsprozesse müssen ja nicht unbedingt negativer Art sein. Die
Neuentwicklung der Unternehmensstrategie ist genauso mitteilungs-
bedürftig; und je größer die Umorientierung des Unternehmens ist,
desto eher lohnt es sich, daraus ein wirkliches Ereignis zu machen.
Kunden und Aktionäre müssen über neue Modalitäten der Geschäfts-
abwicklung unbedingt informiert werden; aber auch die Presse und
Entscheidungsträger sollten direkt informiert werden, um negative
nachträgliche Auslegungen zu vermeiden. Wichtig ist, dass bei ein-
schneidenden Maßnahmen immer das Management spricht und man
dies nicht einem Mitarbeiter überlässt, auch wenn dieser vielleicht inhaltlich viel mehr an den Veränderungen beteiligt oder darin sogar fe-
derführend war.

Bereiche stellen sich vor: Veranstaltungen zu Produkten und Serviceangeboten

Wie bereits kurz angesprochen, bedarf es auch einer persönlichen
Note, wenn neue Produkte auf den Markt kommen sollen, vor allem wenn diese eng mit bereits bestehenden Produkten oder Dienstleistungen verknüpft sind. Die potenziell größte Kundschaft findet
sich immer in der Gruppe derjenigen, die bereits mit dem Unternehmen in Kontakt gekommen sind und mit dem Service zufrieden waren. Bei solchen Kunden, Großabnehmern oder Zwischenhändlern
lohnt sich der Aufwand einer persönlichen Ansprache, um an vorherige Produkte anzuknüpfen. Gruppengrößen spielen hier eine entscheidende Rolle. Ebenfalls sollte klar sein, dass mit dem Besuch einer solchen Veranstaltung zwar das Interesse der Teilnehmer
dokumentiert wird, eine solche allein jedoch nicht ausreichen kann.
Printmaterialien zu den neuen Produkten sollten vorhanden sein, die
entweder gleich verteilt werden oder auf Anfrage zugeschickt werden. Und das Nachfassen bei einer solchen Aktion, entweder per Telefon oder online, sollte nicht vergessen werden. Die Veranstaltung
selbst ist hier also nur der Anstoß für neue Geschäftsanbahnung,
durch die der Kunde seine Wertschätzung erfährt, aber keinesfalls
ausreichend.

Das Event organisieren

Um wirklich Raum für die Inhalte schaffen zu können, muss das Event oder die Veranstaltung selbst so reibungslos ablaufen, dass die Konzentration durch nichts abgelenkt wird. Ausfallende Beamer, zu wenig Essen oder unzulängliche Bestuhlung sind Dinge, die von dem Eigentlichen ablenken und deswegen nicht passieren dürfen.

Die Location buchen

Dies geht bei der Auswahl des Veranstaltungsorts los. Dieser sollte so gewählt werden, dass er die Zielgruppe zum einen anspricht, zum anderen aber auch so gut zu erreichen ist, dass der Zeitaufwand den Nutzen aufwiegt. Bei einem Vortrag im kleinsten Kreis mit wichtigen Persönlichkeiten aus dem Umfeld, seien dies nun Geschäftsführer relevanter anderer Firmen oder politische Größen, sollte der Ort exklusiv gewählt werden. Hier etwas Besonderes zu wählen bedeutet, der Wertschätzung für das Erscheinen der Personen Ausdruck zu verleihen. Ganz anders ist es bei einer Aktionärsversammlung, wo der Raum groß genug sein muss, um allen Platz einzuräumen. Wichtig ist also, sich zunächst über die Größenordnung der Veranstaltung klar zu werden und davon ausgehend den Raum rechtzeitig zu buchen. Schließlich gilt es dann noch, sich über die Art der Bestuhlung beziehungsweise Tischgrößen und Dekoration einig zu werden. Über längere Zeiträume hinweg empfiehlt sich eine Liste der für verschiedenste Anlässe geeigneten Orte, an die man bei guten Erfahrungen immer wieder zurückkehren kann.

Das Catering

Die Wahl des Essens sollte keinesfalls unterschätzt werden. Obwohl eigentlich Nebensache, fallen hier negative Eindrücke unangenehm auf und stören womöglich die Atmosphäre erheblich. Je exklusiver der Zirkel der Teilnehmer, desto anspruchsvoller sollte auch die Küche sein. Das heißt aber nun nicht, dass bei einer großen Versammlung von Investoren oder Kunden nur billiges Fingerfood gereicht werden soll. Gerade durch das Kostensparen an dieser Stelle können sich Aktionäre weniger wertgeschätzt fühlen, was die allgemeine Stimmung sehr beeinflussen kann. Eigentlich ist das Catering dann gelungen, wenn sich niemand darüber äußert, es also genau dem erwarteten Standard entsprochen hat. Erfahrene Serviceanbieter im Bereich Catering wissen darüber jedoch genau Bescheid und können Ihnen mit Rat und Tat zur Seite stehen.

Technische Ausstattung

Bevor ein Raum tatsächlich gemietet wird, sollte unbedingt geklärt sein, ob er alle technischen Möglichkeiten zulässt, die während der Veranstaltung gebraucht werden könnten, oder ob man zumindest von außerhalb Zusatzgeräte mitbringen und anschließen kann. Dies kann von einer funktionierenden Mikrofonanlage über einen Beamer bis hin zu Lichteffekten reichen, falls diese benötigt werden. Technik ist auch immer ein Kostenpunkt, der leicht unterschätzt wird.

Die Inhalte organisieren

Ablaufplanung

Zusammen mit den inhaltlich Verantwortlichen aus dem Fachbereich oder dem Management selbst muss ein Ablaufplan festgelegt werden, der nicht nur die Programmpunkte, sondern auch alles, was hinter den Kulissen ablaufen muss, erfasst. Erst wenn die Form der Veranstaltung so weit festgelegt ist, lässt dies wiederum Rückschlüsse auf die benötigte Technik oder auch die Art der Bestuhlung zu, die ja das Publikum zum Bestandteil der Diskussion, aber eben auch zur bloßen Zuhörerschaft bestimmen kann. Jede Kleinigkeit sollte in der Ablaufplanung berücksichtigt werden, vom Aufbau der Technik bis hin zum Servieren des Mittag- oder Abendessens, falls denn ein solches geplant ist.

Referenten bestimmen und einladen

Bei wichtigen Veranstaltungen, die die Anwesenheit einer bestimmten Person erfordern, sollte der Termin frühzeitig bekannt sein und die Referenten um verbindliche Zusage gebeten werden. Sind die Vortragenden aus der eigenen Firma, ist dies wahrscheinlich einfacher als bei externen Referenten. Auch wenn Grußworte des Managements erforderlich sind oder Sie sich den Bürgermeister als Mitveranstalter wünschen, muss dies frühzeitig berücksichtigt werden. Mit den Referenten gemeinsam muss dann auch der inhaltliche Ablauf besprochen werden, auch wenn die Inhalte selbst oftmals von anderen Stellen ausgearbeitet werden. Am besten ist es, Referenten, inhaltliche Organisatoren und die Veranstaltungsmanager selbst sitzen so früh wie möglich an einem Tisch, um alle Eventualitäten und Einzelwünsche berücksichtigen zu können.

Einladungsmanagement

Sobald Datum, Ort und Referenten der Veranstaltung bestimmt sind und bereits grundsätzlich klar ist, an wen sich die Veranstaltung richten soll, geht es jetzt daran, diese Zielgruppe zur Teilnahme zu bewegen. Dies ist eine der größten Hürden, wenn es nicht gelingt, das Eigeninteresse der Teilnehmer in den Vordergrund zu stellen. Deshalb ist auch immer mit einer deutlich geringeren Teilnehmerzahl zu rechnen, wenn man diese mit den ursprünglich versandten Einladungen vergleicht.

Einladungskarten versenden

Bei wichtigen Veranstaltungen bietet es sich nach wie vor an, schriftliche Einladungen zu versenden. Bei Veranstaltungen der Kundenakquisition, wo das Eigeninteresse der potenziellen Kunden diesen noch nicht so deutlich ist, bieten sich zusätzlich Telefonanrufe oder E-Mails an, um gezielt auf die Veranstaltung hinzuweisen und nachzufragen, wer im Hause denn noch Interesse haben könnte, wenn der oder die Angeschriebene selbst schon nicht teilnehmen möchte.

Einladungskarten sollten deutlich auf den Zweck der Veranstaltung hinweisen, das Logo des Unternehmens zur Schau stellen und eine Rückantwort erforderlich machen.

Beim Versenden selbst sollte sorgfältig nach der Zielgruppe recherchiert werden. Jemanden zu vergessen ist meist sehr unangenehm, gerade wenn es sich um Veranstaltungen handelt, die den Bereich Politik oder wirtschaftliche Interessengruppen als Teilnehmerkreis mit einschließen. Sicherlich hat die Firma schon Adressdatensätze, auf die zurückgegriffen werden kann; jedoch sollten diese stets aktualisiert und ergänzt werden.

Rückantworten kontrollieren

Zu einem umfassenden Eventmanagement gehört es auch, Rückantworten zu kontrollieren, um bei zu wenigen Anmeldungen nochmals eine zweite Welle an Einladungen aussenden zu können. Bei manchen Veranstaltungen kann es auch ratsam sein, eine Tischordnung vorzugeben, besonders wenn man sich selbst unter die Gäste mischen möchte, um Kontakte zu knüpfen und Visitenkarten zu tauschen. Au-

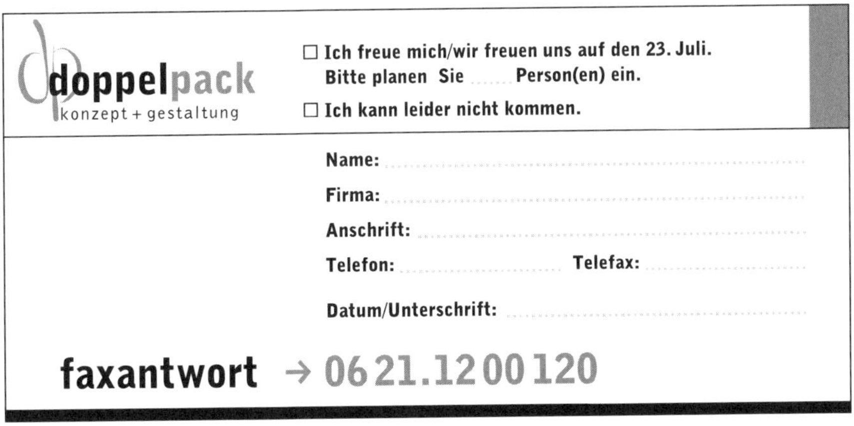

doppelpack
konzept + gestaltung

☐ Ich freue mich/wir freuen uns auf den 23. Juli.
Bitte planen Sie .... Person(en) ein.
☐ Ich kann leider nicht kommen.

Name: ....
Firma: ....
Anschrift: ....
Telefon: .... Telefax: ....
Datum/Unterschrift: ....

faxantwort → 06 21.12 00 120

Abbildung 36: Gestaltungsbeispiel für die Rückantwort einer
Einladung per Fax

ßerdem erleichtert die Erstellung von Teilnehmerlisten es ungemein, auf den persönlichen Bedarf der Teilnehmer zugeschnittene Informationspakete zusammenzustellen, die schon vor der Veranstaltung präpariert und dann direkt danach ausgegeben werden können. Interessant kann es auch sein zu beobachten, dass vielleicht nicht der Angeschriebene selbst erscheinen möchte, die Einladung aber an eine wichtige Person derselben Firma, derselben Verwaltungseinrichtung oder der gleichen Redaktion weitergegeben hat, die dann in Zukunft zusätzlich persönlich angeschrieben werden kann.

Fernsehen, Radio und Kino

Die audiovisuellen Medien beherrschen neben den elektronischen unser Denken ganz entscheidend. Auch wenn die Ausstrahlung von Spots über das Unternehmen ganz entschieden in Richtung Werbung geht, soll hier nichtsdestotrotz auf die Möglichkeiten dieser Medien hingewiesen werden. Letztlich sind Sendeanstalten auch hervorragende Kooperationspartner, wenn es um die Ausschreibung von Preisen oder Gewinnspielen geht, um auf das Unternehmen aufmerksam zu machen.

Die geeigneten Sender

Zunächst einmal ist es sehr wichtig, selbst zu entscheiden, mit welchen Sendern man sich eine Kooperation vorstellen kann. Möglichkeiten gibt es ungezählte, vom Klassikradio bis hin zum Rockkanal, von der Nachrichtensendung bis hin zur Dauerwerbesendung. Wichtig ist es, dass das Image des Senders mit dem gewünschten Image des eigenen Unternehmens übereinstimmt. Danach geht es daran, Kooperationsmöglichkeiten mit den Sendeanstalten auszuloten, das heißt entweder Werbezeit kaufen und Spots dafür produzieren oder sich als Interviewpartner in einem redaktionellen Beitrag zur Verfügung zu stellen.

Sender und Zielgruppen

Bestimmte Sender sprechen bestimmte Zielgruppen an. Dies hat viel
mit der Imagepflege des Senders zu tun. Sie sollten ein höchstmögli-
ches Maß an Übereinstimmung von eigenen Zielgruppen mit denen
des Senders feststellen, bevor es an die Umsetzung der Kooperation
geht. Darüber geben Hörer- beziehungsweise Zuschauerstatistiken
Auskunft.

Sender der Zielgruppen herausfinden

Die umgekehrte Variante ist natürlich ebenfalls möglich. Wenn Sie als
Unternehmen eine klar definierte Zielgruppe im Auge haben, die angesprochen werden soll, sollten Sie die Hauptsendeanstalten herausfinden, die diese Zielgruppe hört oder sieht, um die Beiträge beziehungsweise die Konzeption des audiovisuellen Auftritts über diese
diversen Sender streuen zu können.

Die Zielgruppen der audiovisuellen Kommunikation

Grundsätzlich kann es nicht schaden, das Image, das Logo und somit das Unternehmen selbst in den Köpfen so vieler Zuschauer und
Zuhörer wie möglich zu verankern. Indem Sie sich je nach Bedarf
als innovatives, traditionelles, effizientes, modernes, gesellschaftlich verpflichtetes Unternehmen positionieren, verankern Sie das jeweils gewünschte Bild in den Köpfen des Publikums, ohne bereits
auf konkrete Produkte hinzuweisen. Dies umfasst den ganzen Bereich der Imagewerbung, bei der es nur um die Steigerung der Awareness, der Wahrnehmung des Unternehmens geht. Der Aufmerksamkeitsgrad für das Unternehmen soll gestärkt werden. Dies kann
relevant sein, wenn die zu verkaufenden Produkte potenziell für jeden interessant sein könnten oder Sie aufgrund möglicher Krisen,
die die Allgemeinheit belasten könnten, ein positives Image schaffen wollen.
    Audiovisuelle Beiträge, also Werbespots in Kino, TV und im Radio

über konkrete Produkte, sind immer dann sinnvoll, wenn ein Massenprodukt verkauft werden soll beziehungsweise mehrere davon. Jeder Einzelne im Publikum gehört also zur Zielgruppe des Unternehmens als potenzieller Kunde oder Kundin und soll auf die Produkte oder Dienstleistungen aufmerksam gemacht werden.

Awareness

Nach dem Motto »Man sieht nur, was man weiß« soll das Bewusstsein, die Wahrnehmung einem Unternehmen, einer Dienstleistung oder einem Produkt gegenüber geschärft werden. Durch eine hohe Awareness wird die Aufmerksamkeit der Konsumenten gewonnen und zum Beispiel ein Produkt überhaupt als Marke wahrgenommen. Eine große Herausforderung für Werbe- und Kommunikationsfachleute, denn einen hohen Bekanntheitsgrad zu erzielen bedeutet, mit dem optimalen Medienmix bei der richtigen Zielgruppe dauerhaft präsent zu sein.

Werbespots und redaktionelle Beiträge produzieren und auf Sendung bringen

Wie bereits beim internen Fernsehen, so überlässt man die Produktion eines audiovisuellen Programms am besten Profis. Nur die Themen selbst müssen intern recherchiert werden, um die Umsetzung dann anderen zu überlassen. Wichtig ist dabei, auch audiovisuelle Werbespots auf das Corporate Design abzustimmen, wobei hier dann auch die Wortwahl mit derjenigen in den Printmaterialien übereinstimmen sollte. Nach der Produktion müssen Sie Sendezeit erwerben, wobei Sie sich vorher über die Kosten von Kino-, TV- und Radiowerbung im Klaren sein sollten und feststellen müssen, ob der Nutzen diese Mittel und Kosten rechtfertigt.

Redaktionelle Beiträge sind dahingegen ganz anderer Natur, weil Sie praktisch von den Sendeanstalten als Experte zu einem bestimmten Thema befragt werden; aber auch das sollte nicht dem Zufall überlassen werden, sondern Themen, die mit neuen Produkten zusammenhängen, sollten günstig platziert werden. Dazu mehr im folgenden Kapitel.

Methoden der Public Relations

Nachdem die einzelnen Medien der externen Kommunikation vorgestellt und detailliert erläutert worden sind, geht es nun darum, diese strategisch günstig zu verknüpfen. Denn je nachdem, wie diese Medien kombiniert, wechselseitig mit Inhalt gefüllt und gezielt nach außen geleitet werden, lassen sich verschiedenste Wirkungen damit erzielen. In diesem Abschnitt soll es nun verstärkt um die eigentliche PR, also die Öffentlichkeitsarbeit, gehen, wobei der Umgang mit der Presse und die Kommunikation öffentlichkeitsrelevanter und vor allem öffentlichkeitswirksamer Inhalte hier entscheidend sind.

Für die Gesellschaft als solche wiederum sind weniger die wirtschaftlichen und produkt- oder dienstleistungsbezogenen Neuigkeiten der Firma bedeutend, sondern vielmehr deren Engagement im gesellschaftlichen Bereich, also Sponsoring und wohltätige Leistungen. Beides, wirtschaftlich und gesellschaftlich relevante Inhalte dringen jedoch nur hörbar nach außen, wenn man die Darstellung den Profis überlässt. Und das heißt auch, dass den Berufsjournalisten Profis im eigenen Unternehmen gegenüberstehen, die gezieltes Informationsmanagement betreiben – unabhängig vom Medium.

Pressearbeit

Die Presse, sowohl in gedruckter, elektronischer oder audiovisueller Form, ist eine Institution, die ganz entscheidend den Erfolg oder Misserfolg eines Unternehmens mitbestimmen kann, auch wenn hier vielleicht die Zusammenhänge eher langfristiger Natur sind. Gute Pressearbeit sichert den Ruf, den Namen und die Marke eines Unternehmens auch in schlechten Zeiten ab, wohingegen ein schlechtes Markenimage in der Presse ein Unternehmen schon bei geringsten Störsituationen an den Rand einer Krise führen kann. Deswegen gilt es, besonderes Augenmerk darauf zu richten, was Pressearbeit erreichen sollte und auch kann und was nicht.

Arten von Pressekontakten

Die Redaktionen von Zeitungen, Radiosendern oder Zeitschriften lassen sich auf vielfältigste Weise ansprechen. Wichtig ist immer, im richtigen Moment die rechte Form der Ansprache zu wählen, und das ist manchmal gar nicht so einfach. Oftmals sind die Neuigkeiten, die man mitteilen möchte, nur im eigenen Firmenverständnis so interessant; die Öffentlichkeit interessiert davon wahrscheinlich eher wenig. Umgekehrt gibt es manchmal sicherlich Dinge, über die das Unternehmen sich liebend gern ausschweigen würde, aber von der öffentlichen Meinung zu einer Stellungnahme gezwungen wird. In jedem Fall ist ein offensiver Umgang mit der Presse anzuraten, der frühzeitig in der Laufbahn eines Unternehmens begonnen und dauerhaft aufrechterhalten werden sollte, um sich im Ernstfall bestehender Kontakte zu Presseleuten bedienen und Situationen entschärfen zu können.

Die Pressenotiz

Eine Pressenotiz ist eine Art kurze Mitteilung an die Redaktion über ein bevorstehendes Ereignis, sei es nun eine Veranstaltung oder die Auflage eines neuen Produkts, aber auch Umbesetzungen im

Management oder Ähnliches. Sinn und Zweck einer solchen Notiz ist es, deutlich zu machen, dass diese Entwicklung im Unternehmen existiert, dass sie potenziell interessant sein könnte und man sie der Presse nicht vorenthalten möchte, auch wenn möglicherweise kein weiterreichendes Interesse besteht. Wichtig ist, dass hier wie auch bei allen anderen Arten der schriftlichen Information an die Presse eine Kontaktperson in der Pressestelle beziehungsweise der Ansprechpartner im Fachbereich, auf dessen Produkt, Dienstleistung oder Veranstaltung sich die Notiz bezieht, genannt wird. Außerdem sollte eine kurze standardisierte Textinformation über das Unternehmen folgen, um Journalisten unnötige Recherche zu ersparen.

Die Presseinformation

Diese Form der schriftlichen Mitteilung an die Presse ist längerer und tiefgreifender Art. Sie beschreibt eine aktuelle Entwicklung, deren Hintergrund oder Analyse, oder sie kann auch eine Stellungnahme zu einem aktuellen Ereignis sein, mit dem das Unternehmen sich verbunden sieht. Ziel einer solchen Information ist es, das Unternehmen als kompetenten Ansprechpartner zu platzieren, der sich verantwortlich zu einem bestimmten Sachverhalt äußern will. Denkbar sind beispielsweise Studien, die das Unternehmen selbst durchgeführt oder in Auftrag gegeben hat, sowie Informationen zur Unternehmensentwicklung, etwa Umsatzentwicklungen, aber auch Hintergrundinformationen zu Entlassungsmaßnahmen, die das Interesse der Öffentlichkeit wecken könnten. Die Herausgabe einer solchen Presseinformation, wenn sie denn auf nachhaltige Resonanz stoßen soll, sollte im Bestfall immer mit dem Angebot einer Gesprächsrunde mit Journalisten oder sogar Einzelgesprächen, wenn gewünscht, erfolgen. Die Nennung eines Ansprechpartners darf auch hier in keinem Fall fehlen. Presseinformationen sollten auch vorhanden sein, wenn die Presse zu Ereignissen im Leben des Unternehmens, etwa zur alljährlichen Aktionärsversammlung oder zu einem Vortragsabend, eingeladen ist. Bei allen schriftlichen Presseinformationen gilt: Das Corporate Design spielt auch hier eine wichtige Rolle und sollte sich unbedingt in der Gestaltung der Pressematerialien wieder finden.

Das Hintergrundgespräch

Möchte man sich keiner allzu großen Runde an Journalisten offiziell stellen, im ungünstigsten Falle sogar noch bei einer aktuellen Krise des Unternehmens, kann es auch angebracht sein, mit eigens ausgewählten Journalisten wichtiger Medien ein Hintergrundgespräch zu führen. Das Unternehmen gewährt damit den ausgewählten Journalisten sozusagen einen Informationsvorteil und erwartet dafür im Gegenzug, als Partner behandelt zu werden, wenn es schließlich um die Darstellung der weniger erfreulichen Neuigkeiten geht. Hintergrundgespräche sind häufig so angelegt, dass der betreffende Unternehmensverantwortliche nicht zitiert werden möchte, sondern nur zum besseren Verständnis der Situation zur Verfügung steht. Das Interesse der Journalisten besteht darin, vielleicht Sachverhalte zu erfahren, die sie sonst bei der versucht objektiven Darstellung der Tatsachen ausgeblendet hätten.

Hintergrundgespräche eignen sich aber auch in weniger brisanten Fällen, zum Beispiel bei aktuell aufkommenden wirtschaftlichen Entwicklungen, neuen Gesetzesvorlagen, Branchenveränderungen oder dergleichen, bei denen das Unternehmen als kompetenter Ansprechpartner den Journalisten mit dem unternehmenseigenen Detailwissen zusätzliche Informationsgrundlagen verschafft. Das Unternehmen stellt somit einen Service zur Verfügung, der den Journalisten ermöglicht, die Bandbreite des kritischen Verständnisses aktueller Geschehnisse zu erhöhen.

Die Pressekonferenz

Die Pressekonferenz ist eine der schwierigsten Kontaktarten mit der Presse. Sie ist eine Face-to-Face-Veranstaltung, das heißt, alle Gefahren und Risiken, aber natürlich ebenso alle potenziellen Chancen einer solchen kommen ihr zu. Der Eindruck der Redner ist letztlich entscheidend: Sind sie überzeugend, wenn es um die Darstellung neuer Geschäftsentwicklungen oder Statements zu bereits erfolgten Unternehmensereignissen geht, schlägt sich das in der Presse nieder; sind sie es nicht, muss das Unternehmen sich kritischen Fragen und möglicherweise negativer Presse im Nachfeld stellen.

Wichtig ist es, eine solche Pressekonferenz genauso umfassend vorzubereiten wie jedes andere Event auch. Hierzu gehört auch eine Pressemappe oder zumindest eine gut aufbereitete Presseinformation zum gegebenen Anlass. Wie bei allen anderen Veranstaltungen auch bedarf es eines professionellen Einladungsmanagements und der Vorbereitung der inhaltlichen Beiträge. Informationsmaterial, das im Hinblick auf die mögliche Presseresonanz erforderlich sein könnte, sollte vorab produziert werden, um Anfragen zügig bearbeiten zu können.

Entscheidend ist, den oder die Sprecher der Firma so gut vorzubereiten, dass sie wirklich alle Fragen nicht nur oberflächlich beantworten, sondern die verschiedenen Sachverhalte gut darstellen und Nachfragen beantworten können.

Den guten Draht herstellen

Dies hört sich bisher alles so an, als warte die Presse nur auf einen inhaltlichen oder einen Fehler im Ablauf, um dann wie die Hyänen über das Unternehmen, einzelne Personen oder das Management herzufallen. So ist es jedoch bei weitem nicht. Natürlich neigen Presseleute zu kritischen Nachfragen; das bedingt allein schon ihr Beruf und ist im Interesse der Aufklärung der Öffentlichkeit ja auch durchaus legitim. Doch kritisch heißt nicht gleichzeitig bösartig oder darauf aus zu sein, Schwachstellen freizulegen.

Deswegen kommt es auch entscheidend auf die Pressekontakte des Unternehmens an, die bestenfalls im Vorfeld vor einem größeren Ereignis geknüpft worden sind. Mögliche Schwachstellen, die bei einer großen Pressekonferenz unangenehm zu Buche schlagen könnten, räumt man allein dadurch aus, dass man zuvor Hintergrundgespräche veranstaltet, in denen kritische Fragen gestellt werden können, oder indem man Presseinformationen vorab zur Verfügung stellt, die die Sachverhalte eingehend beleuchten und keinen Zweifel an der Offenheit und Transparenz des Unternehmens aufkommen lassen.

Wichtige öffentliche Medien bestimmen

Um sich mit einigen wichtigen Journalisten, sei es nun der Fachpresse oder der Lokalredaktion, vertraut zu machen, bedarf es der Kontinuität. Das heißt, nicht erst im Notfall darf der Griff zum Telefonhörer erfolgen; vielmehr muss von Anfang an der Kontakt zu den Journalisten und Redakteuren gepflegt werden, die später einmal wichtig werden könnten. Dazu gehört, dass man zunächst einmal die Medien bestimmt, die von großem Interesse für das Unternehmen sind, sei es weil sie die Region des Standortes abdecken oder im Bereich der Fachmedien ausschlaggebend sind. Danach sollten noch alle Medien mit berücksichtigt werden, die für die Zielgruppen des Unternehmens – also Öffentlichkeit, Investoren, Kunden, Politik und Wirtschaft – wichtig sind. Je nach Breitenwirkung können diese Medien unterschiedlich relevant sein. Langfristige Kontaktpflege mit den Redaktionen lohnt sich also in jedem Falle bei Medien, die in den Zielgruppen eine große Reichweite besitzen und vor allem als kompetentes Fachmedium gelten.

Kontaktpflege zu Redakteuren der relevanten Ressorts

Wie bereits angedeutet, kann das Ressort »Lokales« genauso relevant für die wirtschaftliche Entwicklung eines Unternehmens sein wie der Wirtschaftsteil in überregionalen Zeitungen. Schreibt die Lokalpresse etwas von schlechten nachbarlichen Beziehungen, entwickelt sich dort unter Umständen langfristig ein Störfaktor für den Standort, da ja auch kommunale Politiker und Verwaltungspersonal die Artikel lesen. Relevant ist also jedes Ressort und jede Zeitung, die die Zielgruppen des Unternehmens auf unerfreuliche Art und Weise auf das Unternehmen aufmerksam machen könnten.

Deswegen gilt es, gerade diese Redaktionen oder sogar bestimmte

Redakteure besonders anzusprechen. Dabei geht es nicht um Beste-
chung zur Schönfärberei im Krisenfall, sondern vielmehr um die Entwicklung eines offenen und interessanten Dialogs zwischen Unternehmen und Redaktion. Je öfter die Redakteure den Eindruck haben, das
Unternehmen versorge sie freiwillig mit für ihre jeweiligen Seiten relevanten Informationen, desto geringer wird die Wahrscheinlichkeit,
bei schlechten Neuigkeiten gleich das Schlimmste zu vermuten.

Will ein Unternehmen also diese Kontakte aufbauen und pflegen,
sollte sich der Ansprechpartner des Unternehmens für alle Belange der
Presse wenn nicht persönlich, doch zumindest brieflich bei den Redaktionen vorstellen, am besten anlässlich eines konkreten Anlasses, bei
dem gleich eine Presseinformation nebst Pressemappe mitgeliefert
werden. Bei wichtigen Ereignissen werden relevante Redakteure natürlich persönlich eingeladen und erhalten auch eher eine Einladung
zu einem Hintergrundgespräch als andere. Sicherzustellen, dass es einen kontinuierlichen Informationsfluss gibt, das Unternehmen also relativ häufig etwas Neues mitzuteilen hat, ist das Schwerste. Denn niemals darf etwa die Zielsetzung, jeden Monat eine Presseinformation
zu haben, darin resultieren, Banalitäten zusammenzustellen, nur um
irgendetwas für die Journalisten zu haben. Wirkliche Neuigkeiten sind
gefordert, um die Redakteure bei der Stange zu halten, auf die es ankommt.

Pressemappen vorbereiten

Wenn es also so weit ist, dass ein Thema Schlagzeilen im positiven
Sinne verspricht und das Unternehmen wirklich etwas mitzuteilen
hat, sollte eine Pressemappe nicht fehlen; diese ist sowohl anlässlich
einer Pressekonferenz als auch bei einem Hintergrundgespräch unabdinglich.

Eine solche Mappe sollte verschiedene, um den aktuellen Anlass
gruppierte Elemente aufweisen. Zunächst einmal sollte sich darin eine Unternehmensbroschüre befinden, falls der das Thema letztlich be-
arbeitende Journalist die Firma noch nicht kennt oder aber Einzelhei-
ten nochmals nachgelesen werden müssen. Auch ein kurzer Abriss der

Firmengeschichte mit den Gründern, falls dies nicht Bestandteil der Unternehmensbroschüre sein sollte, kann hier kurz dargestellt werden, um aufzuzeigen, wo die Firma »herkommt«.

Im Anschluss daran sollte eine Presseinformation zu der aktuellen Situation nicht fehlen, die sich entweder als Stellungnahme, als Ergebnis eigener Recherchen oder aber als Informationszusammenstellung zu aktuellen Entwicklungen liest. Hintergründe und Details dürfen hier breiter dargestellt werden. Sinnvoll ist es auch, sich um das besprochene Thema gruppierende Produkt- oder Dienstleistungsinformationen des Unternehmens hinzuzufügen, um an der Kompetenz der Firma in der Angelegenheit keinen Zweifel zu lassen. Letzten Endes sollten auch die Personen, die als Referenten im Mittelpunkt der Veranstaltung stehen, einen kurzen Lebenslauf beifügen, der nicht nur ihre persönliche Qualifikation, sondern auch ihre Verankerung im Unternehmen umfasst.

Ein Thema in die Schlagzeilen bringen

Nicht jedes Thema gehört in die Presse. Und selbst wenn ein Thema vordergründig Medienwirksamkeit verspricht, sollte man höllisch aufpassen, dass der Schuss nicht nach hinten losgeht, wenn beispielsweise das Unternehmen selbst nicht immer hundertprozentig Auskunft geben kann. Deswegen sollte ein Thema, das innerhalb des Unternehmens gründlich recherchiert wurde und obendrein relevant für große Teile des lesenden Publikums ist, überhaupt mit einer wie auch immer ausgestalteten Pressekampagne belegt werden.

Themenvorbereitung: Medienwirksamkeit von Themen

Zunächst einmal sind zwei Bereiche, die medienwirksam sein können, zu unterscheiden. Der erste ist der Bereich Öffentlichkeitsarbeit, also Aktivitäten im Bereich Public Relations (PR), die ja gerade darauf abzielen, Gutes zu tun (nach der Devise: »Tu Gutes und rede darüber.«) – und dies nicht unbesehen oder ungehört. Sind die Aktivitäten im Bereich Sponsoring oder karitativen Engagements nicht gerade ein Politikum, die das Unternehmen zu einer unerwünschten Stellungnahme zwingen würden, muss dazu die Presse eingeladen werden, um den Sinn und Zweck von PR überhaupt gewährleisten zu können.

Der zweite Bereich sind Presseinhalte, die sich aus der Tätigkeit und dem wirtschaftlichen Umfeld des Unternehmens ergeben. Dies reicht von Produkten bis hin zur Branche, in der das Unternehmen tätig ist, von wissenschaftlicher Beschäftigung mit einem Thema innerhalb des Unternehmens bis hin zu Fragen der Unternehmensstruktur, -organisation und des -managements. Um als kompetenter Ansprechpartner wahrgenommen zu werden, ist es sehr nützlich, mit Themenfeldern in Zusammenhang gebracht zu werden, für die man selbst ein Produkt oder eine Dienstleistung anzubieten hat. Beispielsweise bietet es sich an, in Fachzeitschriften zur Biogenetik zu publizieren oder sich an der aktuellen Diskussion zu beteiligen, wenn man selbst Zulieferer, Produzent oder Vertreiber solcher Produkte ist. Eine Firma, die sich der öffentlichen Diskussion stellt, wirkt vertrauenswürdig; außerdem kennt der Kunde den Namen mittels Medienpräsenz. Vor allem dieser zweite Bereich erfordert viel Vorarbeit, um die gewünschte Wirkung zu erzielen.

Materialien vorbereiten

Möchte sich ein Unternehmen also in der Fachpresse oder in Interviews zu aktuellen Themen, die seine eigenen Wirtschaftsfelder belangen, äußern, müssen die zu treffenden Aussagen gut recherchiert werden. Danach gilt es, die Pressemappe oder zumindest die Presseinformation vorzubereiten. Bei einem Gespräch mit Journalisten bedarf es auch erklärender Folien und eines ausgefeilten Vortrags, der jedoch noch Raum und vor allem Zeit für Fragen lassen sollte.

Rechnen sollten Sie stets damit, dass auch im Nachhinein noch Informationen verlangt werden, besonders wenn das Thema sich als Brennpunkt im öffentlichen Interesse erweist. Aber die Nachfrage nach zusätzlichen Informationen, deren Quelle ja häufig zitiert wird oder auch zitiert werden muss, ist es ja, die das Unternehmen immer mehr selbst in den Blickpunkt rückt. Und je vertiefter die Beziehungen zu den Journalisten sind, desto größer ist natürlich die Wahrscheinlichkeit, dass nicht die Konkurrenz um die Informationen ersucht wird.

Presseinformationen versenden

Trotz eines interessanten Themas und trotz hervorragenden Einladungs- und Veranstaltungsmanagements geschieht es immer wieder, dass Zeitungen keinen Vertreter schicken. Dies sollte man nicht damit vergelten, diesen zukünftig Informationen vorzuenthalten. Vielmehr sollte man denjenigen Redaktionen, die aus welchen Gründen auch immer nicht vertreten sein konnten, die Pressemappe oder -information am nächsten Tag zuschicken, damit sie einen ähnlichen Informationsstand erreichen wie ihre anwesenden Kollegen. Greift der eine oder andere darauf zurück, haben Sie schon gewonnen; und der Mehraufwand hält sich ohnehin in Grenzen.

Die Gefahr: Schlechte Presse

Dass im Umgang mit der Presse auch mal etwas schief geht, lässt sich kaum vermeiden. Es kann an einzelnen Journalisten liegen, die sich dem Unternehmen gegenüber nicht neutral verhalten wollen oder dies aufgrund ihrer Informationslage auch nicht können; oder aber der Referent des Abends oder der Unternehmenssprecher wird mit Nachfragen auf dem falschen Fuß erwischt, sodass die Antworten nicht ganz so kompetent erfolgen, wie sie es sollten.

Und natürlich gibt es auch Entwicklungen in und um das Unternehmen, die sich aufgrund nicht kontrollierbarer Ursachen kaum vermeiden lassen. Die Branchenentwicklung allgemein spielt dabei ebenso eine Rolle wie die Beziehungen zu anderen Unternehmen, die eventuell in Misskredit geraten sind. Entlassungen oder aber umstrittene Produkte können auch negative Berichterstattung nach sich ziehen, was jedoch im Sinne der Unternehmensstrategie dennoch nicht zu vermeiden ist.

Aber auch in solchen Situationen gilt: Je besser der Ruf eines Unternehmens zuvor mittels und bei der Presse ausgestaltet worden ist, je positiver die Erfahrungen der Journalisten selbst mit dem Informationswillen des Unternehmens waren, desto eher sind sie auch geneigt, dem Unternehmen eine Stimme einzuräumen oder rückzufragen, bevor etwas allzu Schlechtes geschrieben wird. Und selbst wenn sich dies dann als unvermeidlich herausstellt: Bei monatelanger positiver Berichterstattung wird der gute Name einer Firma selbst dann nicht zerstört, wenn einmal etwas Negatives passiert.

Sponsoring und Charity

Viele Unternehmen sehen ihre Rolle nicht mehr nur als Teil eines regionalen oder nationalen Wirtschaftssystems, sondern wollen sich ganz bewusst auch als Teil der Gesellschaft verstehen, als Teil der eigenen Kommune, an die der Standort des Unternehmens angeschlossen ist, oder aber als Teil einer nationalen, überregionalen Gesellschaft. Dies geschieht nicht nur aus uneigennützigen Interessen. Natürlich ist es schön, wenn das Unternehmen so viel Gewinn abwirft, dass die Führungsriege beschließt, einen Teil davon für wohltätige Zwecke oder die Kultur im weitesten Sinne zur Verfügung zu stellen. Doch wäre dies auch an die Persönlichkeiten und deren Interessen gebunden, die im Unternehmen das Sagen haben.

Es gibt aber noch Interessen viel weiter reichender Art, die unabhängig von persönlichem Engagement und Großzügigkeit Sponsoringaktivitäten rechtfertigen. Unternehmen brauchen die Standorte und die Unterstützung der Menschen, selbst wenn diese nicht direkt mit dem Unternehmen zu tun haben. Positives Image heißt die Parole, die verschiedenste Zielgruppen abdeckt: Einmal kaufen Kunden lieber von einem Unternehmen, das allseits beliebt ist und ein angenehmeres Image hat als die Konkurrenz; Politiker entscheiden bei umstrittenen Sachverhalten eher im Interesse eines Unternehmens, das sich auch für das Gemeinwohl verantwortlich fühlt; Investoren ent-

ziehen einem Unternehmen mit derart positivem Image weniger
schnell das Vertrauen; und letztlich arbeiten Menschen, die sich mit
ihrem Unternehmen auch über dessen gesellschaftliches Engagement
identifizieren können und die stolz auf die Aktivitäten der Firma sein
können, länger und lieber bei diesem.

Der Begriff des Sponsoring

Sponsoring umfasst viele Facetten gesellschaftlichen Engagements von
Unternehmen. Es gibt eben viele Wege, um die Ziele Publicity, Awareness der Marke und Imagegewinn zu erreichen. Wichtig ist, dass sich
der PR-Verantwortliche im Bereich Sponsoring die Mühe macht, bei
jedem einzelnen Projekt die Bedingungen mit dem Sponsoring-Partner
auszuhandeln. Beim Sponsoring geht es hauptsächlich darum, die von
Dritten geplanten Aktivitäten oder Events zu unterstützen. Dies kann
mittels finanzieller Zuwendungen geschehen; aber auch Sachspenden
oder der Einsatz von Mitarbeitern für den Sponsoring-Partner sind
denkbar. Wichtig ist es, im Einzelfalle zu entscheiden, ob die Aktivitäten, die unterstützt werden sollen, wirklich einen Imagegewinn für das
eigene Unternehmen darstellen. Unabhängig davon, in welchem Bereich das Sponsoring stattfindet – es sollte bewusst gemacht werden,
dass nur ein klares Konzept, ein professionelles Auftreten und Event
und letztlich eine öffentlichkeitswirksame Durchführung dem Unternehmen nützlich sind und die Aufwendungen rechtfertigen.

Sponsoringstrategie: Aktivitätsfelder bestimmen
und Budgetumfang festlegen

Wenn Sie sich dafür entschieden haben, gezielt Sponsoring zu betreiben, sollte als Nächstes die Auswahl des Bereichs, in dem Sie sponsern
wollen, erfolgen. Das wahllose Austeilen von Geld- und anderen Mitteln ist weniger wirkungsvoll als das Besetzen eines bestimmten The-
menkomplexes oder bestimmter Aktivitätenbereiche, innerhalb derer
verschiedenste Einzelförderungen betrieben werden können. Als

Sportartikelhersteller beispielsweise bietet es sich an, Sport generell zu fördern oder sich für einzelne Sportarten, auch beispielsweise innerhalb bestimmter Regionen, zu engagieren. Als Softwareunternehmen liegt es näher, zum Beispiel Wettbewerbe zu neuen Medientechnologien oder zur Medienkunst zu unterstützen. Klar erkennbar sollte sein, welchen Bezug das Auftreten als Sponsor zu den eigenen Produkten hat, aber auch, mit welchen »Kräften« innerhalb der Gesellschaft man sich solidarisch zeigt. Selbst bei Wohltätigkeitsprogrammen können solche Zusammenhänge aufgezeigt werden, die der Region des Firmenstandorts zugute kommen. Man denke hierbei nur an Umweltprogramme, wenn das eigene Unternehmen eventuell leicht mit eher umweltschädigenden Einflüssen Aufmerksamkeit auf sich ziehen könnte.

Gerade aber das Kultursponsoring ist dazu geeignet, zum wirkungsvollen Instrument von Unternehmenskommunikation zu werden. Bei genügend hoher Konvergenzdichte zwischen dem Profil des Sponsors, seiner Corporate Identity, und dem des Events beziehungsweise des Sponsoringpartners überträgt sich die gewonnene Aufmerksamkeit wechselseitig auf beide Partner. Wichtige Attribute werden mit der Corporate Identity eines Unternehmens assoziiert, sobald es für bestimmte kulturelle Veranstaltungen einsteht. Dies bedingt absolute Sorgfalt bei der Auswahl, birgt aber auch entscheidenden Nutzen in sich. Voraussetzung für eine effiziente Nutzung der erzeugten Aufmerksamkeit ist jedoch die enge Zusammenarbeit zwischen der Firma als Sponsor und dem kulturschaffenden Träger.

Je langfristiger die Kooperation mittels solcher Sponsoringprojekte angelegt ist, desto optimaler ist diese Nutzung assoziationsbezogener Werte garantiert, sprich: Der Name und das Markenlabel der Firma projizieren unweigerlich die Sponsoringaktivitäten des Unternehmens in die Köpfe der Leute und umgekehrt.

Projekte

Meistens wenden sich Institutionen ganz von selbst an Unternehmen, denn es geht schließlich um deren eigene Interessen, die nur mit dem

Geld von Firmen umsetzbar sind. Deswegen gilt es, aus der Flut an Anfragen die richtigen auszuwählen oder sich wirklich selbst auf die Suche nach prestigeträchtigen Veranstaltungen zu begeben.

Kontaktaufnahme

Die Kontaktaufnahme gestaltet sich relativ einfach. Da Sie ja etwas anzubieten haben, wird Ihnen jeder gern entgegenkommen und alle benötigten Unterlagen zusenden. Auch bei der Ausarbeitung konkreter Sponsoringverträge sind die meisten Institutionen sehr entgegenkommend, weil sie sich darauf aufbauend eine längere Zusammenarbeit versprechen, um nicht für jede neue Veranstaltung wieder erneut auf die Jagd nach Sponsoren gehen zu müssen. Deswegen: Wollen Sie sich als Firma engagieren, stehen Ihnen eigentlich fast alle Türen offen – wenn das Event nicht so prestigeträchtig ist, dass sich schon längst Sponsoren ihre Teilnahme gesichert haben. Aber solche Events, die vielleicht schon seit Jahren mit denselben Firmen- und Markennamen in Verbindung gebracht werden, bieten sich ohnehin weniger an, wenn Sie als Unternehmen neu als Sponsor einsteigen und sich bestimmte Bereiche für Ihre persönliche Publicity sichern möchten.

Sponsoringverträge: Tu Gutes und rede darüber oder: Was Sie für Ihr Geld erwarten können

Sicherlich kann Sponsoring damit abgegolten sein, dass Sie die finanziellen Mittel überweisen, Ihr Logo auf den Veranstaltungsplakaten auftaucht und Ihr Engagement als Firma im eigenen Geschäftsbericht als positives gesellschaftliches Engagement abgehandelt werden kann. Aber wenn Sponsoring richtig ernst genommen wird, lässt sich daraus entschieden mehr machen als der Austausch von Logos und Geld. Es gibt auch die Möglichkeit, einen richtigen Sponsoringvertrag zwischen den Partnern aufzusetzen, der jedem Rechte und Pflichten einräumt, um die Zusammenarbeit so erfolgreich und so klar definiert wie möglich zu gestalten.

Zunächst einmal geht es natürlich um die Präsenz des Logos bei allem, was das vom Unternehmen gesponserte Ereignis betrifft. Dies sollte sowohl auf Ankündigungsplakaten als auch auf Einladungen gedruckt zu sehen sein. Je nachdem, ob Sie als Hauptsponsor oder nur als Nebensponsor fungieren, entscheidet dies natürlich über die zentrale oder eher marginale Platzierung des Logos auf den Printmaterialien des Events. Das Logo sollte ebenfalls auf der entsprechenden Website zu finden sein. Das Aufziehen eines Banners mit dem Logo oder die Projektion desselben am Veranstaltungsort und -tag selbst sollten möglich sein, damit jeder Teilnehmer weiß, mit welcher Firma er diese Veranstaltung in Verbindung bringen soll. Das Logo kann auf Namensschildern der Teilnehmer, Programmheften und Broschüren zum Thema, den Einladungen in Print- und Online-Form, auf der Kleidung etwaiger Promotionteams und grundsätzlich auf jedem anderen Medium des Ereignisses angebracht werden.

Diese Sichtbarkeit der Firma sollte dann aber durchaus mittels inhaltlicher Präsenz gestärkt werden. Das heißt zunächst einmal das gemeinsame Abhalten von Pressekonferenzen bei der Eröffnung des Events bis hin zur Vor- und Nachbereitung in der Presse. Bei der Begrüßung sollten ebenfalls Vertreter des Unternehmens mit auf dem Podium sitzen; bei gesponserten Diskussionsrunden kann möglicherweise die Moderation oder die Begrüßung von einem Vorstand des Unternehmens oder dem PR-Chef übernommen werden. Dies geht natürlich umso besser, je direkter das Event mit der inhaltlichen Ausrichtung und den Produkten des Unternehmens übereinstimmt.

In einem weiteren Schritt ist dann zu überlegen, ob es sich (beispielsweise bei Ausstellungsförderungen) nicht anbietet, Sonderveranstaltungen für Mitarbeiter oder spezielle Kunden zu vereinbaren, denen so der exklusive Zugang gesichert wird. Dies ist in Form von Karten für die VIP-Lounge ebenso bei Sportereignissen oder im Theater möglich, bei Festivals oder Autorennen – wenn hier ein Sponsoring zur Debatte steht.

Hier gibt es viele Möglichkeiten, und die Institutionen, Sportvereine, Theaterförderkreise und ähnliche Einrichtungen sind in den meisten Fällen sehr entgegenkommend, auf das spezifische Interesse des jeweiligen Unternehmens einzugehen, mit dem eine Zusammenarbeit im Bereich Sponsoring angestrebt wird. Oftmals erstellen diese auch selbst eine Angebotspalette an Kooperationsmöglichkeiten im Rahmen eines solchen Sponsoringpakets, sodass Sie sich die Dinge, die Sie daraus wahrnehmen möchten, geradezu wie vom Präsentierteller auswählen und nach den Erfordernissen des Unternehmens modifizieren können.

Das Konzept des Corporate Citizenship

Heutzutage beginnt sich auch bei uns das aus den USA stammende Prinzip des Corporate Citizenship im Bereich Sponsoring durchzusetzen. In diesem Kontext verstehen sich Unternehmen als Bestandteil der Gesellschaft und des politisch-kulturellen Umfelds, in dem sie agieren, sei es bezüglich ihres Standorts oder ihrer Märkte. Sponsoring wird somit immer mehr zum Selbstzweck und kann auch losgelöst von den direkten Interessen des Unternehmens existieren. Der unbedingte Businessbezug ist also nicht mehr dahingehend auszulegen, dass potenzielle Kunden bei den gesponserten Ereignissen anwesend sein müssen; ja, selbst der Bezug inhaltlicher Art zum Kerngeschäft wird weitestgehend aufgehoben. Im Vordergrund steht wirklich das Wohlfahrtsinteresse der Gemeinschaft, innerhalb derer das Unternehmen Geschäfte abwickelt oder abwickeln möchte.

Corporate Citizenship heißt deswegen auch mehr als die bloße finanzielle Unterstützung von Veranstaltungen, Konferenzen oder Ähnlichem. Es geht dabei vielmehr darum, sich als Unternehmen um gesellschaftliche Belange zu kümmern, sich auch für politisch relevante Programme einzusetzen (zum Beispiel Umweltschutzinitiativen) und vor allen Dingen die Ressourcen des eigenen Unternehmens zu nutzen, um »Gutes« zu tun. Denkbar sind hier beispielsweise die Freistellung von Mitarbeitern auf Zeit für karitative Arbeiten; das Bereitstellen von Geldmitteln für Einrichtungen, bei denen Mitarbeiter des eigenen Unternehmens ehrenamtlich engagiert sind; oder aber sogar die Entsendung einzelner Mitarbeiter zu Organisationen und Institutionen, die vom Fachwissen der Mitarbeiter profitieren können (zum Beispiel kostenlose IT-Beratung für den Webauftritt eines Vereins der Region).

Denkbar ist hier vieles. Wichtig bleibt jedoch nach wie vor, dass nur derjenige, der die öffentliche Aufmerksamkeit auf sein Engagement lenkt, letztlich auch die Früchte ernten kann. Natürlich ist es ein hehres Ziel, Mittel und Mitarbeiter aufgrund mitmenschlicher Motive bereit- oder abzustellen; aber nichtsdestotrotz braucht sich kein Unternehmen zurückzuhalten, wenn es auf seine »guten Taten« gesondert hinweist, im Geschäftsbericht etwa oder in der Presse. Der Einsatz selbst für das gute Ziel wird ja dadurch nicht geschmälert, nur der Effekt verdoppelt.

Zielgruppen der Public Relations und zielgruppengerechte Inhalte

Ein äußerst sensibler Punkt, das wurde bisher schon mehr als deutlich, ist die Auswahl der optimalen Zielgruppe oder mehrerer Zielgruppen, was Kommunikationsmaßnahmen mit der Öffentlichkeit betrifft. Die beste Kommunikationsstrategie und deren optimalste Implementierung können nicht fruchten, wenn sie nicht auf ein aufnahmebereites Publikum treffen, das den Themen des Unternehmens überhaupt aufgeschlossen gegenübersteht.

Einige der Zielgruppen sind weiter vorn im Buch schon angesprochen worden; jedoch war die Sichtweise die der Medien, und welche Zielgruppen diese erreichen können. In diesem Abschnitt soll nun die Perspektive gewechselt und die Kommunikationsleistungen eines Unternehmens von der Warte der Zielgruppen her angegangen werden. Auf diese Weise lassen sich auch die Schwerpunkte der inhaltlichen Ausgestaltung klarer definieren. Unterschiedliche Zielgruppen verlangen unterschiedliche Detailgenauigkeit oder fragen auch nach verschiedenen Facetten ein und desselben Themas, je nachdem ob sie als potenzieller Kunde mehr über ein Produkt erfahren wollen beziehungsweise sollen oder als Pressevertreter das neue Produkt in seinem betriebswirtschaftlichen Kontext verstehen möchten.

Der Presseverteiler

Eine der wichtigsten Zielgruppen eines Unternehmens, das seine Produkte auch mittels des eigenen Markennamens vertreiben möchte und bei dem Publicity den Kundenstamm entscheidend erhöhen kann, ist die Presse. Journalisten und Redakteure sind in diesem Zusammenhang eigentlich nur der Filter beziehungsweise die dazwischengeschaltete Hürde auf dem Weg des Inhalts an die gesamte Öffentlichkeit. Deswegen kommt ein Unternehmen nicht umhin, sich die Presse möglichst gewogen zu machen, um die eigenen Inhalte häufig und in möglichst positiver Form in den Zeitungen, Zeitschriften und Fachzeitschriften wieder zu finden. Damit mit jeder Meldung auch wirklich das richtige Publikum und – in einem ersten Schritt hierzu – die richtige Journalistengruppe angesprochen wird, kommt man als Kommunikationsabteilung nicht umhin, systematisch Journalisten, Redaktionen und die Medien selbst nach Sparten und Ansprechpartnern zu sortieren, um dann im Ernstfall gezielt zugreifen und gezielt Informationsmaterial versenden zu können. Denn es ist langfristig niemals ausreichend, auf gut Glück Meldungen, Informationsmappen oder Ähnliches loszuschicken und zu hoffen, dass die Unterlagen schon in die richtigen Hände geraten werden.

Den Presseverteiler anlegen und untergliedern

In einem ersten Schritt gilt es deswegen, sich für verschiedenste Situationen einen Presseverteiler zuzulegen. Dieser sollte möglichst umfassend sein, das heißt, für jede nur denkbare Situation oder Botschaft Ansprechpartner bei den Medien bereithalten. Zugleich sollte dieser Verteiler aber auch so sauber untergliedert sein, dass eine Pressemitteilung zu einem spezifischen Thema wirklich in die Hände des Fachjournalisten oder -redakteurs gelangt – und zwar am besten mit dem Namen des Empfängers auf der Mitteilung. Denn jemand, der sich persönlich angesprochen fühlt, wirft eher einen zweiten Blick auf eine

Meldung als jemand, der nur unter dem Label »Ressort Finanzen« oder »Lokales« angeschrieben wurde.

Untergliedern lässt sich ein solcher Verteiler in vielerlei Art: Nach Zielgruppen können Sie beispielsweise die Fachmedien auswählen, sowohl im Printbereich als auch online. Es geht hierbei also darum, genau aufzuschlüsseln, welche Medien das von Ihnen angestrebte Kundenpublikum liest, sodass dann dort strategisch sowohl Werbung als auch redaktionelle Beiträge geschaltet werden können, die die Produkte oder das Unternehmen selbst vorstellen. Umgekehrt heißt dies natürlich ebenso, dass die Fachmedien, die sich mit den Produkten des Unternehmens befassen können, erfasst werden sollten, um auch dort wieder redaktionelle Teile zu platzieren. Zusätzlich hierzu ist auch an die Stadt- und Regionalpresse, aber auch an die überregionalen Tageszeitungen zu denken, die ja auch mit verschiedenen Ressorts zur Verfügung stehen. Wichtig ist es, dass sowohl Medien berücksichtigt werden, in denen das gesamte Unternehmen vorgestellt werden kann beziehungsweise Persönlichkeiten des Unternehmens (man denke zum Beispiel an das *manager magazin*), als auch branchenspezifische Medien, in denen dann auf neue Produktentwicklungen und Detailfragen eingegangen werden kann. Ersteres dient eher der allgemeinen Präsenz in der Arena der Firmen, Letzteres der Information über und der Werbung für neue Produkte.

Sobald der erste Überblick über die relevante Medienlandschaft gewonnen ist, geht es nun darum, die Ansprechpartner konkret zu bestimmen. Bei der Fachpresse geschieht dies wohl am besten damit, dass man entweder eine Präsentationsmappe schickt, um das Unternehmen präsent werden zu lassen, indem man sich vorab telefonisch den Empfänger bestimmen lässt. Im Anschluss an den Vorstellungsbrief kann der Presseverantwortliche des Unternehmens nochmals nachfassen und sich den Erhalt und vor allem die Richtigkeit des Ansprechpartners in der Redaktion bestätigen lassen. Danach empfiehlt es sich, direkt die Möglichkeiten der Zusammenarbeit zu erfragen und Interesse daran zu bekunden, auch einmal mit einem Beitrag in der Zeitschrift vertreten zu sein.

Bei der Tagespresse, sowohl regional als auch überregional, können verschiedene Ressorts interessant sein. Natürlich ist der Lokalteil für alle PR-Aktivitäten des Unternehmens, also sowohl karitatives als auch kulturelles Engagement, wichtig. Dies entspricht dem Feuilleton in der überregionalen Zeitung. Aber auch der Wirtschaftsteil spielt eine Rolle, da hier wiederum über neueste Entwicklungen im Unternehmen berichtet werden kann. Am besten ist auch hier eine sehr direkte Vorgehensweise: Bei der Regional- oder Stadtzeitung bietet sich der Anruf in der Redaktion, die Vermittlung des richtigen Ansprechpartners und ein Vorstellungsgespräch nebst Präsentationsmappe des Unternehmens an, im günstigsten Fall verbunden mit einer aktuellen und relevanten Information, die Neuigkeitswert für einen Journalisten hat. Die verschiedenen Ressorts einer Zeitung sollten gesondert angegangen werden, wenn die Zeitung groß genug ist, sodass sich die Ressorts nicht überschneiden. Bei den überregionalen Zeitungen, die ja das Redaktionsgebäude nicht unbedingt in der Stadt des Unternehmens haben, bietet es sich eher an, einen konkreten Anlass zu wählen, anhand dessen Sie den Erstkontakt suchen. Ein neues interessantes Produkt, eine Umstrukturierung oder eine Veranstaltung sind geeignete Momente. Allerdings sollten Sie dann die Unternehmenspräsentation parat halten und diese den anwesenden Journalisten persönlich überreichen. Alle diejenigen, die eingeladen waren, aber nicht erschienen sind, können Sie mit einer vorbereiteten Mappe über das Meeting nachinformieren, um dann einen Anknüpfungspunkt für ein persönliches Gespräch am Telefon zu haben, um sich selbst als Ansprechpartner und das Unternehmen nochmals vorzustellen.

Den Presseverteiler aktualisieren

Um die Pressearbeit kontinuierlich ausbauen zu können und die Kontakte über einen längeren Zeitraum hinweg zu pflegen, müssen die Daten des Presseverteilers natürlich immer auf dem neuesten Stand sein. Sind die Kontakte zu einzelnen Zeitschriften oder Zeitungen so gut, dass das Kommunikationsteam des Unternehmens über einen Wechsel dort innerhalb von Ressorts direkt informiert wird, spricht das für die Nähe des entstandenen Kontakts. Doch häufig ist dies nicht der Fall, das heißt, es obliegt dem Presseverantwortlichen, die Kontakte ständig zu überprüfen. Das geschieht am besten regelmäßig, indem ein Check stattfindet, von welchen Journalisten oder Redakteuren regelmäßig Rücklauf erfolgt ist, das heißt, welche Redakteure oder Journalisten an Veranstaltungen teilgenommen oder aber Presseinformationen in ihren Medien mittels eines Artikels oder als Zitat verarbeitet haben. In solch einer Situation kann leicht davon ausgegangen werden, dass der bisherige Ansprechpartner nach wie vor aktuell ist; aber auch hier kann eine kleine Nachfassaktion nicht schaden. Ein kurzer Anruf genügt.

Schwieriger sieht es dagegen aus, wenn von bestimmten Medien schon lange keine Reaktion auf irgendeine Ihrer Aktivitäten oder Vorschläge mehr erfolgt ist. Dies kann schlicht und einfach daran liegen, dass kein Bedarf an den Informationen besteht, die verschickt worden sind; die andere Möglichkeit ist jedoch, dass die Ansprechpartner gewechselt haben und deswegen der Rücklauf so schlecht aussieht. Kontaktaufnahme ist hier dringend geboten, eventuell erst über eine zentrale Stelle der Redaktion, die Auskunft darüber geben kann, ob der bis dato auf der Liste stehende Redakteur oder Journalist denn noch immer im Haus tätig ist. Ist das der Fall, gilt es, das Ressort zu überprüfen; stimmt auch dieses noch, kann die Nachfrage nach besserer Kooperation ziemlich direkt erfolgen. Ist der Ansprechpartner nicht mehr bei der Tageszeitung oder dem Fachmedium beschäftigt, muss dringend ein neuer Ansprechpartner gewonnen werden, um die Zusammenarbeit in Zukunft zu gewährleisten. In jedem Falle sollten alle Optionen regelmäßig, ungefähr einmal pro Jahr, durchlaufen werden, um den Verteiler und damit die PR-Chancen in der Presse auf aktuellem Stand zu halten.

Die allgemeine Öffentlichkeit

Wie bereits angesprochen, ist Pressearbeit eines der Mittel, die allgemeine Öffentlichkeit – also Kunden, Investoren, Entscheider in Politik

und Gesellschaft, aber auch potenzielle Mitarbeiter – zu erreichen und
gezielt Informationen über das Unternehmen als solches und seine
Produkte zu verteilen. Die Öffentlichkeit lässt sich aber nur dann für
ein Unternehmen gewinnen, wenn die Themen, die durch die Presse
getragen werden, interessant und relevant genug erscheinen. Die In-
formationsfülle ist täglich so groß geworden, dass es wirklich unumgänglich geworden ist, mit nicht alltäglichen Dingen herauszustechen.
Natürlich können Sie als Unternehmen, das ein Gebrauchsprodukt
vertreibt, das sich zwar durch seine Qualität, aber vielleicht nicht unbedingt durch seine Kreativität auszeichnet, mit Produktinformationen und Berichten über Innovationen die Öffentlichkeit eher schlecht
begeistern. Anders ist dies, wenn das Produkt oder die Dienstleistung
betont innovativen Charakter hat, der sogar noch auf einer Linie mit
aktuellen Trends und Forschungsfeldern liegt. Deswegen gibt es zwei
Möglichkeiten, auf sich aufmerksam zu machen: Das Produkt ist interessant genug, um die Öffentlichkeit dafür zu begeistern, sprich: Die
Öffentlichkeit verlangt geradezu nach Informationen; oder aber das
Unternehmen macht in anderen Zusammenhängen von sich reden, die
nur indirekt mit dem Produkt zusammenhängen, aber nichtsdestotrotz starken Einfluss auf die Region, die Gesellschaft oder den Ar-
beitsmarkt haben. Bestens geeignet ist natürlich eine Kombination beider; und sobald das Unternehmen bekannt ist, lohnt es sich für eine
Zeitung eher, der Öffentlichkeit auch ein relativ unspektakuläres Produkt nahe zu bringen, einfach weil es die Leute interessiert, was eigentlich hinter dem Label Ihrer Firma steht, das mit allen möglichen
gesellschaftlichen Dingen in Zusammenhang gebracht wird.

Wann ist etwas für die allgemeine Öffentlichkeit interessant?

Interessant sind eigentlich alle Dinge, die die Menschen außerhalb des
Unternehmens selbst betreffen oder betreffen könnten. Während wir
die fachlichen, aus dem Unternehmen und seinen Produkten heraus
generierten Themen später behandeln wollen, geht es hier in erster Linie um das Engagement des Unternehmens im gesellschaftlichen Kon-

text. Dies ist besonders relevant (und darauf soll auch hier der Schwerpunkt liegen), was den Standort und das aktuelle Umfeld eines Unternehmens betrifft. Versteht sich das Unternehmen als aktiver Bestandteil des kommunalen Lebens, ergeben sich an vielerlei Punkten Möglichkeiten, eine aktive Rolle bei der Gestaltung desselben zu spielen.

Sponsoring als Mittel, Schlagzeilen zu machen

Es wurde bereits angesprochen, dass sich Unternehmen, um in der Öffentlichkeit wahrgenommen zu werden, an andere Unternehmungen, das heißt Veranstaltungen oder Ähnliches, anschließen können. Es gibt eine Fülle solcher Möglichkeiten, die sich aus dem öffentlichen Leben jeder Stadt oder jeder Gemeinde ergeben. Denn selbstverständlich ist es den Organisatoren öffentlicher Einrichtungen, von Kulturveranstaltungen, Museen, aber auch von karitativen Institutionen wie Kindergärten, Heimen oder eben der großen Galaveranstaltung anlässlich einer Sammelaktion, mehr als angenehm, einen unterstützenden Partner neben sich zu haben, der vor allem mit Geld, aber auch mit seinem Wissen oder der organisatorischen Unterstützung im Hintergrund steht.

Wichtig ist es, das Projekt zu finden, das zu Ihrer Firma passt, und wo eventuell sogar eine längerfristige Zusammenarbeit möglich ist. Wenn Sie eine Veranstaltung sponsern, beziehungsweise Ihr Logo, Ihren Unternehmensauftritt damit in Verbindung bringen, wird sich das in den Köpfen der Leute einprägen. Die öffentliche Wahrnehmung wird also den Namen des Unternehmens mit der Art der Veranstaltung, aber auch mit der Abwicklung selbst in Verbindung bringen. Ob die Veranstaltung gut oder schlecht ist, welches Niveau dort geboten wird, welcher Zuschauerkreis (beispielsweise bei einer Konzertreihe) angesprochen ist – all dies sind Eindrücke, die sich im Denken der Öffentlichkeit festsetzen und noch lange nach der Veranstaltung präsent bleiben werden.

Dies ist einerseits ja genau der Sinn und Zweck des Sponsorings, nämlich sich bestimmte Konnotationen auf die Fahnen zu schreiben, bestimmte Aussagen oder die Ausrichtung des eigenen Unternehmens durch das Sponsoring bestimmter Dinge zu unterstreichen. Wer sich innovatives Denken als Unternehmensziel setzt oder aber auf Kreativität oder – im Gegensatz vielleicht – auf Traditionalität baut, muss Projekte suchen und finden, die genau diese Grundwerte des Unternehmens unterstreichen, und die auch für das Zielpublikum deutlich diese Aussagen bekräftigen.

Wichtig sind also zweierlei Dinge, um dies noch einmal zu betonen: Erstens muss die Ausrichtung der gesponserten Veranstaltung den Unternehmenszielen dienen; und zweitens muss die Abwicklung, die Organisation, also die Veranstaltung selbst ein mit den Zielgruppen (gemeint sind hier entweder die Öffentlichkeit zwecks reiner Imagebildung, Kunden im direkten Sinne oder aber Entscheider aus der Kommune) des Unternehmens identisches Zielpublikum haben und dessen Niveau genau treffen.

Das Unternehmen und kommunale Interessen

Kommunale Veranstaltungen und Interessen spielen in diesem Zusammenhang eine nicht unbeträchtliche Rolle. Denn gerade über Projekte beispielsweise der Stadtverwaltung lassen sich hervorragend Positionen besetzen beziehungsweise Einblicke in und Zugänge zu Gremien schaffen, die zukünftig wichtig sein könnten. Networking ist in dieser Hinsicht ein zentrales Element, das nicht unterschätzt werden sollte.

Gerade bei kulturellen Veranstaltungen, die meist großes Interesse an zusätzlichen Fördermitteln haben, ergibt sich häufig die Gelegenheit, mittels dieser Gremien Kontakte auf höchster Ebene zu knüpfen. Je höher angesiedelt die unterstützte Veranstaltung ist, desto größer ist natürlich einmal der Prestigegewinn der Firma, zum anderen der Zugang zu den Interessengruppen, die sich hinter diesem Event verbergen.

Insgesamt macht es sich in der Vita eines Unternehmens immer gut, kommunale Projekte zu fördern – wenn sie im Einklang mit den Unternehmenszielen stehen. Kommunale Projekte betreffen direkt die

Angelegenheiten der öffentlichen Meinung und erzielen daher per se einen hohen Aufmerksamkeitswert. Und zusätzlich treffen sich bei solchen, von der öffentlichen Hand mitgetragenen oder sogar initiierten Projekten die Leute, die in der Kommune, also dem Standort des Unternehmens, das Sagen haben, beziehungsweise den Zugang zu diesen eröffnen können. Im Prinzip kann sich ein Unternehmen über die (finanzielle) Mitwirkung an solchen Projekten, die den finanziellen Rahmen nicht notwendigerweise sprengen müssen (es gibt auch viele kleine Projekte, die dennoch als wichtig erachtet werden und einen hohen Aufmerksamkeitsgrad erlangen), in den Zirkel derjenigen einkaufen, die sich im Interesse der Kommune vernetzen wollen. Dies können die Entscheidungsträger der Kommune selbst, aber durchaus auch andere Firmen sein, zu denen man auf dieser neutralen Ebene Kontakte knüpfen und vielleicht im beiderseitigen Interesse ausbauen kann.

Wichtig ist es natürlich in jedem Fall, den Namen der eigenen Firma in Verbindung mit der Veranstaltung und anderen ihrer Träger in der Presse zu lesen. Denn nur über die Mittlerrolle der Journalisten und Redakteure gelingt es, die Anzahl derer, die von dem gemeinnützigen Engagement der Firma erfahren, zu optimieren. Auch hier spielen wieder die vorher aufgebauten Kontakte und die Verankerung im kommunalen Netzwerk zusammen; andersherum betrachtet, vertiefen sich Kontakte in beide Richtungen, aber auch durch die Teilnahme beziehungsweise das Sponsorship, sodass die Presse sich eventuell Fachthemen gegenüber zugänglicher zeigt, wenn das bisher nicht der Fall gewesen sein sollte. Kontakte zu den Journalisten, die über solche Events persönlich geprägt werden, gibt es allemal.

Themen aus dem Unternehmen heraus generieren

Nachdem die Aufmerksamkeit der Journalisten durch das kommunale oder gesellschaftliche Engagement geweckt wurde, kann dies ein erster Einstieg dafür sein, auch fachliche Themen in Zukunft häufiger zu platzieren. Es geht dabei um redaktionelle Beiträge, die im Grunde jedoch einer Werbemaßnahme für Ihr Unternehmen gleichkommen, und die zudem durch die Berichtsaufmachung einen viel größeren Glaubwürdigkeitswert erzielt. Wichtig ist es, hierbei eine gewisse Regelmäßigkeit zu erzielen, damit sich die Redaktionen an Berichterstattung aus Ihrem Hause gewöhnen. Natürlich sollten immer solche Themen verwendet werden, die mit der aktuellen Situation im Gemeinwesen oder einem größeren Zusammenhang korrespondieren, damit die Chancen größer werden, dass diese Beiträge auch tatsächlich in Form eines Artikels verwendet werden.

Häufigkeiten und Abläufe festlegen

Wie häufig solche Berichte zustande kommen, hängt im Wesentlichen von zwei Faktoren ab: Der erste ist die Frage, wie oft es Ihrem Unternehmen gelingt, berichtenswerte Ereignisse zu »produzieren«; der zweite Faktor ist, inwieweit es Ihre Zeit oder personelle Besetzung im Kommunikationsbereich erlaubt, Pressearbeit in dieser Form zu betreiben.

Wichtig ist es, eine Regelmäßigkeit (selbst wenn es sich um lange Zeitabstände handelt) aufrechtzuerhalten. Setzen Sie sich beispielsweise das Ziel, alle zwei Monate eine gut recherchierte Information mit hohem Neuigkeitswert und vor allem großer Relevanz für die aktuelle oder kommunale Situation zu produzieren. Wenn dies gelingt, können Sie das Ziel immer noch höher schrauben und als Zielwert alle vier Wochen anpeilen. Dies sollte unabhängig von aktuellen Reaktionen auf Anfragen seitens der Presse oder anderer geschehen. Einer oder eine aus dem Kommunikationsteam sollte es also als eigene Aufgabe betrachten, ein Themengebiet in festgelegten Intervallen zu bearbeiten und für die Presse aufzuarbeiten. Natürlich ist dazu die Zuarbeit aus den Fachabteilungen nötig, die die grundlegenden Informationen liefern und auch für Detailanfragen, die im Nachhinein als Reaktion auf die Pressemitteilung hereinkommen könnten, zur Verfügung stehen müssen.

Meldungsadressaten

Die Meldungen, wenn sie fertig vorbereitet und auf guter Recherche-grundlage geschrieben sind, gehen dann an den Verteiler heraus, der zuvor genau für derartige regelmäßige Aktivitäten angelegt wurde. Das kann Fachredaktionen ebenso betreffen wie die Tagespresse; je nach Thema kann dies auch unterschiedlich sein. Da der Sinn und Zweck solcher regelmäßigen Mitteilungen ja der der Öffentlichkeits-wirksamkeit ist, ist wohl kaum anzunehmen, dass der Verteiler sehr klein wird oder sehr spezifisch zugeschnitten werden muss; im Gegen-teil, diese Fachthemen sollten so gewählt sein, dass sie mit gutem Grund in die Breite gestreut werden können und für die meisten Me-dien des Verteilers interessant sein könnten.

Auch hier gilt wieder: Je aktueller und besser der Verteiler, desto eher gelangen Meldungen an die richtige Adresse und werden auch tatsächlich weiterverwendet. Umgekehrt hinterlässt jedoch eine ge-wisse Regelmäßigkeit auch ihre Spuren: Wenn mit derartigen Mittei-lungen immer wieder dieselbe Redaktion kontaktiert wird, etabliert allein schon diese Tatsache einen – wenn auch losen – Draht zu An-sprechpartnern, den Sie nach einiger Zeit telefonisch aufnehmen kön-nen, um die weitere Vorgehensweise zu besprechen oder auch um nachzufragen, warum die von Ihnen gesendeten Informationen bisher nicht relevant für einen Abdruck waren, und wie das zukünftige Zu-sammenarbeiten aussehen könnte.

Pressematerialien in den Verteiler geben

Wenn Sie sich sowohl über den Inhalt als auch über den Verteiler klar geworden sind, sollten die Presseinformationen versandt werden. Wichtig ist bei derartigen fachlichen Informationen auch die Form des Versands. In den Verteiler gehen sollten deswegen immer nur standardmäßig aussehende Informationen, sodass auch bei den Re-daktionen beziehungsweise Journalisten ein Wiedererkennungseffekt auftritt. Konkret heißt dies, es sollte das Logo des Unternehmens vor-handen sein, der Redakteur oder Journalist sollte (wenn möglich) persönlich angesprochen werden, und in der Kopfzeile sollte deutlich erkennbar sein, um was es sich jeweils handelt: Ist es eine Einladung zu einem Pressegespräch, eine Pressemitteilung oder eine Veranstaltungsinformation vorab?

Unterhalb des Textes sollten dann standardisierte Angaben zum Unternehmen stehen wie Mitarbeiterzahl, Umsatzgrößen, Standorte und Übersichtinformationen zur angebotenen Produkt- und Servicepalette. Ganz wichtig ist es auch, einen Ansprechpartner zu benennen, der mit Ruf- und Faxnummer, E-Mail-Adresse und der genauen Unternehmenszugehörigkeit (das heißt Abteilungsangabe oder Fachkompetenz) angegeben ist. Im besten Falle können hier zwei Ansprechpartner stehen: zum einen jemand aus der Fachabteilung, der für die Information inhaltlich verantwortlich zeichnet und kompetent Auskunft zu der versendeten Presseinformation geben kann; zum anderen muss auf jeden Fall ein Ansprechpartner der Kommunikationsabteilung genannt sein, falls Nachfragen von Redaktionen eingehen, die die Presseinformation (eventuell nebst anderer Unterlagen zum Unternehmen) anfordern möchten beziehungsweise ein Gespräch mit einem Unternehmensvertreter zu diesem aktuellen Thema anberaumen wollen.

Investor Relations: Der Austausch mit den Investoren

Die Investoren eines Unternehmens sind noch einmal eine besondere Gruppe, denen die Unternehmenskommunikation Aufmerksamkeit schenken sollte. Je nach Größe des Unternehmens kann es sinnvoll sein, für diesen Zielgruppenkreis eine eigene Kommunikationsstrategie zu planen beziehungsweise eigene Medienvorgaben zu entwickeln. Die Medien als solche sind die gleichen wie auch bei allen anderen zu erreichenden Zielgruppen, jedoch müssen sie zielgerichtet gefüllt werden, um den Bedürfnissen der Investoren nach Informationen gerecht zu werden.

Informationsbedarf von Investoren

Investoren wollen vor allen Dingen wissen, wie das Unternehmen sich am Markt platziert hat, und welche zukünftigen Erwartungen an die eigene Kapitaleinlage geknüpft werden können. Konkret heißt das, dass Zahlen eine große Rolle spielen. Einmal geht es dabei um Umsatzzahlen, die Gewinnschöpfung und Gewinnerwartungen; je nach Beteiligung der Investoren am Gewinn kann dies eine denkbar große Rolle für die künftige Anlagefreudigkeit der Geldgeber spielen. Zum anderen kann es – und das ist besonders bei börsennotierten Unternehmen der Fall – auch um die Bewertung des Unternehmens am Aktienmarkt gehen, also um die Meinung der Analysten, wie diese das Unternehmen momentan und in der Zukunft platziert sehen.

Um solche Zukunftsvisionen unterlegen beziehungsweise positiv beeinflussen zu können, werden gerade jene Produktfelder interessant, die große Veränderungen versprechen, dass das Unternehmen sich beispielsweise in neue Sparten vorwagt, die einen großen Marktanteil und hohe zukünftige Umsatzzahlen versprechen.

Dies bedeutet also kurz gesagt: Es geht bei den Informationen für die Investoren um gegenwärtige Zahlen (im Vergleich zur Vergangenheit, wenn möglich), um zukünftig erwartete Zahlen und um die strategische Ausrichtung der Firma, um sich selber ein Urteil über die Marktchancen erlauben zu können und die Zahlen fundiert zu belegen.

Unternehmensdaten aktualisieren und verteilen

Wichtig ist bei allen diesen Angaben, dass die Daten wirklich stimmig sind und vor allem größtmögliche Aktualität besitzen. Deswegen bieten sich beispielsweise Printmedien nur bei langfristig gültigen Datensätzen an; denken kann man in diesem Zusammenhang wohl an den Geschäftsbericht, der eine alljährliche Übersicht über Veränderungen der Kennzahlen und die langfristige Strategie des Unternehmens bietet. Diesen einmal im Jahr an alle Investoren zu versenden, ist durchaus angebracht. Für alle kurzlebigeren Zahlen lohnt sich der Aufwand umfangreicherer Druckwerke nicht.

Bereitet das Unternehmen ein neues Produkt zur Markteinführung vor, sollten die Investoren aber durchaus vorher davon in Kenntnis gesetzt werden. Eine kleine Broschüre reicht hierbei aus; wichtig ist aber, dass sich keiner der Geldgeber von den Geschehnissen überrascht fühlt und sich fragen muss, welche Strategie dahinter steht, beziehungsweise inwiefern ein neues Produkt die geschäftliche Lage des Unternehmens beeinflusst (zum Beispiel durch hohe Investitionskosten oder Ähnliches).

Schönfärberei hilft nicht: Ihre Investoren wollen wissen, wo Sie stehen

Investor Relations sollten in keinem Fall mit Werbung verwechselt werden. Investoren wollen wissen, wo das Unternehmen steht, und was sie zu erwarten haben. Nur in so einem Fall können Sie gewährleisten, dass die Kapitaleinlagen auf solidem Sockel stehen und die Anleger langfristig Vertrauen in das Unternehmen setzen, gleichgültig ob es sich um 20 Geldgeber oder Tausende von Aktienkäufern handelt. Selbst Durststrecken, wo die Geldeinlage nicht unbedingt viel Profit abwirft, lassen sich leichter überstehen, wenn die Anleger genau wissen, wann aufgrund der langfristigen Strategie ein Ende dieser Durststrecke abzusehen ist, beziehungsweise weshalb es im Gesamtinteresse notwendig sein könnte, eine solche Strategie trotz kurzfristig gesehen negativer Auswirkung zu fahren.

Medien der Investor Relations

Auch bei der Zielgruppe der Anleger eignen sich – wie bereits erwähnt – bestimmte Medien mehr oder weniger gut. Wegen der eher kurzfristig benötigten Informationen sind natürlich schnell aktualisierbare Medienträger empfehlenswert, sprich: Informationen über das Internet oder per E-Mail. Längerlebige Informationen bieten sich nur in Ausnahmefällen an, beispielsweise wenn es um Bestandsaufnahmen oder Überblicksdarstellungen geht.

Online: Die eigene Investoren-Rubrik auf der Unternehmenshomepage

Das Online-Medium ist eigentlich die sinnvollste Art der Informationsversorgung für die Investoren des Unternehmens. Das Internet bietet jederzeit Zugriff für jedermann und lässt deswegen bisherige als auch potenzielle Investoren gleichermaßen auf die relevanten Informationen zugreifen. Wichtig ist es, dass auch für diesen Bestandteil der Homepage permanente Kategorien festgelegt werden, die den Informationssuchenden die Orientierung erleichtern. Gerade wenn es um die Suche nach aktuellen Börsenkursen, Umsatzzahlen, Geschäftsstrategien und neuesten Produktportfolios geht, erweckt eine zu komplizierte Seitenstruktur im Internet doch allzu leicht den Eindruck, das Unternehmen wolle sich um die klare und eindeutige Kommunikation der relevanten Daten und Fakten drücken.

Gerade auch in Krisenzeiten des Unternehmens, weil die Börse vielleicht eingebrochen ist, der Kapitalmarkt in Gänze nicht mehr so rosig aussieht oder die Firma durch Eigenverschulden in negative Schlagzeilen geraten ist, scheint es wichtig zu sein, eine offensive und offene Informationspolitik besonders denjenigen gegenüber zu betreiben, die den Kapitalgrundstock legen. Aktuellste Informationen und detaillierte Analysen des Geschehens sind hier ausdrücklich gefordert, um den Eindruck kompetenten Krisenmanagements zu entwickeln. Nicht unterschätzen sollte man auch die stets notwendige und empfehlenswerte Feedback-Funktion zur Redaktion der Unternehmenskommunikation beziehungsweise einem Ansprechpartner aus dem Investor-Relations-Team; gerade für die Zielgruppe »Geldgeber« ist eine gesonderte Betreuung unabdinglich.

Print: Geschäftsberichte und neueste Kennzahlen zusenden

Die langfristig angelegten Printmedien eignen sich im Zusammenhang mit den Investoren als Zielgruppe eher weniger, sind aber dennoch nicht zu unterschätzen. Natürlich muss einmal im Jahr der Geschäftsbericht in gedruckter und gebundener Form an die Geldgeber

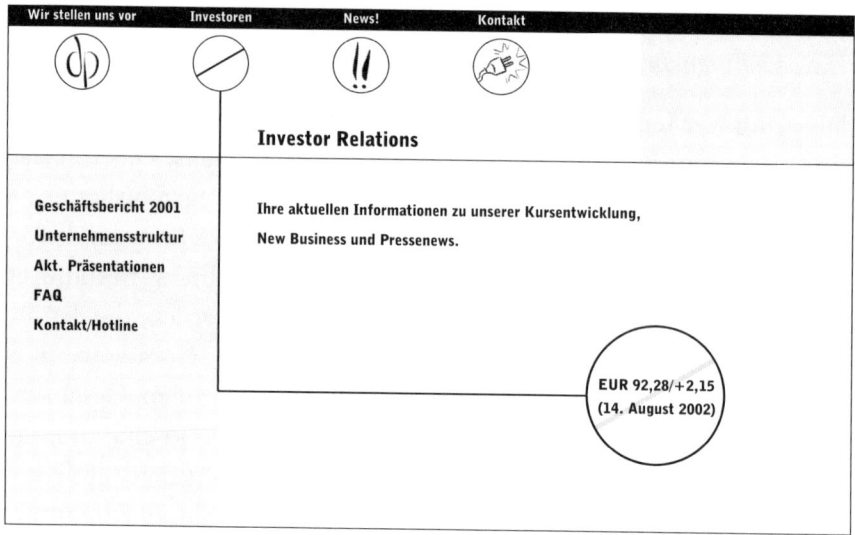

Abbildung 37: Gestaltungsbeispiel einer Informationsseite für
die Investoren eines Unternehmens im Internet

gesendet werden, um die Geschäftsentwicklung in längeren Zeiträumen deutlich zu machen. Auch zukünftige Strategien lassen sich so
detaillierter und tiefgehender darstellen, um die relevanten Kapitalgeber schon vorab über anstehende Veränderungen oder Neuausrichtungen zu informieren und Irritationen bereits im Vorfeld zu verhindern. Auch wenn sich während eines Geschäftsjahres bedeutende
Veränderungen ergeben (beispielsweise ein Führungswechsel oder die
Eröffnung eines neues Produktfelds), bietet sich eine schriftliche Hintergrundinformation an, die mit kurzfristigen Online-Informationen
untermauert werden kann. Alles, was die Substanz und damit die
Glaubwürdigkeit des Unternehmens und seiner Strategie betrifft, sollte einer gedruckten Mitteilung überantwortet werden. Denn auch
wenn E-Mail, Newsletter und das Internet in der Informationsübermittlung wesentlich schneller sind, so nimmt man den Inhalt dieser
Medien doch als wesentlich weniger fixiert und vertrauenswürdig
wahr als den von gedruckten Informationsmaterialien. Printmedien
machen ganz besonders deutlich, dass hier ein Statement seitens der

Firma getroffen wird, das nicht so leicht zu widerrufen ist und für Dauerhaftigkeit stehen soll.

Die Notfallnummer: Telefonische Betreuung der Investoren

Wie für jeden anderen Adressatenkreis der Kommunikationsmaßnahmen eines Unternehmens sollte auch bei den Investoren der persönliche Kontakt nicht ausgeblendet werden. Abgesehen von Investorenabenden, bei denen man die direkte Interaktion zwischen Investoren und der Geschäftsleitung ermöglichen kann, sollte es auch für den Notfall eine Telefonnummer geben, bei der sich die Anleger nach neuesten Entwicklungen erkundigen oder Rückfragen zum Unternehmen stellen können. Auch dies wird im Krisenfall wieder besonders wichtig, wenn Anleger beruhigt werden müssen, um ihr Geld in der Firma verbleiben zu lassen.

Kundengruppenspezifische Kommunikation

Auch wenn von ihnen bisher schon viel und oft die Rede war, verdient die Gruppe der Kunden dennoch ihr eigenes Kapitel. Natürlich wollen Kunden hauptsächlich etwas über die Produkte wissen, die sie kaufen wollen oder sollen. Doch nicht jeder Kunde ist gleich. Unterschiede gibt es zunächst einmal dahingehend, welche Produktgruppen den Einzelnen interessieren, das heißt, auch hier muss bereits ein Informationsbündel geschnürt werden, das auf individuelle Bedürfnisse hin ausgerichtet ist. Je größer natürlich die Gruppe mit Personen identischer Kommunikationsanforderungen, desto einfacher für die Zusammenstellung der Inhalte. Ein zweiter wesentlicher Unterschied besteht dahingehend, wie detailliert Informationen sein können, das heißt welche Informationstiefe und -dichte für einen Kunden angemessen ist, damit dieser von den Informationen weder unter- noch überfordert wird.

Informationsbedarf von Kunden

Kunden wollen all das wissen, was ihnen die Kaufentscheidung einfacher macht. Dies hat natürlich schon sehr viel mit Marketing oder sogar Produktmarketing zu tun, aber wenn man von den Detailinformationen absieht, die sicherlich seitens des Marketings erfolgen müssen, geht es doch auch darum, Kunden oder Kundengruppen über die grundlegenden Aspekte eines Unternehmens zu informieren. Gerade wenn es um den Aufbau einer Marke geht, unter deren Namen dann verschiedene Produkte angeboten werden sollen, ist es wichtig, das Unternehmensumfeld und auch die Leitstrategien dieser Marke und damit einer spezifischen Produktgruppe zu kommunizieren. Kunden wollen wissen, welche Produkte sie kaufen; aber sie wollen heutzutage auch vermehrt wissen, welches Unternehmen dahinter steht, das heißt welche Qualitätsansprüche und welche anderen Produktgruppen.

Kundengruppen bestimmen: Produktzugehörigkeiten, spezifische Interessen

Bei der Erstansprache von Kunden geht es vor allem darum, deren Interesse an Ihrem Unternehmen und seinen Produkten zu wecken, um in konkreteren Gesprächen dieses Interesse ausbauen zu können. Dabei ist zu unterscheiden, welche Kunden was interessiert. Sicherlich interessieren Geschäftspartner im Business-to-Business-Bereich andere Dinge als den Kunden auf der Straße. In jedem Fall ist es unerlässlich, Kundengruppen zu erstellen, die an ähnlichen Informationen interessiert sind, um sich Arbeit zu sparen. Für diese sollten dann spezielle Pakete an Informationen geschnürt werden. Dies geht am besten, wenn man sich hier eines Baukastensystems bedient und aus dem Spektrum möglicher Informationsmaterialien jeweils das auswählt, was für eine Kundengruppe oder auch einen einzelnen Kunden interessant sein könnte.

Im Grunde kann man dabei auf die weiter vorn genannten Mediengattungen zurückgreifen und sich überlegen, welche Medien mit welchen Inhalten sinnvoll sind. Sollen potenzielle Kunden angeschrieben werden, macht es sicherlich Sinn, eine Kurzversion der Unternehmensbroschüre plus verschiedene Produktblätter je nach Interessengebiet plus vielleicht eine Einladung zu einem Fachevent beizulegen. Natürlich dürfen Ansprechpartner und Kontaktadressen nicht fehlen. Wichtig ist auch, auf die Detailtiefe der Informationen zu achten. Wenn man es mit einem Kundenkreis zu tun hat, der nicht mit Werbeslogans, sondern mit Einzelinformationen zu den Produkten versorgt werden muss, gilt es, dies in ausreichendem Maße zu berücksichtigen.

Die Erreichbarkeit von spezifischen Kundengruppen: Medien bestimmen

Nicht alle Medien eignen sich für jede Kundengruppe. Neben Alter und damit der Affinität zu bestimmten neuen, elektronischen Medien spielen dabei Branchen eine Rolle. In der gesamten IT-Branche ist es sicherlich gängig, Broschüren als Dateien an E-Mails angehängt zu versenden, ohne dass dies als unseriös empfunden wird. In anderen Branchen ist das weniger der Fall. Präsenz in Hörfunk und Fernsehen mit neuen Produkten eignet sich auch eher bei Gütern oder Dienstleistungen, die ein Massenpublikum privater Käufer ansprechen, weniger im Business-to-Business-Bereich. Neben den inhaltlichen Bündelungen müssen also auch die Medienbündel berücksichtigt werden, die für eine Zielgruppe geschnürt werden. Online-Kommunikation, Printmedien, audio-visuelle oder Face-to-Face-Kommunikation müssen jeweils aufeinander abgestimmt werden, um ein einheitliches Bild zu ermöglichen und die Zielgruppen optimal anzusprechen.

Inhalte und Medien je nach Kundengruppe abstimmen

Das heißt aber auch, dass Medien und Inhalte aufeinander abgestimmt werden müssen, und das jeweils pro Zielgruppe. Beispielsweise kann man sich überlegen, grundsätzlich online zu informieren, ein Paket mit der Post mit den vertiefenden Materialien oder einer Einladung nachzusenden, dann per Telefon nachzufassen und schließlich in einer Veranstaltung den persönlichen Kontakt herzustellen. Parallel dazu kann für die so beworbenen Produkte beziehungsweise die derartige Unternehmensvorstellung ein Spot im Fernsehen geschaltet werden, im lokalen Rundfunk entweder ein redaktioneller oder ein Werbebeitrag gesendet oder aber in relevanten Zeitungen und Fachzeitschriften das neue Produkt, die neue Dienstleistung beziehungsweise das Unternehmen als solches beworben werden. Die Bündelung erfolgt also im besten Falle dreidimensional: Medien plus Inhalte plus Zielgruppen, und das alles noch auf zeitlicher Ebene aufeinander abgestimmt und ineinander verwoben.

Das politisch-gesellschaftliche Umfeld

Es wurde bereits mehrfach darauf hingewiesen, wie wichtig es für ein Unternehmen ist, sich in das gesellschaftliche Umfeld der Kommune, aber auch in die kommunalpolitischen Belange einzufügen oder sogar einzubringen. Gerade wenn es um weitreichende Entscheidungen geht, die von der Kommunal-, Stadt- oder sogar Landesverwaltung getroffen werden, bringt die Nähe zum politischen Entscheidungsträger oftmals Vorteile, um sich als Unternehmen frühzeitig auf Veränderungen einstellen oder die Entscheidung selbst mit beeinflussen zu können.

Wer sind die Ansprechpartner?

Ansprechpartner im politisch-gesellschaftlichen Umfeld sind zum einen die Personen der Verwaltung, ob auf kommunaler, städtischer oder Landesebene. Hinzu kommen bedeutende Verbände und Vereine, die für das Unternehmen inhaltlich oder aber durch ihre politische Einflussmacht entscheidend sind. Grundsätzlich gehören auch Institutionen des öffentlichen Lebens wie Universitäten, Forschungseinrichtungen oder gemeinnützige Gesellschaften dazu.

Relevante Entscheidungsträger definieren

Sobald die relevanten Trägereinrichtungen definiert sind, geht es darum, sich bestimmten Ansprechpartnern zu nähern. Grundsätzlich kann ein Unternehmen dies auf zweierlei Wegen tun: Entweder man geht über die fachliche Ebene, spricht also mit den Wirtschaftsreferenten, oder aber man versucht eine Vertrauensbasis mit den Personen der Öffentlichkeitsarbeit dieser Institutionen zu erwirken. Optimal ist natürlich die Kombination beider, was aber zeitliches und personelles Engagement erfordert und sich nur lohnt, wenn man sich wirklich entscheidende Verbesserungen durch die Zusammenarbeit mit der jeweiligen Institution verspricht.

Informationsmaterial zusammenstellen

Für den Erst- oder Neukontakt ist es wichtig, interessante Informationen zusammenzustellen, die auch deutlich machen, inwiefern sich ein Unternehmen einzubringen gedenkt. Zunächst einmal dürfen natürlich die Unternehmensbroschüre und die neuesten Kennzahlen (der Geschäftsbericht) nicht fehlen, um auch deutlich zu machen, in welchen Größenordnungen und innerhalb welcher Branchen das Unternehmen operiert. Dazu gehört eine Auflistung an Veranstaltungen (möglichst gemeinnütziger Art), innerhalb derer sich die Firma bisher schon engagiert hat, um zu verdeutlichen, dass hier sehr wohl kommunal-gesellschaftliche Interessen im Spiel sind. Optimal ist natürlich die Einladung zu einer zukünftig stattfindenden Veranstaltung oder aber das Angebot eines persönliches Treffens, um eine mögliche Zusammenarbeit oder konkrete Kooperation zu besprechen.

Kontinuität ist wichtig

Auch wenn nicht gleich eine bahnbrechende Kooperation oder die Mitwirkung an politischen Entscheidungen anstehen, sollte der Kontakt nie abreißen. Neueste Informationen, die beispielsweise auch die Investoren interessieren, oder strategische Entscheidungen des Managements sollten Sie immer kommunizieren, um zu demonstrieren, dass Sie sich als Teil des gesellschaftlichen Umfelds betrachten. Und hin und wieder betreffen Geschäftsentscheidungen in der einen oder anderen Form auch das Umfeld, selbst wenn das vielleicht auf den ersten Blick nicht so deutlich hervortreten sollte; und dann ist es in jedem Falle besser, frühzeitig Informationen herausgegeben zu haben – ganz im Sinne einer offensiven Informationspolitik des Unternehmens.

Mit den Entscheidern aus Politik und Gesellschaft kooperieren

Am optimalsten ist es natürlich, für bestimmte Veranstaltungen oder bei Publikationen mit einem starken Partner aus dem gesellschaftlich-politischen Bereich zu kooperieren. Der Bekanntheitsgrad des Namens des Partners erhöht auch den Wert des eigenen Firmennamens. Beachten sollte man deswegen auf jeden Fall auch das Image des Partners, mit dem man sich verbinden möchte, um da keine Widersprüche unbeabsichtigterweise zuzulassen.

Themenfelder für gemeinsame Aktivitäten eruieren

Um gemeinsame Events zu planen, ist es am besten, sich mit der Geschäftsführung des Vereins oder mit dem Referenten der Verwaltungsstelle zusammenzusetzen und genau die Themen, die angegangen werden sollen, aber auch die organisatorischen Dinge zu besprechen. Jeder muss seine eigenen Zuständigkeiten und auch die jeweils gewünschten PR-Effekte klar formulieren und in der gemeinsamen Planung wiederfinden können.

Im Anschluss daran erfolgt die Event-Planung genauso wie eigene Events, nur dass Pressemitteilungen abgestimmt und grundsätzlich alles, was von externer Breitenwirkung sein könnte, gegengelesen werden sollte. Sie haben jetzt einen Partner, von dem Sie sich viel versprechen, der aber auch eine gewisse Erwartungshaltung an Sie hat. Dessen sollten Sie sich als Unternehmen immer bewusst sein, um eine langfristige Kooperation nicht zu gefährden.

Relevante Personen als Referenten einladen

Das Bedeutendste an einer Kooperation mit politischen oder gesellschaftlich relevanten Institutionen ist deren Zugriff auf Referenten mit großem Bekanntheitsgrad, die als »Zugpferde« bei den Veranstaltungen dienen wollen. Ihr Firmenname schmückt sich dann sozusagen mit dem bedeutenden Namen des Referenten; Nähe des Unternehmens zur Politik, zur Kultur oder zur Forschung werden so demonstriert. Klarer Bestandteil eines solchen Deals zwischen Ihrem privatwirtschaftlichen Unternehmen und einem Kooperationspartner der öffentlichen Hand kann es deswegen beispielsweise sein, sich gute Namen als Referenten, Moderatoren oder Begrüßungsredner über die Kontakte des Partners im wahrsten Sinne des Wortes »einzukaufen«, wenn Sie die Finanzierung der Veranstaltung übernehmen können. Wichtig ist stets: Beide Seiten müssen klar Ihre jeweiligen Vorteile sehen und ihr Engagement daraus ableiten.

Exkurs 2

Pressemonitoring: Auswertung der Pressearbeit und der Pressereaktionen online und offline

Externe Kommunikation kann nur dann ihren Zweck voll entfalten, wenn regelmäßig beobachtet wird, in welchem Licht das Unternehmen im Spiegel der Öffentlichkeit dargestellt wird. Pressepräsenz um jeden Preis kann hier keinesfalls das Ziel sein; deswegen tut eine systematische Auswertung der jeweiligen Erfolge beziehungsweise Misserfolge Not, um gegebenenfalls gezielt gegensteuern oder berichtigen zu können.

Dieses so genannte Pressemonitoring kann man entweder selbst durchführen oder von beauftragten Agenturen vornehmen lassen. Bei Unternehmen mit großer Pressepräsenz ist es fast notwendig, einen täglichen Überblick anzustreben; bei Unternehmen, die nur ab und zu in der Presse vorkommen, tut es auch ein wöchentlicher oder gar monatlicher Pressespiegel. In diesem sollten dann alle Artikel und Beiträge, in denen das Unternehmen genannt wird, enthalten sein. Gleichzeitig können diese Beiträge sortiert und bewertet werden. Entscheidend ist über die Zeit hinweg beispielsweise, in wie vielen fachlichen Beiträgen das Unternehmen vorkam und wie es dort bewertet wurde. War es Kritik am Unternehmen oder die Herausstellung des Unternehmens als Experte auf einem Gebiet, was die Erwähnung der Firma im Pressebeitrag rechtfertigte? Ist eine Gegendarstellung nötig, bietet sich Gelegenheit zur vertiefenden Darstellung? Interessant sind aber auch Erwähnungen im anderen Kontext, zum Beispiel die angesprochenen Engagements der Firma im kulturellen und gesellschaftlichen Umfeld, die Niederschlag in einem Pressemedium gefunden haben können. Diese gehören ebenfalls definitiv zum Gesamterscheinungsbild des Unternehmens in der Presse; und auch hier gilt es bei jeder Erwähnung zu überlegen, ob man sich mit derartigen Berichterstattung im richtigen Umfeld bewegt oder ob die Schwerpunkte in Zukunft anders gelegt werden müssen.

Neben der Beobachtung der Presseresonanz, die das Unternehmen direkt betrifft, ist es natürlich auch wichtig, Informationen über die Konkurrenz so frühzeitig wie möglich abzugreifen, um mögliche Risiken einordnen und ihnen somit eher vorbeugen zu können. Auch die Entwicklung der gesamten Branche, also nicht nur von Konkurrenzunternehmen, sondern auch von in der Produktionskette vor- und nachgelagerten Unternehmen kann ausschlaggebende Informationen bereithalten. Dies gilt ebenso für Entwicklungen der Branche, die die Kunden der eigenen Firma betrifft.

Es wird also deutlich, dass eine klar gegliederte Struktur des Pressespiegels nach Informationen über die eigene Firma, Konkurrenzfirmen, die Branche an sich und Kundengruppen beziehungsweise deren Branchen entscheidend ist, um wirkliche Erkenntnisse daraus beziehen zu können.

Zusätzlich zu der grundsätzlich zu definierenden Struktur der Informationen ist es wichtig, die entscheidenden Medien zu bestimmen, die regulär ausgewertet werden sollen. Gerade branchenübergreifende Informationen und die Betrachtung der Konkurrenz spielen sich nicht unbedingt im direkten Umfeld des eigenen Unternehmens ab, das heißt also, die Auswertung der Lokal- und Regionalpresse ist meistens nicht ausreichend. Auch die Fachpresse sollte hierbei berücksichtigt werden, um eine optimale Informationsversorgung zu gewährleisten.

Das Ziel sollte es sein, nach genau definierten Kriterien und mit klar festgelegten Medien leicht zuzuordnende Informationen abgreifen und intern weitergeben zu können, sodass jeder im Unternehmen eigene Schlussfolgerungen aus den das eigene Tätigkeitsfeld betreffenden Informationen ziehen kann. Ein solcher Pressespiegel sollte deswegen jedem im Unternehmen zugänglich sein, gerade auch was die Informationen über die Branche an sich oder die Branchen der Kunden betrifft, weil oftmals kleine Details ausschlaggebend dafür sein können, den Unternehmenserfolg langfristig zu sichern, sich gegen die Konkurrenz durchzusetzen oder trotz des Niedergangs einer Branche weiterhin den eigenen Kundenkreis aufrechterhalten beziehungsweise anpassen zu könneen.

Exkurs 3

Kommunikationsmanagement in Unternehmen – Strategien und Organisation: Ein Fallbeispiel

Mit der Auswahl der richtigen Medien und Methoden ist es meist noch nicht getan. Und auch, wenn die richtigen Zielgruppen mit den jeweils passenden Inhalten angesprochen werden, ist dies nur die halbe Miete. Beide Bereiche – den der Medien und den der Zielgruppen beziehungsweise den der zielgruppengerechten Inhalte – zusammenzubringen birgt erst die Möglichkeit, Kommunikation als strategisches Vorgehen zu bezeichnen, das dem Unternehmen zum nachhaltigen Erfolg verhilft.

Bei diesem so genannten und unabdinglichen Kommunikationsmanagement geht es darum, die einzelnen Bestandteile der Kommunikation, die möglicherweise eingesetzt werden können, vorab so zu planen und so vorausschauend zu betrachten, dass sich Kommunikation nicht aus dem Moment heraus gestaltet, sondern in ein übergeordnetes Konzept oder ein zugrunde liegendes Schema eingeordnet wird. Kommunikation soll letzten Endes ja dem Geschäft beziehungsweise dem Geschäftserfolg dienen; und deswegen kann Kommunikation im Hinblick auf diesen Geschäftserfolg geplant werden, muss dies sogar, um effektiv und effizient angewendet werden zu können.

Was heißt dies nun aber konkret? Kommunikation muss – je nach Thema – einem bestimmten Konzept folgen. Innerhalb eines umfassenden Metaplans sind dann alle Inhalte so anzuordnen, dass sie dem übergeordneten Ziel der Kommunikationsmaßnahme entsprechen. Besonders deutlich wird diese Forderung in Zeiten, wo ein Unternehmen sich grundlegenden Veränderungen unterziehen muss, um weiterhin am Markt bestehen zu können. Aber auch bei weniger relevanten Dingen, die im Unternehmen vor sich gehen, ist es durchaus sinnvoll, diese innerhalb eines solchen Planes zu kommunizieren und den Mitarbeitern sowie dem externen Publikum kenntlich und verständlich zu machen.

Beispiel Führungswechsel: Die Geschäftsführung eines Unternehmens soll aus Altersgründen ausgetauscht werden; der Junior löst einen Seniorchef ab, da dieser in den Ruhestand tritt. Dies klingt zunächst relativ unspektakulär, ist es aber durchaus nicht. Eine Führungsfigur ist ja immer auch eine Person der Identifikation, sowohl für die Mitarbeiter als auch für alle, die das Unternehmen von außen wahrnehmen. Deswegen ist es durchaus relevant, diesen Führungswechsel kommunikativ zu begleiten und eben nicht nur eine kurze Notiz per E-Mail zu schreiben und den neuen Namen kommentarlos zu nennen.

Selbst bei einer solch »kleinen« Begebenheit kann also ein Kommunikationsplan bereits sinnvoll sein, wenn man es nicht dem Zufall überlassen möchte, wie der erste Eindruck des neuen Mannes (oder der neuen Frau) an der Spitze ausfallen wird. Ebenso kann es von Bedeutung sein, wie der Vorgänger verabschiedet und sein Werk (vielleicht sogar Lebenswerk) gewürdigt wird. All dies bringt auch ein Stück weit die Unternehmenskultur zum Ausdruck. Und wo sonst würde Unternehmenskultur deutlicher überbracht werden als durch die Kommunikation eines Ereignisses, das sich direkt mit der (Führungs-) Geschichte des eigenen Unternehmens befasst?

Bereits lange vor einem solchen geplanten Ereignis – denn nur für solche können wirklich sinnvolle Kommunikationsstrategien und Maßnahmenpläne entworfen werden – muss mit der Vorbereitung der Kommunikation begonnen werden. (Für notfallartig eintretende Ereignisse, die nicht von langer Hand vorbereitet werden können, weil man gar nicht weiß, dass sie geschehen werden, sollten im Zweifel immer Kommunikationspläne zurate gezogen werden können, die im Groben abstecken, wie Kommunikation im Krisenfalle abzulaufen haben sollte: Zielgruppen, die zuerst angesprochen werden müssen, sollten definiert sein; die dazu am besten zu nutzenden Medien müssen zur Verfügung stehen; der Kontakt zu den relevanten Fachbereichen muss sofort hergestellt werden können, um direkt an die benötigten Informationen gelangen zu können und so weiter. Doch hier wollen wir uns weniger mit den ungeplanten als vielmehr mit den geplanten Ereignissen beschäftigen, für die übersichtsmäßig ein Kommunikationsfahrplan entworfen werden kann, ohne auf Ad-hoc-Maßnahmen zurückgreifen zu müssen.)

In einem Metaplan, der über allen konkreten Maßnahmen steht, sollten alle Ziele, die man sich für dieses Kommunikationsvorhaben gesetzt hat, klar verankert und mit zeitlichen Angaben versehen sein. In Bezug auf unser Beispiel hieße das, dass man lange vor der Abdankung des Seniorchefs darauf hinsteuert, den neuen Chef bekannt zu machen und auch seine Person im Unternehmen herauszustellen. Dabei muss man sich entscheiden, ob dies schon mit Bezug auf seine anstehende Ernennung geschehen soll, oder ob es sich um ein langsames Hinarbeiten handeln soll, ohne den neuen Titel schon zu erwähnen. Darüber hinaus muss auch festgelegt sein, ob man dies in irgendeiner Form auch nach außen kommunizieren möchte, beispielsweise indem man den »Neuen« im Hinblick auf spezielles Expertenwissen herausstellt und ihn in den Medien und bei den Kunden publik macht.

In der zweiten Phase, die nach dieser allgemeinen Kennenlernphase erfolgt, muss angekündigt werden, dass der jetzige Chef sich bald zurückziehen wird, um seinen Platz einem fähigen Nachfolger zu überlassen. Spätestens jetzt werden wilde Spekulationen darüber ausbrechen, wer das sein wird, wenn nicht ohnehin von Anfang an mit offenen Karten gespielt worden ist. Und es ist sicherlich auch nicht sinnvoll, die Mitarbeiter (und im Zweifel eben auch die Öffentlichkeit) zu lange darüber im Unklaren zu lassen, wer der neue Chef sein wird. Dies würde nur Unsicherheit erzeugen und eine längere Phase einleiten, in der keiner so recht weiß, auf welche neuen Gegebenheiten er oder sie sich demnächst einzustellen haben wird.

In Phase drei existieren dann beide sozusagen nebeneinander; Eintracht wird demonstriert, aber auch entscheidende Unterschiede zwischen den beiden herausgearbeitet. Der alte Chef hatte sein Profil und hat lange Jahre gut gearbeitet; dies muss in jedem Falle gewürdigt werden. Der junge Chef, der nachfolgen wird, braucht nun dringend ein Profil, das von seinem Vorgänger deutlich abweicht, aber nichts an der Grundstruktur des Unternehmens ändern will. Der Übergang erfolgt sozusagen schleichend und darf keinesfalls als abrupter Wechsel kommuniziert sein – selbst wenn dem so wäre, und der vorherige Chef dringend genötigt wird, zu gehen, um neuen Ideen Raum zu geben, die man sich von dem jungen Nachfolger erhofft. Kommunikativ ist es ganz schlecht, darauf aufbauend ein Unternehmen führen zu wollen; üble Nachrede seitens des Managements untergräbt nur die eigene Autorität.

In Phase vier schließlich, wenn der vorherige Chef tatsächlich seinen Abschied genommen und dem Nachfolger seinen Platz gänzlich überlassen hat, müssen gezielt neue Maßnahmen angekündigt werden, die ab jetzt eingeführt werden. Diese dürfen nicht in völligem Widerspruch zur bisherigen Unternehmenspolitik stehen; sie müssen aber auf jeden Fall mit den vorher gegebenen Versprechen des neuen Chefs übereinstimmen und zeigen, dass er durchaus durchsetzungsfähig ist und in Führungsqualitäten in nichts dem Vorgänger nachsteht. Vergleiche mit dem Führungsstil des Vorgängers seitens der kommunikativen Inhalte sind nur insoweit erwünscht, als sie die Fähigkeiten des Neuen unterstreichen, bestimmte, erfolgreich angewandte Maßnahmen des Vorgängers im positiven Sinn weiterentwickeln zu können.

Diese vier Phasen unseres Beispiels machen ganz deutlich, worauf es bei einem Kommunikationsfahrplan im Kern ankommt: Etappenweise müssen ganz klare Lernziele gesetzt werden. Zu bestimmten Zeitpunkten muss das gesamte Unternehmen (also die Belegschaft) und auch die Öffentlichkeit (wenn der Führungswechsel oder grundsätzlich der Inhalt der Kommunikation relevant ist) einen bestimmten Kenntnisstand erreicht haben. In unserem Beispiel ist das erstens die Kenntnis über den fähigen neuen Mann im Unternehmen, zweitens die Information über den Ruhestand des älteren Chefs, drittens das Wissen um die sich ergänzenden Qualitäten der alten und neuen Führungskraft und viertens die Sicherheit aus der Erkenntnis, dass der neue Mann hält, was er verspricht.

Diese Vorgaben sind als Etappenziele zu formulieren, bevor sie in einen auf zweiter Ebene gelagerten Kommunikationsplan umgesetzt werden können: Auf dieser zweiten Ebene geht es nun darum, einzelne Zielgruppen zu definieren und deren Wissensdurst zu bestimmen. Das heißt konkret, dass Personen des Unternehmens und die Öffentlichkeit unterschiedliche Anforderungen an die Informationen über das Ereignis haben. Der Azubi wird wesentlich weniger daran interessiert sein, genaueres Wissen über die geplanten Maßnahmen des neuen Chefs zu erlangen als beispielsweise der Leiter eines Fachbereichs, der dann ganz eng mit dem Nachfolger zusammenarbeiten muss; und seitens der Öffentlichkeit wird die (regionale) Fachpresse eventuell wesentlich größeres Interesse am Weggang des vorherigen Kollegen haben als die großen nationalen Tageszeitungen.

Im Prinzip gibt es so viele unterschiedliche Zielgruppen, wie es mit dem Unternehmen auf die eine oder andere Weise verbundene Menschen gibt. Doch das Ziel einer individuellen Kommunikation ist hoch gesteckt, kann kaum je erreicht werden und könnte auch sicherlich nicht den Zweck erfüllen, den Kommunikation erfüllen soll, nämlich kollektives Wissen über ein bestimmtes Ereignis zu verschaffen, sodass Personen mit ähnlichen Interessen am Unternehmen sich auch durchaus darüber unterhalten können und sich fast auf gleichem Kenntnisstand befinden. Deswegen entscheiden die Kommunikatoren über die Perspektive, die die Kommunikation wählt, soweit es eben möglich ist – gerade auch, wenn es darum geht, etwaige Unannehmlichkeiten auszublenden und bestimmte Sachverhalte deutlich zu machen, die so vielleicht einen ungeahnten Schwerpunkt erfahren, der in rein sachlicher Berichterstattung vielleicht gar keine Erwähnung finden würde. (Hierzu passt wieder die eigens gemachte Story über den neuen, exzellenten Emporkömmling in der Firma, der deswegen der designierte Nachfolger werden kann. Ob seine Leistung wirklich so herausragend war, ist eine ganz andere Frage. Letztlich soll Kommunikation hier nur die Geschichte zum Ereignis liefern und damit das Ereignis selbst vorbereiten, um es aus dem Unternehmen und aus der

Unternehmensgeschichte heraus logisch wirken zu lassen.) Kommunikation – das sei klar gesagt – kann auch höchst manipulativ sein, wenn sie ihrem eigenen Plan und ihren selbst gemachten Geschichten folgt. Doch selbst eine solche Kommunikation ist besser als gar keine; denn wenigstens wissen alle Bescheid, was passiert – selbst wenn die Gründe im Dunkeln bleiben (müssen).

Nun sind also die Zielgruppen bestimmt, um des Weiteren festlegen zu können, welche Inhalte jeweils relevant sind. Diese Inhalte müssen sowohl die hierarchische Stellung als auch die fachspezifische Ausrichtung der Zielgruppe beachten, wenn es um die Seite der Mitarbeiter geht. Bei der externen Kommunikation richten sich die Zielgruppen mehr danach aus, ob es sich um Fachpublikum (das heißt Kunden oder Zulieferer), die breite Öffentlichkeit oder bestimmte gesellschaftliche Personen handelt, die mit dem Führungswechsel in der Firma nochmals ganz andere Konnotationen verbinden. (Man denke hier beispielsweise an das bisher immer geförderte Fußballturnier des Stadtvereins, der nun vielleicht mit dem neuen Chef um seine Sponsoring-Gelder fürchten muss).

Diese Zielgruppen sollen gemäß der auf Ebene eins festgelegten übergeordneten (phasenweisen) Kommunikationsziele auf den gleichen Informationsstand gebracht werden. Aber dies muss natürlich mit unterschiedlichem Anspruch geschehen. Unterschiedliche Detailtiefe oder vielleicht auch ganz unterschiedliche Informationen (den einen interessiert – wie gesagt – mehr die Sponsoring-Neigung des neuen Chefs, den anderen mehr seine Personalpolitik, den Dritten wiederum – den Kunden – ausschließlich seine neuen Produktideen) heißen aber noch lange nicht, dass das Kommunikationsziel ein anderes wird.

Die Aussage »Der neue Chef wird beim Unternehmen zahlreiche Neuerungen vornehmen, die im Einklang mit der bisherigen Firmenstrategie stehen, aber dennoch einer aktuellen Marktlage Rechnung tragen und ganz neue Elemente in die Produkt- und Vertriebsstrategie einführen« kann den Zielgruppen ganz unterschiedlich vermittelt werden und muss dies auch, um für alle Relevanz zu besitzen, damit die Aussage auch verstanden werden kann. Wir befinden uns bei diesem Beispiel in Phase drei, in der die beiden Unternehmensleiter einander gegenübergestellt werden; angedeutete Neuerungen lösen in dieser Phase definitiv Ängste und Besorgnisse beziehungsweise Interesse im Unternehmen sowie in der Öffentlichkeit aus, auch wenn dies jeweils auf ganz verschiedenen Tatsachen beruht.

Der Vertriebsleiter erwartet nun detaillierte Informationen über diese angekündigten neuen Vertriebswege und hofft, dass er den neuen Anforderungen gewachsen sein wird, ja dass er überhaupt noch Bestandteil dieser neuen Strategie sein kann; für ihn und sein Team stehen also auch existenzielle Sorgen auf der Tagesordnung. Die Fachpresse wird sich wohl dafür interessieren, inwiefern diese neuen Ideen die Branche umkrempeln werden, inwieweit dies denn auch wirklich Neuland ist, oder ob es sich nur um Luftblasen aufgrund des Führungswechsels handelt. Die Kunden wollen sicherlich wissen, ob denn die neuen Produkte die alten verdrängen werden, und inwieweit die neuen mit den alten Produkten kompatibel sind. Die Investoren (wenn das Unternehmen externe Anteilseigner hat) werden sich fragen, inwieweit der Wechsel an der Führungsspitze sich auf den Umsatz des Unternehmens auswirkt und inwieweit die Maßnahmen, die da angekündigt wurden, dazu beitragen, ihre eigene Dividende zu erhöhen. Ihnen geht es vor allen Dingen auch um die Vertrauenswürdigkeit des neuen Kandidaten, der weitreichende Maßnahmen ankündigt, aber gleichzeitig schwarze Zahlen schreiben soll und in die Zukunft investieren muss. Und letztlich gibt es da noch die Mitarbeiter auf der Nicht-Führungsebene, die sich auch fragen werden, ob und wie sich die Neuorientierung des Unternehmens auf ihre eigenen Positionen und ihren eigenen Werdegang im Unternehmen auswirken wird, ob die Planungen eher eine Chance oder eher ein Hindernis für die eigene Karriere darstellen.

Hinter der eigentlich sehr präzise und einfach formulierten Aussage, die in Phase drei unseres Beispiels als Etappenziel der Kommunikation stehen soll, verbergen sich also ganz vielschichtige Inhalte, die die Aussage selbst unterlegen müssen, um wirklich verstanden werden zu können. Die Aussage selbst soll ja positiv klingen und keiner der Zielgruppen Bedenken aufdrängen; doch diese positive Kon-

notation besitzt die Aussage eben nicht von allein, sondern erst durch
die detaillierte Ausführung in den verschiedenen, oben beispielhaft
skizzierten Zusammenhängen. Deswegen gehört zu dem Lernziel der
Aussage auch ein genau definierter Zielkonsens, der damit erreicht
werden soll. Die Aussage gehört zu haben, reicht bei weitem nicht
aus. Es muss auch klar gemacht werden (und das bereits auf der Me-
ta-, also der höchsten Ebene des Kommunikationsplanes, auf der die
Etappen festgelegt werden), wie diese Aussagen verstanden werden
sollen, welche emotionale Lage im weitesten Sinne sich also aufgrund
dieser Aussage im Unternehmen aufbauen soll. Zu dieser beschriebenen Phase drei wäre hier im Beispiel dazu zu sagen, dass nicht nur alle
wissen müssen, dass Änderungen im Produkt- und Vertriebsbereich
geplant sind, sondern dass auch alle verstehen und nachvollziehen
können müssen, dass dies gute Veränderungen sind, die sich auf das
Unternehmen im Ganzen positiv auswirken.

Die allgemeine Stimmungslage gehört also ganz wesentlich zu diesen Etappenzielen hinzu. In der Sprache des Beispiels würde dies wiederum heißen, dass sich diese Atmosphäre in Phase eins dahin gehend
bewegt, dass die neue, hoch gelobte Führungskraft von allen nicht als
streberhafter Emporkömmling, sondern als toller Kollege seitens der
Mitarbeiter und als cleverer, sympathischer Mensch seitens der
Öffentlichkeit wahrgenommen wird. Dies ist mehr als die Aussage:
»Zum Abschluss der Phase eins soll jeder wissen, mit welchen Leistungen sich Herr X einen Namen gemacht hat und dass er dem Unternehmen unschätzbare Dienste erwiesen hat.« In Phase zwei steht
neben dem Satz »Herr Y gibt zum Jahresende seinen Posten auf und
geht in die wohlverdiente Rente« als Stimmungsziel, dass jeder verstanden haben soll, welche Leistungen Herr Y für das Unternehmen
erbracht hat und dass er aufgrund dieser Tatsache ganz entscheidend
Teil daran haben wird, wer seine Nachfolge antreten wird. Phase drei
läuft dann so ab, wie weiter oben schon beschrieben, um dann zu
Phase vier kommen zu können, in der neben »Herr X hat die Vorschläge aus Phase drei in die Tat umgesetzt, und das Geschäft floriert«
auch noch mitschwingen muss, dass er im Unternehmen aufgrund
dieser Tatsache nun viel Respekt genießt, ohne jedoch über beste-

hende Strukturen hinweggeeilt zu sein und Ratschläge missachtet zu haben.

Die Verbindung dieser Metaebene auf der die strategischen Kommunikationsziele abgebildet werden, mit der nächsten Ebene, auf der die konkrete inhaltliche Ausgestaltung dieser Ziele erfolgt und die Zielgruppen berücksichtigt werden, macht bereits im Vorfeld deutlich, wie kompliziert gute Kommunikation wirklich ist. Es reicht eben nicht, irgendetwas irgendwann zu sagen; wenn klare Ziele verfolgt werden und Mitarbeiter, Kunden, Investoren, die Öffentlichkeit, Lieferanten und die politisch-gesellschaftlichen Verantwortungsträger gezielt von bestimmten Dingen auf bestimmte Art und Weise Kenntnis erlangen sollen, kommt ein gutes Kommunikationsteam um einen solchen Kommunikationsfahrplan kaum herum. Gerade auch die berühmten Zwischentöne sind es, die aus den oft banalen Inhalten wirklich ein positives oder negatives Ereignis werden lassen. Nur zu sagen, es gebe da einen Führungswechsel – was ja im Grunde die einzige Aussage ist –, steht eben in krassem Gegensatz dazu zu sagen: »Es gibt einen Führungswechsel, und der ist hervorragend für unser Unternehmen, wohl überlegt und von allen positiv mitgetragen.«

Um dies sagen zu können, bedarf es wirklich der Inszenierung des gesamten Prozesses, und zwar beginnend bei der Vorbereitung und Hinführung zu der eigentlichen inhaltlichen Tatsache bis hin zur Nachbereitung. Erst dann ist es möglich, relativ ausreichend sicherzustellen, dass die Resultate des kommunizierten Inhalts sich auch wirklich mit dem decken, was erreicht werden sollte. Am Ende darf eben nicht die Ablehnung des neuen Chefs stehen, weder seitens der Mitarbeiter noch seitens der Öffentlichkeit mit allen ihren unterschiedlichen Zielgruppen; vielmehr soll durch inszenierte und aufeinander aufbauende Kommunikationsziele sichergestellt werden, dass alle mit dem neuen Mann an der Spitze zufrieden sind: die Mitarbeiter, weil sie sich von ihm Weitsicht und – aufgrund der ihnen und ihren Ängsten zugewandten Kommunikation – eine gute Personalpolitik erhoffen; die Kunden, weil sie sich über neue Produkte und gute Preise freuen; die Investoren, weil sie ihre Gewinne im Geiste bereits in ungeahnte Höhen schießen sehen; die Presse, weil es endlich mal

wieder ein paar gute Ansätze gibt, über die es sich zu berichten loh-
nen könnte; die politisch-gesellschaftlichen Entscheidungsträger, weil
sie sich der Unterstützung ihrer förderungswürdigen Ereignisse sicher
sein können; und schließlich die breitere Öffentlichkeit und potenzielle Bewerber, weil sich das Unternehmen als zukunftsorientiert darstellen lässt.

Nachdem nun alle diese Etappenziele und die jeweils relevanten
Zielgruppen und ihre inhaltlichen Anforderungen definiert worden
sind und diese sich innerhalb eines Zeitstrahls abbilden lassen, gilt es
nun, die zur Verfügung stehenden Medien gezielt zum Einsatz zu
bringen. Diese Darstellung kann nun auf alle in diesem Buch ange-
führten Bereiche zurückgreifen, um deutlich zu machen, inwieweit jede einzelne Maßnahme wiederum mit allen anderen eng verzahnt ist
und auch verzahnt sein muss, um den gesamten Kommunikationserfolg im Sinne der Erreichung der Etappenziele des Metaplans innerhalb aller Zielgruppen sicherzustellen und um die Inhalte optimal he-
rüberzubringen. Denn die verschiedenen Medien, das haben wir
deutlich gesehen, können zu unterschiedlichen Zwecken besser oder
schlechter eingesetzt werden; und selbstverständlich sollte so viel wie
möglich aus ihrem Potenzial herausgeholt werden. Als Beispiel wird
auch bei der Darstellung des möglichen Einsatzes von Medien wieder
die Unternehmensnachfolge herangezogen werden, bei der ein jünge-
rer einen älteren Chef ablöst.

Phase I: Der neue Chef steigt auf

In der ersten Phase des Kommunikationsplans soll es also darum gehen, die neue Führungskraft bekannt zu machen, ohne allerdings notwendigerweise bereits erläutern zu müssen, dass es sich bei dem bekannter werdenden Mitarbeiter um den neuen Vorgesetzten handeln
wird. Nach innen und außen stehen hierfür das komplette Medien-
und das Methodenspektrum offen, das zuvor abstrakt erläutert wurde und nun anhand dieses konkreten Beispiels mit Leben gefüllt werden soll.

Wenden wir uns also zunächst der internen Kommunikation zu.

Diese ist grundsätzlich mit Priorität zu bedenken, da Mitarbeiter niemals von außen über Vorgänge im eigenen Unternehmen informiert werden sollten.

Ein wesentliches Mittel ist es, den potenziellen Nachfolger persönlich vorzustellen beziehungsweise ihm die Möglichkeit einzuräumen, sich vor größeren Gruppen oder Teams zu präsentieren. Die Face-to-Face-Veranstaltung ist deswegen in dieser Phase äußerst wichtig; denn erst der persönliche Kontakt schafft letztlich den Wiedererkennungswert, den sich das Unternehmen wünscht, um dann später auf diese ersten Eindrücke zurückgreifen zu können. Idealer Anknüpfungspunkt ist die Tatsache, dass der »Neue« ja mit einer fachspezifischen Leistung von sich reden gemacht hat, die nun innerhalb des Unternehmens leicht vermarktet werden kann. Im Zuge der Vorstellung seiner Leistungen bietet es sich an, auf diesem Umwege auch seine Person vorzustellen. Besonders wenn es sich um Leistungen, innovative Ideen oder Ähnliches handelt, die viele Bereiche im Unternehmen betreffen, können in praktisch allen Ressorts kleine Informationsveranstaltungen abgehalten werden.

Diese sollten dahin gehend gut vorbereitet sein, dass es eben nicht nur um die fachlichen Ansichten gehen wird, sondern auch die Person des Vortragenden selbst im Mittelpunkt steht. Wichtig ist es deswegen, nicht nur Anerkennung für seine Leistungen, sondern auch für sein Wesen zu erreichen, Sympathiewerte müssen über diese fachliche Schiene schon frühzeitig belegt werden, um danach immer wieder eingeworben werden zu können.

Wesentlich ist, dass die Inhalte dieser Veranstaltungen als so wesentlich erachtet werden, dass andere wichtige Persönlichkeiten (zum Beispiel die Fachbereichsleiter) im Unternehmen sich dazu bereit erklären, die einzelnen Vorträge zu »hosten«, das heißt, die Schirmherrschaft im weitesten Sinne zu übernehmen, die Begrüßungsworte zu sprechen und vor allen Dingen selbst anwesend zu sein. Um die Unterstützung der Ideen und damit letztendlich auch der Person des Vortragenden selbst zu demonstrieren, können die Einladungen zu diesen Vorträgen sogar von diesen hochrangigeren Kollegen im Unternehmen ausgesprochen werden, sodass der zukünftige Chef gar nicht in die missliche Lage kommt, sich selbst bewerben zu müssen. Dies soll er in dieser Phase allein durch sein inhaltliches und persönliches Auftreten erreichen, nämlich Werbung für seine eigene Person, für sein fachliches Know-how und seine Innovations- und Führungsqualitäten zu machen – und all dies eher indirekt über die Vermittlung des konkreten Anlasses: der innovativen Idee, die er dem Unternehmen geschenkt hat. Zusätzlich zu dem rein fachlichen Vortrag hat der neue Chef bereits hier die Möglichkeit, mit möglicherweise allen späteren Mitarbeitern in persönlichen Kontakt zu kommen und sich auch aktiv an deren Diskussionen zu beteiligen, die bei guter Gesprächsführung sicherlich aus einem solchen Vortrag entstehen können. Er demonstriert damit auch seine sozialen Fähigkeiten innerhalb der Struktur des Unternehmens und wird – wenn er seine Rolle gut spielt – als kompetenter Diskussionspartner wahrgenommen, der ein offenes Ohr für die Vorschläge anderer hat und dennoch genau weiß, wo er mit seinen Ideen hin will.

Parallel zu den Vortragsreihen im Unternehmen kann die Leistung dieses Kollegen natürlich durch die Printmedien im Unternehmen unterstrichen und weiter ausgeführt werden. Printmedien eignen sich in dieser Phase besonders gut dafür, nach den Hintergründen und der Vorgeschichte dieser Person, die da aufgrund einer tollen Idee im Rampenlicht steht, zu fragen und weiter auszuholen, als dies auf Veranstaltungen möglich ist. Besonders ausführliche Berichte in der internen Zeitschrift geben sowohl dem Kandidaten selbst die Möglichkeit, sich zu äußern, als auch anderen, die über seine Ideen und vielleicht auch über seine Person etwas sagen können oder wollen. Beides sollte dabei im Fokus liegen, sowohl die Äußerungen anderer Manager zu den Fähigkeiten des Kollegen vom Fach als auch Äußerungen von Mitarbeitern auf unteren Ebenen, die die Ideen aus ihrer Sicht kommentieren können und damit deutlich machen, inwieweit solche Ideen einen Bezug zur täglichen Arbeit aller Mitarbeiter haben. Die Printredaktion spielt also eine wesentliche Rolle dabei, diese Beiträge vertieft vorzubereiten und auch die dritten Personen, die das Geschehen kommentieren, gezielt auszuwählen, um mit ihrer Wahl die Relevanz des Themas für das gesamte Unternehmen zu betonen.

Denkbar im Printbereich ist auch das Verteilen von Werbemitteln für das Thema selbst oder für die Veranstaltungen. Gerade wenn es um eine Idee geht, die das Unternehmen insgesamt betrifft und eigentlich für jeden relevant werden könnte oder dies vielleicht bereits ist, ist die Produktion von Flyern oder Kurzbroschüren sehr hilfreich. Auf diesen können dann die Kernpunkte der Idee kurz dargestellt und erläutert werden mit einem Hinweis darauf, wie sich jeder Einzelne davon angesprochen fühlen soll. Darüber hinaus ist auch hier wieder Raum dafür, den baldigen Nachfolger als persönlichen Ansprechpartner für das Thema zu nennen und auch seine Person kurz darzustellen, eventuell sogar bildlich. Der Wiedererkennungseffekt wird dadurch vertieft; Bilder sprechen eine deutlichere Sprache als Texte. Und wer auf einem gedruckten Erzeugnis zu einem bestimmten Thema abgebildet war, wird grundsätzlich als wichtige Figur wahrgenommen, ohne dass man nochmals gesondert explizit auf die Bedeutung der Person hinweisen müsste.

All dies sollte selbstverständlich in bestehende Formate der Kommunikation eingefügt werden. Nur für den Zweck der Promotion dieses neuen Mannes sollte nicht eigens ein Kommunikationsmedium aufgelegt werden; das wäre zu viel des Guten. Gab es zuvor keine Unternehmenszeitschrift, sollte man auch jetzt keine neue erfinden. Gibt es allerdings keine Rubrik innerhalb einer bereits existierenden Zeitschrift, in die dieser Beitrag passen würde, ließe sich durchaus überlegen, ob man nicht eigens eine schafft; solange das Medium selbst nicht neu ist und damit dem Ganzen übermäßige Relevanz verliehen würde, die nicht im Kommunikationsinteresse liegt (Es soll ja eben nicht jetzt bereits darauf verwiesen werden, dass hier ein neuer Mann an die Spitze kommen wird, der alles anders macht als zuvor und sich auch selbst so viel Raum gönnt, ein eigenes Kommunikationsmittel zu entwerfen und exklusiv zu nutzen!), sind der Kreativität der Kommunikation kaum Grenzen gesetzt.

Zu bedenken bei der Benutzung von Printmaterial ist auch, dass nicht unbedingt alle Mitarbeiter Zugang zu elektronischen Medien haben, die ja sehr viel schneller und gezielter informieren könnten, und wo Meldungen über neue Ideen auch eher eingeflochten werden können. Das geschriebene Wort ist einfach sehr viel deutlicher und auffälliger als eine E-Mail oder eine Notiz auf einer überladenen Homepage.

Damit sind wir beim Thema elektronische Medien beziehungsweise Intranet, wo es vielfältige Möglichkeiten gibt, den neuen Kollegen mittels der neuen Idee vorzustellen. Sicherlich findet sich auf der Homepage des Intranets eine Rubrik, innerhalb derer ein Bericht über die Idee angemessen platziert wäre. Unter »Idee des Monats« oder »Menschen im Unternehmen« wäre Herr X wahrscheinlich bestens platziert. Zudem kommt bei diesen Seiten der Homepage die eher persönliche Komponente und damit die emotionale Seite des redaktionellen Berichtens zum Tragen. Und gerade wenn es darum geht, eine neue Führungskraft angemessen einzuführen, sollte diese emotionale Komponente auf keinen Fall unterschätzt werden.

Je nach Wunsch kann der Link zu dem Bericht über die Idee beziehungsweise den Kollegen auch an vorderster Front eingestellt werden, nämlich auf der Titelseite der Homepage. Das bedeutet aber auf jeden Fall, dass Herrn X extreme Aufmerksamkeitswerte zugemessen werden sollen, und man sollte sich darüber im Klaren sein, dass dann so ziemlich jedem Mitarbeiter bewusst sein wird, dass Herr X in der Zukunft des Unternehmens auf die eine oder andere Weise eine herausragende Rolle spielen wird. Allerdings sichert man sich so seitens der Kommunikationsplaner relativ eindeutig ab, dass wirklich jeder auf diesen Beitrag gestoßen ist und ihn aufgrund der prominenten Stellung auch gelesen haben wird. Zusätzlich kann natürlich auch noch mittels einer E-Mail an alle auf den Beitrag verwiesen beziehungsweise zu der Vortragsveranstaltung eingeladen werden. Je hochrangiger die Stelle, von der diese Information verschickt wird, desto eher wird damit signalisiert, wie bedeutend diese Person bald werden wird beziehungsweise es schon ist. Über die Konnotationen, die mit einer solchen Mail oder einer solchen Stellung auf der Homepage verbunden sind, sollte man sich einfach im Klaren sein, um nicht von einer Reaktion der Mitarbeiter überrascht zu werden, die wahrscheinlich schon vor dem gewünschten Termin die richtigen Schlüsse ziehen werden, was denn die Ursache für diese herausragende Darstellung sei.

Wichtig sind an dieser Stelle die Möglichkeiten des Intranets mit dem neuen Mann, der da so hoch gelobt wird, persönlich in Kontakt zu treten und Ideen auszutauschen. Was aufgrund des größeren Aufwandes in einer Face-to-Face-Veranstaltung nur begrenzt möglich ist, kann über das Intranet gezielt angeregt und gefördert werden. An den Beitrag auf der Homepage des Unternehmens im Intranet kann beispielsweise ein Fragenkatalog angeschlossen sein, der – ähnlich wie eine Umfrage – die Meinung der Mitarbeiter zu dem neu diskutierten Thema oder der neuen Idee abgreift und schließlich dazu anregt, sich damit auseinander zu setzen und selbst Fragen an den Initiator des Themas, nämlich den zukünftigen neuen Mann, zu stellen. Diese Möglichkeit des Feedbacks zu demjenigen, der für das Thema selbst steht, schafft einen immensen Raum für interaktive Kommunikation und damit die Chance, wirklich einen Austausch an Informationen, aber vor allen Dingen einen Austausch mit der neuen Führungskraft zu gewährleisten, sodass sich jeder mit der Idee und darüber mit der Person verbunden fühlt. Gerade wenn angeregt wird, zu spezifischen Fragen im Zusammenhang mit der neuen Idee Stellung zu beziehen oder konkrete Vorschläge für den eigenen Arbeitsbereich zu machen, wird ein Ausmaß an persönlichem Kontakt und persönlicher Involviertheit mit Herrn X geschaffen, das später – nach seiner Einsetzung als neue Führungskraft – dem Zusammenhalt im Unternehmen nur nutzen kann.

Als letzte Möglichkeit der internen Kommunikation in Phase eins gibt es natürlich den Einsatz von visuellen Medien, das heißt hauptsächlich Videos, die einzelnen Teams gezeigt werden können. Dies ist ein hervorragendes Medium, wenn es schwer möglich ist, alle an Face-to-Face-Veranstaltungen teilnehmen zu lassen, oder wenn für eine Idee nochmals nachdrücklich geworben werden soll. Allerdings ist es in unserem Beispiel weniger ratsam, auf so platte Art und Weise Werbung für eine Person zu machen; denn letztlich würde wohl nur ein Hauptakteur im Video vorkommen, was wohl zu viel des Guten wäre – zumindest zum jetzigen Zeitpunkt.

Kommen wir nun also direkt zur externen Kommunikation in Phase eins: Es muss zunächst einmal bestimmt werden, inwieweit im Moment überhaupt schon etwas an die Öffentlichkeit dringen soll. Im konkreten Beispiel gehen wir einfach davon aus, dass ein großes Interesse daran besteht, Herrn X publikumswirksam darzustellen, weil das Unternehmen so wichtig ist, dass auch potenziell wichtige Personen innerhalb des Unternehmens auf größeres öffentliches Interesse stoßen werden.

Beginnen wir also mit einer Kurzdarstellung der möglichen Medien und ihrer Inhalte während der ersten Phase des Kommunikationsfahrplans: Die Printmedien sind in dieser ersten Phase nicht von allzu großer Bedeutung. Ginge es wirklich um die Maßnahme oder die neue Idee, die Herr X ins Unternehmen eingebracht hat, wäre es sicherlich geraten, darüber auch Druckmaterial auszugeben; doch es geht schließlich ja um seine Person, und es ist sicherlich nicht im Interesse des Unternehmens, zu diesem Zeitpunkt relativ zusammenhanglos auf einen »einfachen« Mitarbeiter so detailliert aufmerksam zu machen. Doch neben der Ausgabe gesonderter Druckwerke ist es sicherlich möglich, Beiträge in dem Firmen-Newsletter zu stellen (dies gilt später auch für die elektronische Version), wo sowohl die Idee als auch die dafür stehende Person bekannt gemacht werden. Der Newsletter wird dann auf den üblichen Wegen verteilt und erfährt so eine zusätzliche Multiplikation in diverse Zielgruppen, die dann auch auf die Person nebst Idee aufmerksam werden können.

Die Darstellung im Internet wird ähnlich gelagert sein wie die im Intranet: Die neue Idee wird an prominenter Stelle auf der Unternehmenshomepage eingestellt nebst der Person des Ansprechpartners, die ja mit Herrn X identisch ist. Auch hier ist Feedback und damit interaktive Kommunikation mit allen Besuchern der Homepage möglich. Will man auf die herausragende Rolle des Herrn X zusätzlich hinweisen, kann seine Person noch in besonderen Rubriken erläutert werden. Jedoch erscheint die ausufernde Darstellung zu diesem Zeitpunkt mittels der Homepage fast verfrüht; wesentlich sinnvoller ist hingegen die Versendung des Newsletters an alle Zielgruppen.

Schließlich gibt es auch bei der externen Kommunikation das Medium des Events, in dem der Kandidat persönlich auftritt. Um dies wirklich mit Inhalten gestalten und nicht zu einem bloßen oberflächlichen Get-together verkommen zu lassen, sollte die Idee, mit der Herr X sich profilieren will, so gewählt sein, dass sie auch wirklich Breitenwirkung in der Öffentlichkeit erzielen kann. Denn nicht alles, was Relevanz für die Mitarbeiter eines Unternehmens besitzt, ist auch von Bedeutung für die externe Kommunikation. Ist jedoch ein solches Thema gefunden, das das Interesse vieler Gruppen auf sich zieht, können auch hier Vortragsveranstaltungen und Diskussionsrunden aufgesetzt werden, die alle Zielgruppen des Unternehmens abdecken, sodass sich der zukünftige Chef überall angemessen einführen und erste persönliche – und später wichtige – Kontakte knüpfen kann. Sicherlich sollte die Idee in einer Gruppe von Großkunden erläuterbar sein, aber genauso auf einer Hauptversammlung (falls diese günstigerweise gerade ansteht) auf die Agenda gesetzt werden können. In die richtigen Kreise der lokalen Politik und Gesellschaft gilt es ebenso hineinzuwachsen; und die für eine solche Veranstaltung Eingeladenen werden sich denken können, dass ein auf diese Art propagierter Mann demnächst auch für sie selbst von Interesse werden könnte, sodass sie die Gelegenheit des Kennenlernens zu diesem frühen Zeitpunkt gern wahrnehmen werden. Auch hierbei muss die Frage wieder abschließend beantwortet werden, wer zu der Veranstaltung einlädt; ob das der jetzige Chef ist oder ein Fachbereich, macht einen eindeutigen Unterschied bei den Eingeladenen, denen dann mehr oder weniger schnell klar wird, von wessen Seite der Kandidat Unterstützung erfährt, und was dies für die zukünftige Entwicklung bedeuten kann.

Ein ganz wesentlicher Punkt ist sicherlich der, die Idee des Nachfolgekandidaten in der Presse zu vermarkten. Er erwirbt sich damit in der Fachpresse ein gutes fachspezifisches Image und wird dementsprechend auch zukünftig als Ansprechpartner ernst genommen werden. Und in der Tagespresse werden die relevanten Entscheidungsträger im direkten Umfeld darauf aufmerksam, dass es hier einen Mann in der Zukunft zu beobachten gilt, da ihm seitens des Unternehmens wohl eine prominente Stimme eingeräumt wird. Eine Pressekonferenz ist zu diesem Zeitpunkt wohl übertrieben; doch eine Presseinformation mit einem Hintergrundgespräch für interessierte Fachjournalisten ist durchaus ratsam, damit der Nachfolgekandidat auch den persönlichen Kontakt zu den Journalisten erwerben kann und diese ihm dann, wenn er offiziell eingesetzt wird, eine positive Presse bescheren können.

Last but not least ist es sicherlich auch möglich (unabhängig von der innovativen Idee, mit der unser Herr X ja zuerst offiziell von sich reden machte und mit deren Hilfe er fachliche Anerkennung im und außerhalb des Unternehmens auf sich ziehen konnte), mithilfe von reinen PR-Maßnahmen ohne jeden fachlichen Zusammenhang die Person des Herrn X mehr in den Mittelpunkt des Geschehens zu rücken. Vielleicht wird er ja vom jetzigen Noch-Chef als Vertretung zu einem Sponsoring-Event geschickt; oder aber er wird selbst mit einer Sponsoring-Maßnahme identifiziert. Dies würde ziemlich schnell deutlich machen, dass Herr X mehr Relevanz als ein »normaler« Mitarbeiter oder sogar als eine »normale« Führungskraft besitzt, indem er sozusagen persönlich für den Namen des Unternehmens und dessen Engagement einsteht.

Phase II: Der Ausstand des Vorgängers

Nun beginnt Kommunikation an ganz anderer Stelle und richtet sich dennoch auf das gleiche Ziel aus wie in der ersten Phase: auf den problemlosen Übergang von alter zu neuer Führung. Doch in dieser zweiten Phase muss beleuchtet werden, was war und vor allem, wer im Unternehmen bisher so wichtig war, um dann fließend dazu überleiten zu können, was darauf aufbauend kommen und für das Unternehmen an Bedeutung gewinnen wird. Wie bereits gesagt, geht es hierbei um ein löbliches Ausscheiden des ehemaligen Chefs, indem hier nochmals auf dessen Werk und Wirken eingegangen wird, um dann besser verständlich machen zu können, was der neue junge Chef davon ausgehend bewirken kann und will. Auch hier geht es also wiederum um eine sehr persönliche und damit emotionale Darstellung der Vergangenheit und der Jetztzeit, sodass jedem Mitarbeiter klar werden muss, dass der Wechsel bald erfolgen wird. Angefangen bei der Aufarbeitung der Unternehmensgeschichte unter dem jetzigen Chef bis hin zu der Verkündigung, dass er zu einem bestimmten Termin das Unternehmen verlassen wird, ergibt sich so ein weicher Übergang; es wird eben nicht auf plumpe Art und Weise die Abdankung eines Chefs und die Einsetzung eines neuen festgestellt. Selbstverständlich wird fast jedem klar sein, was sich da am Horizont abzeichnet; aber die Methode eines Kommunikationsplans ist es ja gerade, durch ein langsames Angleichen die Übergänge weniger krass erscheinen zu lassen, die Kommunikation der Tatsachen tendenziell der sich allmählich entwickelnden Vorstellungskraft der Adressaten anzupassen und immer dann, wenn eine Schlussfolgerung aus der vorangegangenen Kommunikation unvermeidlich wird, mittels eines Kommunikationsinstruments die detaillierte Information nachzuliefern.

Beginnen wir also wieder mit der internen Kommunikation und den Inhalten, die in Phase zwei mithilfe aller zur Verfügung stehenden Medien und Methoden transportiert werden sollten. Sicherlich wird in dieser Phase der internen Kommunikation das geschrieben Wort an erster Stelle stehen und weniger die Face-to-Face-Kommunikation. Und in erster Linie werden es gedruckte Kommunikationsformen und nicht die online zur Verfügung stehenden Medien sein, die das Engagement des jetzigen Firmenchefs beleuchten. Die interne Zeitschrift eignet sich hervorragend dafür (auch schon parallel zu Phase eins der Kommunikationsmaßnahmen), eine Rückschau zu beginnen, die die Unternehmensgeschichte allgemein, aber vor allem die Rolle des Firmenchefs beleuchtet. In Rubriken wie »Das Unternehmen« oder »Personen des Unternehmens« kann leicht darauf eingegangen werden, ohne von vornherein deutlich zu machen, dass der Chef bald nicht mehr seine Position innehaben, sondern das Ruder an einen neuen Kollegen übergeben wird. Gegen Ende der zweiten Phase sollte dann immer deutlicher werden, dass hier der Abschluss einer Periode in der Unternehmensgeschichte angestrebt und der Chef in den Ruhestand treten wird. Es gilt, seine Taten zu würdigen und auch die Leitziele und die Vision, die er als Firmenchef dem Unternehmen die ganzen Jahre vorangetragen hat, nochmals in Erinnerung zu rufen, um davon abgeleitet dann in der nächsten, der dritten Phase die Neuerungen und Modifikationen deutlich anschließen zu können.

Wiederum sind es die Redakteure, deren journalistischem Geschick in dieser Phase herausragende Bedeutung zukommt. Denn ihnen obliegt es, eine Atmosphäre zu schaffen, in der jeder Einzelne sanft auf einen Übergang vorbereitet wird und genau weiß, wo und für was das Unternehmen steht. Dies gilt nicht nur für die gedruckten Medien (denkbar ist sicherlich – vor allem bei längerer Vorstandstätigkeit des alten Chefs – eine individuell gestaltete Broschüre, die ihn in Verbindung mit der Unternehmensgeschichte darstellt; diese sollte bereits jetzt vorbereitet werden, um dann bei der Geschäftsübergabe an den neuen Chef direkt zur Verfügung zu stehen), sondern vor allem auch für die redaktionelle Betreuung der Online-Medien. Hier kann auch mittels der Newsletter auf die vergangenen Engagements des Herrn Y hingewiesen und angedeutet werden, dass nun ein wohlverdienter Ruhestand anstünde. Es ist hier wohl weniger nötig, allzu viel auf die Homepage einzustellen, denn die Informationen haben grundsätzlich keinen Neuigkeitswert (bevor natürlich die Mitteilung über den Weggang des Chefs selbst zu einer solchen wird). Relevanter sind wirklich die Journalformate (Newsletter online und gedruckt, Unternehmenszeitschrift, Fachbereichszeitschriften und Ähnliches), in denen die Geschichte des Unternehmens und seines bisherigen Chefs geschrieben werden kann.

Wichtig ist auch, das Wirken des Noch-Chefs seitens des Managements und seitens der Mitarbeiter zu würdigen und deren Stimmen in den Journalen Ausdruck zu verleihen. Auch dies schafft wiederum eine persönliche Note, die sich auf die gesamte Atmosphäre (dass nämlich das Ende einer »Regentschaft« im Guten angestrebt wird, und der neue Chef in genauso guter Atmosphäre die Geschäfte übernehmen kann) positiv auswirkt. Der Einsatz von Filmmaterial ist hier nicht nötig, sondern eher abträglich, würde dies doch zu früh die Abdankung signalisieren und eine Vergangenheitsform zu einem Zeitpunkt schaffen, zu dem die Geschäfte offiziell noch von dem bisherigen Chef geführt werden. Gleichfalls ein Zuviel an Kommunikation wäre die Face-to-Face-Veranstaltung, die an dieser Stelle nichts zu suchen hat. Denn was sollte kommuniziert und vor allen Dingen aktiv diskutiert werden (wozu das Event beziehungsweise das Forum ja prädestiniert sind), wenn nichts Neues geschehen ist, sondern nur das Vergangene gewürdigt werden soll? Dieser Mangel an zu diskutierenden Inhalten bedeutet auch, dass sämtliche Feedback-Möglichkeiten – online oder Face-to-Face – in diesem Zusammenhang nicht ausgeschöpft werden müssen.

Kommen wir nun zur externen Kommunikation. Diese ist natürlich heikel. Wo es sicherlich sinnvoll war, einen kommenden Mann, unseren Herrn X, frühzeitig als wichtig auch extern zu präsentieren, ist es sehr schwierig, eine Hommage an einen Mann, unseren Herrn Y, zu starten, ohne dessen Geschäftsführung – die er ja noch innehat und auch noch eine Weile innehaben will – allzu sehr zu untergraben. Unsicherheiten darf es auf keiner Seite geben, weder bei den geschäftlichen Verhandlungspartnern, den Investoren, bei den Entscheidungsträgern in Politik und Gesellschaft noch bei der Presse, die sich wiederum an die allgemeine Öffentlichkeit wendet.

Im Bereich der Printmedien ist es durchaus sinnvoll, auch extern die für das interne Publikum publizierten persönlichen Features über den Noch-Chef zu veröffentlichen, auch wenn einige Interna sicherlich weggelassen werden sollten. Es ist gewiss auch von Nutzen, dem alten Chef gegen Ende seiner Tätigkeit für das Unternehmen nochmals die Möglichkeit zu geben, sich vor der Öffentlichkeit zu präsentieren. Printmedien generell jetzt schon für den externen Breich zu produzieren und zu vergeben ist definitiv zu früh, da man damit schon eindeutig auf die endende Amtszeit hinweisen würde, ohne dies schon wirklich kommunizieren zu wollen.

Das Gleiche gilt für das Internet und mögliche Veranstaltungen. Es gibt nichts an Neuigkeitswert, was zur Stärkung des Images des Unternehmens beitragen könnte, eher im Gegenteil. Unternehmensveränderungen und besonders eine anstehende Nachfolgeregelung sind immer mit Unsicherheiten bezüglich eines gut und reibungslos funktionierenden Managements verbunden; und dies sollte man nicht zusätzlich anregen und vor allen Dingen nicht frühzeitig ausweiten.

Um dem bald abtretenden Unternehmenschef nochmals ein gesellschaftliches Profil zu verleihen, ist es durchaus sinnvoll, ihn für Sponsoring-Zwecke, wo es ja um das Repräsentieren und um die Imagebildung des Unternehmens geht, einzusetzen. Sponsoring wird ja immer auch in der Presse vermarktet, womit ein schöner Nebeneffekt für das Unternehmen und auch für das persönliche Image des Noch-Chefs entstehen kann.

Im Großen und Ganzen spielt die externe Kommunikation – im Gegensatz zur internen – in dieser zweiten Phase kaum eine Rolle. Für vereinzelte Elemente kann sie benutzt werden, muss aber kaum strategisch berücksichtigt werden. Ein großes Etappenziel für diesen Kommunikationsschritt gibt es in der externen Kommunikation nicht. Wo die Mitarbeiter unbedingt wissen müssen, auf welcher Geschichte das Unternehmen und die Führungsstruktur fußt, um dann die Wahl des neuen Firmenchefs auf diesem Hintergrund besser nachvollziehen zu können, ist ein solches Wissen zu diesem Zeitpunkt hingegen für Kunden, Investoren, die Presse, Entscheidungsträger in Politik und Gesellschaft und die Öffentlichkeit allgemein eher unwesentlich. Diese müssen nicht ahnen können, dass ein Wechsel ins Haus steht, bevor er nicht wirklich beschlossene Sache ist, und ein konkreter Zeitpunkt angegeben werden kann, zu dem dann auch die Geschäftsführung langsam in die Hände des neuen Chefs übertragen wird.

Dies ist ein gutes Beispiel dafür, dass interne und externe Kommunikation nicht unbedingt Hand in Hand laufen müssen, sondern oftmals auch ganz unterschiedliche Stoßrichtungen oder – wie in diesem Fallbeispiel – ganz unterschiedliche Zielsetzungen haben können. Die interne Kommunikation schreibt Unternehmensgeschichte; die externe Kommunikation schweigt an diesem Punkt fast völlig.

Phase III: Der weiche Übergang

Die dritte Phase wird nun wieder von erstaunlicher Kommunikationsdichte und -fülle geprägt sein, und zwar sowohl was die externe als auch die interne Kommunikation betrifft. Denn erst hier findet tatsächlich das Ereignis statt, auf das die Kommunikationsstrategie die ganze Zeit versucht hat vorzubereiten. Und deswegen wird es auch wesentlich an dieser Etappe und der Erreichung ihres Kommunikations- und Lernzieles liegen, ob man von erfolgreicher Kommunikation sprechen kann.

Wo man in Phase zwei eher von einer Nice-to-have-Kommunikation ausgehen konnte, die nicht absolut notwendig ist, um einen einigermaßen guten Übergang vom einen auf den anderen Chef zu erzeugen, aber sicherlich dennoch als äußerst hilfreich bewertet werden kann (und bei zur Verfügung stehender Zeit auch absolut eingesetzt werden sollte), ist es ab Phase drei unumgänglich, wirklich gemäß des Kommunikationsfahrplans und der ihm zugrunde liegenden Strategie zu agieren. Die zentralen Botschaften – das wurde bereits gesagt – müssen sein, wie hervorragend der alte Chef das Unternehmen durch die Vergangenheit und die zahlreichen drohenden Krisen geführt hat, und wie hervorragend der neue Chef in der Lage sein wird, damit in Zukunft zurechtzukommen, und welche neuen Ideen (hier konkret bezüglich der Produkte und Vertriebswege) er aus seinem Erfahrungshorizont heraus einbringen kann, um das Unternehmen wirklich weiterhin (auch bei veränderten Marktbedingungen) auf Erfolgskurs zu halten und darüber hinaus voranzutreiben.

Wiederum beginnen wir mit dem Bereich der internen Kommunikation, da er – zumindest für dieses Beispiel – als der zuerst zu erfüllende angesehen wird, bevor an die externe Kommunikation herangegangen werden sollte. In der Phase des Übergangs von einem zum anderen Chef wird das persönliche Gespräch wieder überragend wichtig. Es scheint selbstverständlich, dass der neue Chef sich mit seinen direkten Mitarbeitern natürlich so schnell wie möglich über alle wichtigen Punkte verständigen und erste Gedanken austauschen wird, wo akut Arbeit und Engagement von seiner Seite benötigt werden wird. Doch abgesehen von der rein technisch und am Geschäft orientierten Kommunikation (die selbstverständlich sehr wichtig ist, aber weniger von den Kommunikationsstrategen als vielmehr vom der neuen Führungskraft selbst unternommen werden muss) ist es besonders eine breit gefächerte Kommunikation durch das Unternehmen hindurch, die nun vonnöten ist. Der alte Chef kann dabei den »Neuen« dahin gehend unterstützen, ihm den Einstieg (auch persönlich) so leicht wie möglich zu machen. Im günstigsten Falle kennen ihn ja ohnehin alle Mitarbeiter durch die erste Phase, den Vorlauf, in der er aufgrund einer bestimmten fachlichen Idee im Produkt- und Vertriebsbereich bekannt (gemacht) wurde.

Die Kommunikationsstrategie und ihre Ziele spielen deswegen auch wieder eine mehr imageorientierte Rolle, sodass letztlich der neue Chef in die bisher aufgebaute Unternehmenskultur und Unternehmensidentität mit einbezogen wird und keinesfalls als Fremdkörper wirken darf. Die Face-to-Face-Veranstaltung in größerem Rahmen ist dazu ein probates Mittel, den neuen Mann an der Spitze nun auch als Inhaber dieser Position mit allen in (mehr oder weniger) persönlichen Kontakt zu bringen. Die Einführungsveranstaltung, bei der der vorherige Chef die Macht buchstäblich in die Hände des neuen Chefs entlässt, ist dafür wesentlich. Ob dies gleichzeitig auch als Maßnahme der externen Kommunikation organisiert und in Form einer Pressekonferenz ausgelebt wird, bleibt dem Unternehmen überlassen; sinnvoller wäre es allerdings, auch für die Belegschaft eine eigene Veranstaltung zu organisieren und keinen auszuschließen. Im Nachklang an eine solche formale Amtsübergabe, die dementsprechend gewürdigt und auch gefeiert werden muss, sollten dann noch Veranstaltungen in kleinerem Rahmen, etwa auf Bereichsebene stattfinden, wo sich Herr X an von den Fachbereichen selbst organisierten Veranstaltungsterminen einklinkt und etwas zu seiner Rolle im Bezug zu dem jeweiligen Fachbereich sagt. Dies ist eine viel speziellere und damit persönlichere beziehungsweise emotionalere Ebene als die Großveranstaltung, doch beide sind gleich wichtig. Bei der Großveranstaltung versteht sich der Unternehmenschef als Kopf des gesamten Betriebs, wobei auch alle Fachbereiche, Teams und die einzelnen Mitarbeiter sich als Teil eines größeren Ganzen, das nun eine neue Führungspersönlichkeit zugeordnet bekommt, verstehen lernen; die Veranstaltungen in den Fachbereichen dienen vor allem auch dem direkten Meinungsaustausch und können – wenn der neue Chef ein guter Redner ist und sich auch in der diskussionsartigen Auseinandersetzung bewährt – dazu beitragen, ihm ein eigenständiges Profil zu verleihen, damit er nicht immer nur im Vergleich zum vorherigen Chef gesehen wird.

Die dritte Phase wird in der internen Kommunikation auch ganz intensiv von den Print- und Online-Medien begleitet werden müssen. Diese können nun unverhohlen die Führungsablösung ansprechen und das persönliche Profil des neuen Firmenchefs ausführlich darlegen. Dazu gehört sein fachlicher ebenso wie – in gewissem Rahmen natürlich – sein persönlicher Werdegang. Gerade die persönlichen Details sind es, die den Mitarbeitern einen intuitiven Zugang zu dem »Neuen« verschaffen und ihn greifbarer werden lassen. Wiederum handelt es sich also um persönliche Features, die vor allem in den verschiedenen Journal-Formaten benutzt werden können, um wirklich Hintergrundwissen zu vermitteln.

Denkbar sind auch Gegenüberstellungen der beiden Chefs, des vorherigen und des neuen. Dies soll selbstverständlich nicht so angelegt sein, dass die Vorzüge des einen gegen die Nachteile des anderen aufgewogen werden. Vielmehr sollte durch beide Persönlichkeiten aufgezeigt werden, was für das Unternehmen zu verschiedenen Zeiten das Beste war, und warum sich mit der Zeit auch die Anforderungen und Orientierungen eines Chefs ändern müssen, um der aktuellen Marktlage gerecht zu werden. Und sicherlich werden sich – und sei es noch so weit hergeholt – Gemeinsamkeiten zwischen den beiden Persönlichkeiten finden lassen, die dann schließlich auch die Kontinuität des Unternehmens und seiner Bedürfnisse unterstreichen und so ein Gefühl der Stabilität verleihen, was für ein gutes Arbeitsklima unerlässlich sein wird.

Besonders im Intranet lässt sich nun ein aktiver Gedankenaustausch anregen. Der »Neue« kann sich für Diskussionsrunden zur Verfügung stellen, die sich auf verschiedenste Bereiche beziehen. Damit demonstriert er Zugänglichkeit, Interesse am Arbeitsablauf seiner Mitarbeiter und die Bereitschaft, auch auf Vorschläge von unten zu reagieren. War dies beispielsweise vorher noch nicht der Fall, dass solch ein reger Austausch mit der Führungsriege gepflegt werden konnte, könnte eine Maßnahme während und zur Zeit des Führungswechsels sein, solche Diskussionsmöglichkeiten per Intranet jedem Mitarbeiter einzuräumen. Beispielsweise könnten auch andere Manager des Unternehmens (je einer pro Fachbereich) dazu aufgefordert

werden, sich neben dem neuen Firmenchef den Ideen, der Kritik und
den Ansichten der Mitarbeiter ganz allgemein zu stellen und dies als
konstruktiven Beitrag zum Management aufzufassen. Selbstverständlich kann und soll der neue Chef seine Zeit nicht ausschließlich dafür
verwenden, in persönlichen E-Mail-Kontakt mit jedem einzelnen Mitarbeiter zu treten; doch durch ein Vorscreening seiner E-Mails können sicherlich diejenigen Mails ausgewählt werden, die er persönlich
beantworten möchte beziehungsweise die unter Umständen wirklich
von Bedeutung für die Unternehmensentwicklung sein könnten. Allein schon die Bereitschaft, ernsthaft an den Argumenten und Vorschlägen der Mitarbeiter interessiert zu sein und dafür ein institutio-
nalisiertes Forum im Intranet zu schaffen, wo gezielt diese Inhalte
abgelegt werden können und ihr Lesen seitens des Managements gewährleistet wird, trägt ganz wesentlich zu einer Verschiebung der Unternehmenskultur zu mehr Offenheit hin bei – wenn dies gewünscht
wird und zuvor eben nicht der Fall gewesen sein sollte.

In den internen Medien sollte auch langsam und gezielt die Übergabe einzelner Teilbereiche und die Übernahme von bestimmten Ge-
schäftsgebieten durch den neuen Vorgesetzten dokumentiert sein. Die
Übergabe ist in diesem Beispiel ganz bewusst als Phase und nicht als
einmaliges Ereignis angelegt, selbst wenn die Tatsache als solche bei
einer Großveranstaltung zelebriert wird. Denkbar ist zum Beispiel
durchaus ein Zusammenarbeiten der beiden Chefs, bis wirklich alle
Geschäfte an den neuen Chef abgegeben sind, ohne das Unternehmen
mit einem radikalen Schritt zu überfordern. Die Großveranstaltung
und der erste Hinweis in den Online-Medien kann sich beispielsweise
hervorragend auf den ersten Schritt auf eine komplette Übergabe hin
beziehen, wobei dann aber auch deutlich gemacht werden sollte, wie
lange sich die Übergabe im weiteren Verlauf hinziehen wird, und welches die Eckdaten sind, wann welche einzelnen Prozesse der Übergabe
abgeschlossen sein sollen.

Bei einer solchen langsamen und gezielten Übergabe lässt sich her-
vorragend jedes einzelne Geschäftsfeld beleuchten, die Leistungen des
Vorgängers aufzeigen und nachvollziehen, warum diese zu gegebener
Zeit angebracht und richtig für das Wohl des Unternehmens waren;

gleichzeitig ermöglicht eine solche Berichterstattung auch, dem neuen Mann, Herrn X, die Chance zu geben, seine auf die Zukunft orientierte Sicht der Dinge verstärkt darzulegen, Änderungsvorschläge einzubringen und diese teilweise sicherlich auch – zumindest für das interne Publikum ersichtlich – zur Diskussion zu stellen. Dies allerdings stark auf das seitens seines Vorgängers zugrunde gelegte Gedankengut aufbauend, um die bereits viel zitierte Kontinuität und das Sicherheitsgefühl innerhalb einer dauerhaft angelegten Unternehmenskultur nicht zu untergraben.

In der dritten Phase ist es unter Umständen endlich auch einmal sinnvoll, visuelles Material, also Bewegtbild beziehungsweise Videos, einzusetzen. Es ist ja denkbar, dass das Unternehmen auch noch Außenstellen hat, die zwar an die Server und damit an das Intranet des Unternehmens angeschlossen sind, deren Belegschaften aber sicherlich nicht an den Auftaktveranstaltungen oder den Teamdiskussionsrunden teilnehmen können – einfach aufgrund der Distanz und der fehlenden Zeit zur An- und Rückreise. Für diese Teile des Unternehmens ist es sehr wünschenswert, den neuen Mann zumindest einmal persönlich vor Augen gehabt zu haben, um mit den neuen Ideen und Anforderungen, die von seiner Seite in Zukunft an alle gestellt werden, auch ein Bild verbinden zu können. Ein Video sollte zu diesem Zeitpunkt so gestaltet sein, dass es die Übergabe inszeniert nachvollzieht, dass also beide Chefs darin auftauchen und jedem Raum eingeräumt wird. Im Grunde muss die verkürzte Version davon – zumindest im Kern – übermittelt werden, was die Features der Online- und Printmagazine auch auszudrücken versuchen, und was das Zeremoniell der Übergabe auf der Großveranstaltung auch darstellen soll: Der Führungswechsel bedeutet nicht das völlige Umkrempeln des Unternehmens, sondern die Chance, das, was ohnehin schon gut gelaufen ist, durch neue Ideen noch besser zu machen, die nun allerdings nicht mehr vom alten Chef mit altbewährter Methode hervorgebracht werden, sondern eben von einem anderen, der sich jedoch selbstverständlich auch mit der Tradition des Hauses und mit seinem Geschick verbunden fühlt.

Wenden wir uns nun erneut der externen Kommunikation zu, die in dieser Phase gleichbedeutend mit der internen Kommunikation sein sollte, wenn auch nachgelagert stattfindend. Alles, was nach draußen kommuniziert werden soll, müssen gerade bei einem solch sensiblen Thema die Mitarbeiter definitiv bereits vorab wissen. Keiner sollte beispielsweise von dem Vollzug des Wechsels, der sich angedeutet hat, überrascht werden, indem er oder sie aus der Presse davon erfährt. Dies ist tödlich für das Vertrauen von Mitarbeitern in ihr eigenes Unternehmen und in die Offenheit ihres Managements; auch wenn so etwas im Einzelfall nicht so schlimm sein mag, löst es doch – wenn dies öfter und bei wirklich relevanten Ereignissen geschieht – das Gefühl der eigenen Unwichtigkeit und auch Ohnmächtigkeit aus. Deswegen gilt, pauschal formuliert, meist das Primat der internen Kommunikation.

Die externe Kommunikation, die mit der offiziellen Verlautbarung des Führungswechsels beginnt, muss von langer Hand vorbereitet sein, da dies eben kein kontinuierlicher Prozess sein darf, sondern alle Informationen ab diesem Tag gebündelt allen unterschiedlichen Zielgruppen zur Verfügung gestellt werden können müssen. Als bestes Mittel, die Übergabe zu vollziehen, ist natürlich entweder – bei großen Unternehmen, die ausreichend im Interesse der Öffentlichkeit und der Presse stehen – eine Pressekonferenz, wo der neue Kandidat offiziell vorgestellt werden kann und auch Gelegenheit erhält, einige programmatische Punkte für die Zukunft bereits anzudeuten; oder eben eine Pressemitteilung, die sich an alle relevanten Redaktionen richtet, sodass von deren Seite bei Bedarf nach mehr Detailinformationen nachgefragt oder sogar ein Gespräch mit dem neuen Chef vereinbart werden kann.

Es versteht sich von selbst, dass zum Zeitpunkt der Pressekonferenz auch gedrucktes Material mit den Inhalten, die dort verlautbart werden sollen, zur Verfügung steht. Ist beispielsweise eine direkte Konsequenz aus dem Führungswechsel geplant, wie beispielsweise eine weiter reichende Restrukturierung der Firma, sollte dies bereits detailliert skizziert sein und eben nicht nur der Redezeit des Nachfolgers überlassen bleiben. Auch persönliche Informationen zu dem neuen Gesicht an der Spitze des Unternehmens sollten nicht fehlen. Außerdem sollte auch der Öffentlichkeit (mit diesem Begriff sind hier alle Zielgruppen der externen Kommunikation gemeint) mitgeteilt werden, wie die Übergabe im Einzelnen aussehen wird und wie der zeitliche Rahmen gestaltet ist.

Wichtig ist es auch, bis zu diesem Tage sämtliche Printmaterialien, besonders auch die Unternehmensbroschüre, mit der neuen Tatsache ausgestattet zu haben, dass der neue Chef nun eben anders heißt, und damit ein eventuell vorhandenes Geleitwort auch aus anderer Feder geflossen sein muss. Jeder neue Chef bringt seinen eigenen Stil mit ins Unternehmen ein, und das sollte auch anhand der Publikationen ersichtlich sein, sobald es sich auf den Bereich der Imagebildung bezieht; denn das Image eines Unternehmens ist ganz wesentlich mit seiner Führungsmannschaft verbunden, da diese das Unternehmen repräsentiert und als Anker in der öffentlichen Wahrnehmung dient. Denkbar ist sicherlich auch, dass allen Investoren, den wichtigen Personen des öffentlichen Lebens, großen Kunden und Lieferanten sowie der Presse ein persönliches Schreiben des neuen Firmenchefs zugeht, indem er sich persönlich vorstellt und die gute Zusammenarbeit in der Vergangenheit auf die Zukunft extrapoliert.

Nach der Ausreizung der kommunikativen Möglichkeiten von Face-to-Face-Events und den gedruckten Medien spielt nun auch das Internet eine wesentliche Rolle. Liest beispielsweise jemand in der Presse über den Führungswechsel: Was würde näher liegen, als die Internetseite des Unternehmens aufzurufen und sich dort eingehender über die neue Firmenleitung und deren Idee informieren zu wollen? Hier ist es nun unerlässlich, sofort die Unternehmensgeschichte um diesen Aspekt der neuen Führung verändert vorzufinden; Aktualität ist ja der Vorteil des Internets, den man nie vernachlässigen sollte. Auch sämtliche Organigramme müssen auf den neuen Chef hin umgeschrieben werden. Das heißt nicht, dass man ab diesem Tag alle Hinweise auf den alten Chef löscht; aber es muss auch im Internet klar nachvollzogen werden können, wer ab jetzt verantwortlich zeichnet. Laufen die Aufgaben noch parallel weiter und ergibt sich erst ein allmählicher Übergang, muss auch dies deutlich markiert werden, sodass die Aufgabenverteilung klar ersichtlich wird.

Sicherlich ist es möglich, auf die Startseite der Homepage des Unternehmens einen direkten Link auf alle Informationen, die sich auf den neuen Chef und seine Ideen beziehen, zu setzen, damit niemand lange suchen muss, der an Details interessiert ist, die ihm vielleicht in der Presse nicht deutlich genug nachgezeichnet wurden. Und dort ist es sicherlich auch wieder ratsam, beide Chefs gegenüberzustellen – und auch hier wieder im positiven Sinne. Außerdem stellt man somit sicher, dass auch bei Personen, die das Unternehmen nicht so gut kennen, aber vielleicht mit dem alten Chef schon einmal in Kontakt gekommen sind, deutlich wird, welches Unternehmen zu welchem alten und nun zu welchem neuen Chef gehört. Also dient letzten Endes auch die Kommunikation über den alten Chef und sein Engagement in und um das Unternehmen der Vermarktung des Firmennamens und der Produkte.

Neben diesen groß angelegten Kommunikationsinhalten, die grundsätzlich für alle Zielgruppen im Bereich der externen Kommunikation gleichermaßen interessant sein dürften, gibt es jedoch auch Einzelinteressen an Details der verschiedenen Gruppen, die durch die gleichen Medien abgedeckt werden können. Dabei ist natürlich eine gewisse zeitliche Reihung zu berücksichtigen; grundsätzlich sollte jedoch auch die Information für spezielle Gruppen von der ersten Sekunde der Publizierung des Führungswechsels an zur Verfügung stehen, damit auf keinen Fall der Eindruck entstehen kann, es würde kein umfassendes Konzept zugrunde liegen oder die Kommunikation sei nicht darauf vorbereitet. Oder noch schlimmer: Es gebe gar keine detaillierten Inhalte, die es zu kommunizieren lohne.

Was ist bei einem solchen Führungswechsel nun aber für die verschiedenen externen Zielgruppen der Kommunikation jeweils über den allgemeinen Informationsstand hinaus relevant? Beginnen wir mit der Gruppe der Kunden, die vor allen Dingen deswegen aufmerken werden, weil der Name des neuen Firmenchefs vorher ja bereits im Zusammenhang mit neuen Produkten und Vertriebswegen gefallen war. Sie werden davon ausgehen, dass eines seiner Hauptaugenmerke weiterhin auf diesen Bereichen liegen wird und sie da einiges zu erwarten haben könnten. Deswegen sollte hier konkrete Information zur Verfügung stehen, die zumindest ansatzweise erkennen lässt, in welche Richtung sich eventuell geplante Veränderungen bewegen werden. Dies ergibt sich als Information natürlich hauptsächlich aus der relevanten Fachpresse für diesen Branchenbereich, wird also ganz wesentlich über die Fachjournalisten und -redakteure vermittelt, die es auch anzusprechen gilt. Dies gilt sowohl für Online- als auch für Printmedien dieses Fachressorts. Die Journalisten werden dabei zu Multiplikatoren der Information, die sich aber auf jeden Fall auch auf der Homepage wieder finden sollte. Und da nicht unbedingt unter der Rubrik »Führungswechsel im Unternehmen«, sondern beim Produktangebot.

Die Investoren des Unternehmens werden wiederum ganz andere Dinge interessieren. Mit Veränderungen in der Führung sind immer bestimmte Sorgen und Hoffnungen bezüglich der zukünftigen Gewinnerwartung verbunden, die es positiv zu beeinflussen gilt. Wenn wir in diesem konkreten Beispiel nicht davon ausgehen, dass eine Unternehmenskrise den Wechsel in der Führung veranlasst hat, sondern wirklich Altersgründe eine Rolle spielten, werden die Veränderungen nicht so drastisch sein und damit auch die Ängste der Investoren keinen Aufschwung erfahren. Was sie dennoch wissen wollen, sind die Einstellungen zu bestimmten betriebswirtschaftlichen Sachverhalten und damit die mittel- und langfristigen Anstrengungen, die der »Neue« unternehmen wird. Gerade wenn sein Name im Zusammenhang mit Produktveränderungen und Vertriebsmodifikationen genannt wurde, könnte dies unter Umständen bedeuten, dass das Unternehmen zunächst einmal in diese Veränderungen investieren muss – was sich zumindest mittelfristig eher negativ auf den Gewinn auswirken könnte, um dann langfristig eine weitaus größere positive Bilanz zu erreichen. All dies sollte also strategisch kommuniziert sein, um nicht den Eindruck zu vermitteln, der neue Chef stünde entweder da ohne jedes Programm (übernimmt also nur die Geschäfte, wie sie bisher waren) oder würde nun alles verändern wollen (was einem notwendigen Maß an Konstanz widerspricht, das Investoren erkennen müssen, um ihre Geldgeberschaft nicht infrage zu stellen).

Das Medium, das dazu zur Verfügung steht, ist in erster Linie das

Internet, auf dessen Investorenseite der Unternehmenshomepage genau jene Fragen vorweggenommen und Antworten auf sie gefunden
werden müssen. Zusätzlich kann man die Investoren anschreiben
(entweder auch online oder per regulärer Post) und ihnen diesen
Kenntnisstand in einer Broschüre, einem Newsletter oder auch nur in
einem kurzen Brief seitens des neuen Chefs glaubhaft vermitteln. Was
ab der offiziellen Verkündigung des neuen Firmenvorsitzes immer
eingerichtet werden sollte, ist eine telefonische und eine Online-Hot-
line, mittels derer die Investoren schnell und zielgerichtet mit dem Unternehmen in Kontakt treten und ihre dringendsten Fragen loswerden
können. Investoren wollen ja bekanntlich klipp und klar wissen, was
Sache ist, und deswegen sollten die Kommunikatoren im Investoren-
bereich klare Vorgaben haben, welches die Kernaussagen sind und
wie sie auf bestimmte Anliegen reagieren können. Es geht hier nicht
um Schönfärberei oder um ausweichende Statements, um nichtsah-
nende Geldgeber abzuwimmeln; klare Stellungnahmen sind hier gefragt, um keinesfalls das Vertrauen der Investoren in eine starke und
zuverlässige Unternehmensführung – unabhängig von der Person – zu
erschüttern.

Für Investoren – und innerhalb dieser Gruppe vor allen Dingen für
die wichtigsten Geldgeber – sind sicherlich auch Veranstaltungen geeignet, auf denen der neue und der alte Chef persönlich in Erscheinung treten und eine kontinuierliche Geschäftsführung im Sinne des
Unternehmenserfolgs demonstrieren. Persönlicher Kontakt ist gerade
bei finanziellen Angelegenheiten solcher Größenordnungen das A
und O. Veranstaltungen sind sicherlich auch für die Entscheidungsträger in Politik und Gesellschaft ein wesentliches Kommunikationsmedium; doch hier sollten dann die Inhalte keinesfalls auf fachliche
Aussagen konzentriert sein. Diese Zielgruppe interessiert weniger die
betriebswirtschaftliche Strategie des neuen Unternehmenschefs als
vielmehr sein Wille, sich innerhalb des Gemeinwesens zu engagieren,
wie das auch der Vorgänger getan hat. Das Networking innerhalb
dieses größeren Kreises an Entscheidungsträgern sollte auch auf offi-
ziellem Wege eingeleitet werden, damit sich keiner aus diesem Perso-
nenkreis außen vor gelassen fühlt. (Was danach im bilateralen Ge-

spräch zwischen dem neuen Firmenchef und einzelnen wichtigen Persönlichkeiten besprochen wird, ist dann wieder ein ganz anderes Thema und fällt sicherlich nicht in das Zuständigkeitsressort einer allgemeinen Kommunikationsstrategie.) Es geht hier also zunächst einmal darum, sich in diesen Kreis offiziell – und auch mit Unterstützung des Vorgängers, der anwesend sein sollte – einführen zu lassen.

Die Presse und somit indirekt die allgemeine Öffentlichkeit erreicht man am besten auf zwei verschiedenen Wegen. Der erste ist der, den neuen Chef in verschiedensten Medien persönlich zu präsentieren, unter Umständen auch in Kombination mit seinem Vorgänger – ähnlich wie dies innerhalb der internen Kommunikation mittels der Features in den Informationsjournalen unternommen wurde. Um den Namen des neuen Firmenchefs präsent werden zu lassen, sind Interviews in der lokalen Tagespresse, aber sicherlich auch in der Fachpresse der relevanten Branchen interessant; dabei sollte es allerdings während der dritten Phase, also während des Übergangs, noch weniger um fachspezifische Details gehen als vielmehr um die Person und Persönlichkeit des neuen Chefs, um diesen auch in der interessierten Öffentlichkeit greifbarer werden zu lassen. Sein Gesicht, seine Persönlichkeit und einige zentrale Kernaussagen sollten über möglichst viele verschiedene Kanäle immer wieder transportiert werden. Parallel dazu können Aussagen des vorherigen Chefs in diesem Zeitraum dazu genutzt werden, die Position des »Neuen« und wiederum damit des Unternehmens insgesamt zu stärken.

Der zweite gangbare Weg, in der Öffentlichkeit positive Konnotationen mit der Nennung des neuen Namens selbst und des Namens des Unternehmens zu gewährleisten, ist das Engagement im Bereich Sponsoring beziehungsweise Charity, das der neue Leiter gemeinsam mit seinem Vorgänger angeht. Bestimmte Ehrenämter, die im Namen der Firma von deren Chef übernommen wurden und lange Jahre ausgeübt worden sind, können nun offiziell – unter Miteinbezug der Presse – an den Nachfolger übergeben werden. Dies signalisiert zum einen, dass auch der neue Mann an der Spitze großen Wert darauf legt, das soziale Engagement des Unternehmens weiterzuführen, und dass dies darüber hinaus sogar in seinem persönlichen Interessenbereich liegt, indem er sich selbst, seinen Namen und seine Person zur Verfügung stellt. Zum Zweiten signalisiert es allen denjenigen, die bisher noch nichts über das öffentliche Engagement des Unternehmens für die Stadt, die Wohltätigkeit, den Sport, die Kunst, die Kultur oder ähnlich Denkbares gehört hatten, dass das Unternehmen offensichtlich schon lange Zeit innerhalb dieser Gebiete für die Allgemeinheit tätig geworden ist und deswegen einen Pluspunkt auf der Skala des Markenwertes verdient.

Sicherlich sind noch viele weitere Maßnahmen denkbar, die in dieser dritten Phase angewandt werden können. Wichtig ist es jedoch, auf jeden Fall auf ein ausgewogenes Verhältnis von interner und externer Kommunikation zu achten, wobei grundsätzlich die Medien herangezogen werden sollten (gerade was die externe Kommunikation betrifft), die ohnehin einen regulären Zulauf erfahren. Die Informationen auf der Investorenhomepage nützen mir nichts, wenn diese nicht bekannt ist und in der Vergangenheit noch nie benutzt wurde; auch die Telefonhotline ist wenig sinnvoll, wenn diese bisher noch nie kommuniziert wurde. Hierfür gibt es ja die Vorlaufzeit, die man auch wirklich dazu nutzen sollte, die Medien und Methoden zu einem regelmäßigen Einsatz zu bringen, die man dann auch für die Kommunikation dieses Sonderfalles, nämlich die Unternehmensnachfolge, verwenden möchte.

Diese Herangehensweise unterstreicht auch durch die kontinuierlichen Kommunikationsmaßnahmen die Stabilität des Unternehmens und seiner Erfolgsstrategie. Darüber hinaus sind dann sicherlich einige Maßnahmen sinnvoll, die durchaus auf das Innovationspotenzial des neuen Chefs hinweisen; denn dieser muss sich ja mit einigen Neuerungen Profil geben können, ohne gleich das gesamte Unternehmen zu revolutionieren. Dies sind dann – innerhalb des Maßnahmenbündels der Kommunikationsstrategie gesprochen – diejenigen Maßnahmen und Neuerungen, die bereits vorhandene Medien nutzen, aber ihnen neue Modalitäten verleihen (man denke hier an die interaktive Benutzung des Intranets mittels der Homepage, wenn dies vorher noch nicht der Fall war).

Phase IV: Der »Neue« etabliert sich

Diese letzte Phase innerhalb des Kommunikationsplans ist diejenige, welche die meiste Zeit beansprucht und bei der es schwierig sein wird, den genauen Endpunkt zu bestimmen. Gerade wenn der Vorgänger seinen Posten lange Zeit innegehabt hat, wird es dementsprechend dauern, bis dem Neuen nicht mehr das Label »neu« anheften wird. Und während dieser Zeitspanne ist es immer wieder notwendig, ihn als kompetenten Mann zu beschreiben, der nicht umsonst in seine Position berufen wurde und der die Ziele, die er sich zu Anfang gesteckt hatte, effizient und im Interesse des Unternehmens weiterverfolgt und immer weiter umgesetzt hat. In dieser vierten Phase wird also die Erfolgsgeschichte des neuen Mannes an der Spitze sozusagen begleitet, wenn nicht sogar durch die permanente Kommunikation darüber erst (mit-)geschrieben.

Die interne Kommunikation ist wiederum der erste Bereich, den wir uns genauer ansehen wollen, da sich wohl vor allem innerhalb eines Unternehmens entscheidet, ob ein neuer Chef sich etablieren und durchsetzen kann oder nicht. Natürlich trägt auch die öffentliche Meinungsmache wesentlich dazu bei, doch sind ja vielleicht nicht alle Unternehmen so wichtig, als dass die Öffentlichkeit ein vehementes Interesse an der Mitentscheidung darüber haben könnte, wer denn da nun Firmenchef ist und bleiben wird.

Zunächst gilt es wieder, den Bereich der gedruckten Medien anzusprechen. In den Journalen (Unternehmenszeitschrift, Fachbereichsinformationen, interner Newsletter) lassen sich die Erfolge und die nach und nach zur Umsetzung gelangenden Ziele des neuen Chefs über einen langen Zeitraum gut darstellen. Spannend wird es vor allen Dingen dann, wenn auch andere Manager des Unternehmens und Mitarbeiter selbst die neuen Errungenschaften und die erste Zeit mit dem neuen Chef kommentieren. Natürlich muss diese Kommunikation gesteuert ablaufen, und es obliegt wieder den Redakteuren, dies zu tun. Dennoch gewinnt die werbende Berichterstattung über den Neuen einen objektiveren Charakter, wenn er nicht nur selbst schreibt oder von der Redaktion schreiben lässt, sondern auch andere Personen des Unternehmens in kritischer Würdigung seiner Erfolge zu Worte kommen.

Das Gleiche gilt praktisch für die Online-Medien. Im Intranet sowie im Online-Newsletter kann ähnlich berichtet werden. Allerdings gibt es hier dann die Möglichkeit, zu jedem neuen Punkt, der da angesprochen wird, direkt zu kommentieren; den Mitarbeitern wird also die Möglichkeit zum Feedback geboten, oder sie können sich noch vor der Umsetzung einer neuen Idee kritisch zu dieser äußern und eigene Anregungen einbringen. Der Ansatz der interaktiven Kommunikation wird hierbei also wirklich ernst genommen und bestärkt den neuen Chef in seiner Eigenschaft als Teamplayer.

Das Konzept des Face-to-Face-Events kommt in dieser vierten Phase ebenfalls zum Tragen, jedoch nicht mehr in Form einer Großveranstaltung mit werbendem Charakter oder einer Vorstellungs- und Diskussionsrunde auf Fachbereichsebene, sondern es wird nun bei Veranstaltungen, die der Chef persönlich besucht oder sogar leitet, um bestimmte Themenblöcke gehen, die er sich auf seine Agenda geschrieben hat und für die er die Unterstützung beziehungsweise sogar den Input der Fachbereiche braucht. Die Werbung, die somit erzielt wird, bezieht sich also weniger auf die Person des neuen Chefs selbst als vielmehr auf seine inhaltliche Ausgestaltung seiner Position und seine Ideen, die er nun umsetzen möchte. Dafür wirbt er mehr als für sich selbst, denn dieses Kapitel sollte nach der Übergangszeit prinzipiell abgeschlossen sein. Veranstaltungen sind auch immer dann gut, wenn größere Projekte, die direkt von der Seite der Geschäftsleitung her angestoßen wurden, nach Abschluss gefeiert werden. Das stärkt das Image des erfolgreichen Firmenchefs und vermittelt darüber hinaus noch Teamgefühl im gesamten Unternehmen.

Die interne Kommunikation muss also für sehr lange Zeit nach der Geschäftsübernahme alle Schrittchen und Schritte des neuen Firmenleiters begleiten und nachzeichnen, damit wirklich jeder einen vertieften Eindruck von seiner Handlungsweise und seinen inhaltlichen Schwerpunkten gewinnt. Das Profil nach innen muss sich immer mehr abrunden und immer schärfer werden, damit er eben irgendwann einmal nicht mehr der Neue ist, sondern selbst wesentlich mit an der Unternehmensgeschichte geschrieben hat.

Bei der externen Kommunikation gilt grundsätzlich Ähnliches: Der neue Manager an der Spitze des Unternehmens muss möglichst häufig in der Fach- und Tagespresse auftauchen; und selbstverständlich in möglichst positiven Kontexten. Dabei sollte er sich mit klar verständlich geäußerten Themen und Kernaussagen platzieren, damit die Wahrnehmung seiner Auftritte nicht zerfasert, sondern man ihn und das Unternehmen mit deutlichen Statements wiedererkennen kann. Auch hier ist Qualität mehr als Quantität. Einige gut platzierte Beiträge und wiederkehrende Kernaussagen sind in jedem Falle einer Fülle unzusammenhängender Berichte über ihn persönlich und seine Ideen für das Unternehmen vorzuziehen. Dies würde nur zu Verunsicherungen führen.

Eine solche Platzierung ist natürlich einfach, wenn der neue Chef sein erstes Großprojekt abgeschlossen oder zumindest ein großes Stück vorangetrieben hat, sodass erste Erfolge absehbar und auch genau bezifferbar sind. Die Erwähnung in der Presse soll dann auch unterstreichen, dass der neue Firmenchef wirklich hält, was er bei seiner Einführung versprochen hat. Im günstigsten Falle bezieht sich der Bericht über dieses erste Projekt auf eine Idee, deren Umsetzung er bei seiner Geschäftsübernahme als wesentlich geäußert und in seinen Kernaussagen versprochen hatte. Damit wäre das Prinzip der Nachhaltigkeit von Managementmaßnahmen betont, die eben nicht im Sande verlaufen; der neue Mann hat – auch oder gerade vor der gesamten Öffentlichkeit und dem gesamten fachspezifischen Publikum – zu seinem Wort gestanden und seinen Durchsetzungswillen bewiesen.

In diesem Zusammenhang kann es auch sinnvoll sein, wenn sich der Firmenchef im Hinblick auf die PR- und Sponsoring-Engagements des Unternehmens, für das er ja vornehmlich steht, ein eigenes Profil gibt. Indem zum Beispiel ein großes Event gesponsert wird, das vorher keine Unterstützung seitens des Unternehmens erfahren hat, was sich gut in der Presse vermarkten lässt, oder indem bestimmte gemeinnützige Unternehmungen der Stadt gefördert werden, stellt der

Firmenchef auch in der Presse einen direkten Bezug zu den Größen in Politik und Gesellschaft her, der von allen wahrgenommen werden kann. Auch dies trägt zur endgültigen Etablierung als ernst zu nehmender Nachfolger wesentlich bei.

Wichtig ist darüber hinaus, in allen externen Publikationen – sei dies nun das Kundenjournal, der Investorenrundbrief oder der Unternehmensnewsletter – als neuer Chef immer wieder mit wesentlichen Beiträgen hervorzutreten. Ob dies nun jeweils das Geleitwort ist, das von Herrn X – statt wie zuvor von Herrn Y – übernommen wird oder ein fachlicher Beitrag: Die Wirkung solch wiederkehrender Botschaften an alle Zielgruppen sollte nicht unterschätzt werden. Gerade durch das gedruckte Wort kann wesentlich an Profil gewonnen werden. Ähnliches gilt für die Präsenz im Internet, wo noch hinzukommt, dass der neue Chef seinem Anspruch, wirkliche Kommunikation zu betreiben, hier am ehesten nachkommen kann, indem er die interaktiven Elemente des Internets voll ausnutzt. Ob dies nun die direkte Online-Verbindung zu seinem E-Mail-Briefkasten ist, die auf der Homepage im Internet an prominenter Stelle geschaltet wird, oder ob es der Chatroom ist, in dem er selbst Rede und Antwort steht – wesentlich ist, dass er sich selbst für die Kommunikation zugänglich macht und sich als Chef nicht außen vor hält. (Ob er seine auf diese Weise eingehenden E-Mails wirklich selbst beantwortet, ist eine ganz andere Frage, wichtig ist nur, dass sie in der Tat zeitnah beantwortet werden.)

Nach Abschluss dieser vier Phasen müsste die Kommunikation der Person des neuen Chefs eigentlich erfolgreich verlaufen sein. Er ist langfristig eingeführt worden; die Übergabe erfolgte in völligem Einvernehmen mit seinem Vorgänger; thematische Kontinuitäten wurden hergestellt, ohne dafür auf neue Impulse seinerseits zu verzichten; und schließlich konnte er ein eigenes Profil aufbauen und kommunikativ vermitteln, ohne auf irgendeine Art und Weise mit der Unternehmenstradition oder -identität brechen zu müssen.

Eine solch integrierte und optimal ablaufende Kommunikationsplanung ist leider nicht immer – oder sollte man sagen: nur äußerst selten? – wirklich in ausreichendem Maße zu gewährleisten. Niemals können alle Faktoren berücksichtigt werden, weder in der internen noch in der externen Kommunikation. Intern sind es vielleicht die Mitarbeiter, die auf Inhalte ganz anders oder sogar negativ reagieren, womit niemand gerechnet hat. Extern sind es eventuell die Medien, das heißt die Tages- und Fachpresse, die die Ideen des neuen Spitzenmannes in der Luft zerreißen oder gar nicht darauf eingehen, weil sie gerade mit viel relevanteren Neuigkeiten beschäftigt sind und diese ihren Lesern eher nahe bringen wollen. Es gibt unzählige Unwägbarkeiten, die den besten Plan über den Haufen werfen können. Nichtsdestotrotz geht es nicht ohne Kommunikationsfahrplan; denn er birgt immerhin die Möglichkeit, weitgehend alle nötigen Elemente und Inhalte abzudecken und vor allem alle Zielgruppen adäquat zu berücksichtigen. Aber gerade diese Unsicherheiten sind es ja auch, die an der Kommunikation wirklich Spaß machen und die die Kommunikationsstrategen besonders in kritischen Momenten immer wieder zu kreativer Höchstform auflaufen lassen.

Anhang: Inhalt der CD-ROM

Die CD-ROM enthält folgende Originalchecklisten als Arbeitshilfen, auf die im Buch hingewiesen wurde:

Interne Kommunikation
- Checkliste: Face-to-Face Veranstaltungen
- Checkliste: Interne Printmedien
- Checkliste: Produktion und Gestaltung eines Intranets

Externe Kommunikation
- Checkliste: Public Relations und Pressearbeit
- Checkliste: Sponsoring und Charity
- Checkliste: Öffentlichkeitsarbeit mit Printmedien
- Checkliste: Fernsehen, Radio und Kino
- Checkliste: Produktion von audiovisuellen Medien
- Checkliste: Gestaltung und Produktion einer Homepage

Alle Checklisten sind im PDF-Format.

Register

Intranet 29, 31 ff., 35 ff., 49, 56 f.,
64-83, 94-97, 99-103, 106, 108,
148, 233 f., 244 ff., 253, 255
- Aufgaben 64-68
- Funktionalitäten 58, 66, 74, 78-83
- Gestaltung 65, 68 ff., 83, 144
- Inhalte 68 f., 71-78
- Inhaltselemente, Rubriken 74-78,
100, 102
- Technik 70 f.
Intranetportal 65, 73
Investoren 15, 17, 114, 120, 128,
136, 154, 156, 163, 167, 180, 186,
197, 204-208, 214, 226, 228,
240 f., 248, 250 f.
Investor Relations 204-208
- Medien 206-209

Karriere 30
Kernbotschaft publizieren 16
Kino 114, 117, 170 ff.
Kommunikation (siehe auch Externe
Kommunikation; Interne Kommunikation)
- als geschäftsrelevanter Faktor 30,
220
- direkte, persönliche 83
- Definition 15
- effektive, erfolgreiche, optimale 17,
21, 96, 109, 143, 228, 257
- funktionierende 29, 98, 104
- im Unternehmen (siehe interne
Kommunikation)
- interaktive 67, 78, 81, 103, 156,
163, 234 f., 253, 255
- kundengruppenspezifische 209-212
- offene 42
- Risiken 42, 73, 83, 90, 104, 178,
223
- strukturierte 24

- verpflichtende 32
- zwischen allen Ebenen 44
Kommunikationsbedarf 21, 23, 108
Kommunikationskampagne 28
Kommunikationskonzept, -plan 23,
86, 220-258
- Ausrichtung 28
Kommunikationskultur 24 f., 34, 38,
98
Kommunikationslandschaft 30
Kommunikationsmanagement 105,
108
- Fallbeispiel 220-258
Kommunikationsmaschinerie 23
Kommunikationsnetzwerke 104-110
Kommunikationsprofil 23
Kommunikationsprozesse 26, 105,
107, 138
Kommunikationsstrategie 23, 41, 86,
104 ff., 107, 162, 193, 204
- Ziele 23, 220 ff., 225-229, 243
Kommunikationsteam, -abteilung
(siehe auch Team) 31, 98, 109,
132, 135 ff., 146 f., 149, 151, 153,
157, 194, 196, 202, 228
Kommunikative Instrumente 31
Kontakt 69, 75, 78, 106, 146, 157
- direkter 42, 83, 162
- persönlicher 42, 108, 139, 162 f.,
201, 209, 212 f., 230, 234, 242-
245, 251
- zum Kunden 38, 66 f., 137, 139-
142, 165, 209-212
- zum Management 106
- zur Öffentlichkeit 38, 125, 188,
200 f., 213
- zur Presse 128, 176-185, 203
Kontaktseite im Internet 157
Kooperation 25, 150 f., 170, 187,
189 f., 199, 213 ff.

»Rundum erfolgreich«

Nicola Sauvant
Professionelle Online-PR
Die besten Strategien für Pressearbeit, Investor
Relations, interne Kommunikation, Krisen-PR

2002. 240 Seiten
ISBN 3-593-36943-5

Kein Unternehmen kann es sich heutzutage leisten,
das Internet als Mittel der Unternehmenskommunikation zu vernachlässigen. Allerdings müssen gewisse
Spielregeln beachtet werden. Dieses Buch zeigt, wie
die spezifischen Merkmale des Internets für die PR zu
nutzen sind. Es präsentiert die Online-PR zum ersten
Mal in ihrer gesamten Bandbreite.

Dieter Möllhoff
Praxishandbuch Personalmanagement
Grundlagen und Instrumente
für erfolgreiche Personalarbeit

2001. 461 Seiten
ISBN 3-593-36668-1

Das Internet erschließt auch für das Personalmanagement ganz neue Möglichkeiten. Dies und weitere
Bereiche werden in unserem aktuellen Praxishandbuch Personalmanagement kompakt und anschaulich
beschrieben. In übersichtlicher Form beleuchtet es
alle wesentlichen Aspekte dieses wichtigen Manage-
mentbereichs.

Gerne schicken wir Ihnen unsere aktuellen Prospekte:
Campus Verlag · Kurfürstenstr. 49 · 60486 Frankfurt/M.
Tel.: 069/97 65 16-0 · Fax - 78 · www.campus.de

campus
Frankfurt / New York

»Rundum erfolgreich«

Robert Rachlin
Praxishandbuch Budgetplanung
Grundlagen und Instrumente für erfolgreiches
Finanzmanagement

2001. 344 Seiten
ISBN 3-593-36652-5

Die Budgetplanung ist das zentrale Instrument der
Unternehmensführung. Das gesamte Unternehmen wird
in einen Planungs- und Kontrollprozess einbezogen. Als
Planung für ein Jahr bildet die Budgetplanung die Voraussetzung dafür, den Betriebserfolg monatlich kontrollieren zu können und geeignete Maßnahmen zum Erreichen der Ziele rechtzeitig in die Wege zu leiten.

Erwin Matys
Praxishandbuch Produktmanagement
Grundlagen und Instrumente
für eine erfolgreiche Produktvermarktung

2001. 303 Seiten
ISBN 3-593-36791-2

Das Produktmanagement bündelt sämtliche Aufgaben,
die bei der Erstellung und der Verbreitung eines Pro-
duktes anfallen. Erwin Matys behandelt in seinem
Buch detailliert die wichtigsten Elemente des Pro-
duktmanagements.

Gerne schicken wir Ihnen unsere aktuellen Prospekte:
Campus Verlag · Kurfürstenstr. 49 · 60486 Frankfurt/M.
Tel.: 069/97 65 16-0 · Fax -78 · www.campus.de

campus
Frankfurt / New York